读财报

就像是
一趟身心的旅行

张 毅 ◎著

中国铁道出版社有限公司

CHINA RAILWAY PUBLISHING HOUSE CO., LTD.

内 容 简 介

作为一名投资者，如果要投资某家具体的公司，就需要对所投资的公司有全面的了解。本书讲解了如何通过上市公司的财报、公告等公开信息，对一家上市公司进行全面的研究和分析。分为两部分，第一部分以"汤臣倍健"为案例，通过收入、经营、成本、团队、行业、前景等13个研究点对公司进行研究分析，并最终给出一个完整的企业画像，且对企业的未来做了大致的判断。本书第二部分是对第一部分所讲方法的应用案例，用第一部分所讲的方法分析了"万科""腾讯控股""健康元""中材科技""凯利泰""小米集团"6家上市公司，涵盖不同证券板块和不同行业，能使读者有所启迪。

本书定位于对价值投资有兴趣的投资者，帮助他们阅读公司财报、建立分析公司的系统框架，读者对象包括初学者和有一定投资经验的投资者，机构研究员也可做一定参考，以补充他们的研究框架。

图书在版编目（CIP）数据

读财报就像是一趟身心的旅行 / 张毅著.—北京：中国铁道出版社有限公司，2021.6
ISBN 978-7-113-27631-7

Ⅰ.①读… Ⅱ.①张… Ⅲ.①上市公司-会计报表-会计分析 Ⅳ.①F276.6

中国版本图书馆CIP数据核字（2021）第046476号

书　　　名：读财报就像是一趟身心的旅行
　　　　　　DU CAIBAO JIU XIANG SHI YI TANG SHENXIN DE LÜXING
作　　　者：张　毅

责任编辑：张亚慧　　　编辑部电话：(010)51873035　　　邮箱：lampard@vip.163.com
编辑助理：张秀文
封面设计：宿　萌
责任校对：孙　玫
责任印制：赵星辰

出版发行：中国铁道出版社有限公司（100054，北京市西城区右安门西街8号）
印　　刷：北京柏力行彩印有限公司
版　　次：2021年6月第1版　　2021年6月第1次印刷
开　　本：700 mm×1 000 mm 1/16　印张：17　字数：261千
书　　号：ISBN 978-7-113-27631-7
定　　价：69.00元

一、了解上市公司的几个渠道

我们要购买一款手机时，往往会对手机的性能、价格、品牌进行比较，用的什么CPU，有多少内存、摄像头像素等，不一而足。如果要买一辆汽车，那么在比较上会花费更多的时间和精力。但是，作为投资者，你在买入股票的时候是否认真地比较过买入的公司的具体性能和价格呢？我遇到很多朋友，买股票真的是比较随性，听到别人推荐的，或者看到别人买入赚钱了，他就跟着买入。坦率地讲，用这种方式投资股票，要长期稳定盈利的概率非常低，何故？

投资者如果自己没有研究过公司的基本情况就买入，那么其对该公司的价值是没有标尺的。如果没有标尺，就可能出现两种情况：一种是价格下跌了，在价格下跌的时候一个公司往往有很多负面信息，投资者会怀疑自己的选择，觉得自己选错股票了，有可能在地板价割肉。另一种是，假设投资者熬过了下跌阶段，好不容易公司的股价回到投资者买入的价格附近，因为经历了太多的负面信息，投资者会急于解套。这两种状态都是投资者无法从股票投资中获得收益的原因。

让我们回到现实生活，当我们选择购买什么品牌的汽车时，我们会去4S店看车，会到汽车网站上去看产品的参数和性能，会到论坛上看其他消费者的评价，亦会了解本地是否有团购，等等。同样的，我们了解一家公司有多少渠道呢？大致的渠道有如下几个：上市公司发布的财务报告，公司发布的其他公告，去上市公司调研，去上海证券交易所和深圳证券交易所建立的互动e平台、股票网站和论坛查看。下面逐一介绍这些渠道。

读财报就像是一趟身心的旅行

在 A 股，上市公司的财务报告每年发布 4 次，即一季度报、半年报、三季度报和年报。其中，年报的信息量最大，鉴于上交所和深交所对各个行业的年报披露都有规范，所以 A 股公司的年报披露的信息还是比较规范的。在港股，一般一年有两个报告，即半年报和年报，当然，自愿发布季报也是可以的，很多在 A 股和港股同时上市的公司，往往都会发布季报。

除了财报，上市公司还有很多其他公告，我们研究公司时，对这些公告也要关注。我自己在阅读公司时，首先会重点关注 IPO 文件（首次上市的公司信息披露文件），IPO 文件是公司最详细信息的披露，完整地讲述了公司的发展历程、商业模式、竞争优势等信息。其次会关心股权激励，股权激励中的激励条件，某种程度上是公司员工集体对公司发展的预期。

对于专业的机构会到上市公司调研，作为普通投资者，很少有机会和时间去参与这种调研，我自己也去过几次，太耗时。幸亏有很多替代方案，证监会规定，调研时所披露的信息必须公开，所以每次调研后，上市公司都会把调研时讲的话以及调研人提的问题和答案通过公告的信息发布出来。所以，即使投资者不去调研也基本能获得同样的信息。当然，实际到公司去的调研者可以观察接待方的表情是轻松愉快，还是沉重严肃，这是不会在公告中体现出来的。这些信息重要吗？当然很重要。如果调研者真的能够从上市公司的细节表现中看到不一样的内容，那么他是真高手，普通投资者没有能力，没有机会，就不必羡慕他，就按照自己能够拿到的信息来投资。

上证交易所和深证交易所都建设有互动 e 平台，在这两个平台上，普通投资者可以向上市公司提问，当我对财报有疑问时，就经常在平台上提问，大部分上市公司会给出回复，当然也有不回复的，平台并没有强制要求上市公司回复。从这些回复中，我们可以感受到上市公司对股东的态度。

最后一个渠道就是互联网。从互联网上获取信息时，需要注意的是，信息质量良莠不齐，需要筛选。因为我自己的文章都是发表在雪球上的专栏，所以，在互联网上搜集信息用雪球网会比较多一些。当然，投资者可以找到适合自己的网络平台。

本书的主题就是读财报，同时我们也会糅合上述其他渠道的信息，试图立体地、全方位地展现一个公司的基本情况。

二、阅读财报的重要性

阅读财报对于投资股票是否重要呢？答案当然是非常重要。然而，在现实中，我们周围的同学、朋友、家人，在聊起股票的时候，有几个人是阅读过财报后来讨论公司的呢？至少我的周围这样的人就很少。因为阅读财报看上去是很枯燥的活儿，然而，我为什么说阅读财报就像是一趟身心的旅行呢？

首先要恭喜你，当你拿起这本书的时候，说明你至少开始愿意阅读财报，再等到你把阅读财报当作爱好，由内心喜欢阅读财报的时候，那么你就是向修成投资正果的目标迈出了第一步。这不是巴菲特的爱好吗？他每天跳着踢踏舞去上班，工作内容不就是读这些枯燥的财报吗？

等等，我提到巴菲特是为了蹭热度，但是，如果给你一个印象，读完本书就能成为投资高手，那么我必须再泼泼冷水了。本书的目的就是让你了解我是怎么通过财报来认识企业的，如果对你有那么一点点启发就万事大吉了。至于对公司价值的评判、投资体系的形成，还需要很长时间，而实践是投资体系形成的最好的方法。每个人最终都会根据自己的性格、能力、知识等因素形成一个完全个性化的投资体系。

三、应计制会计的核心要义

在正式开始财报阅读之旅前，我觉得需要说明什么是应计制会计。我是一名 IT 人士，是学计算机的，我的财务知识最初是在创业的时候学习的，那时学得比较简单，而全面学习财务知识其实就是在阅读财报的过程中学习的，一边读财报一边学习，遇到不懂的问题利用网络大部分都能解决，网络解决不了就请教周围懂财务的朋友。所以，第一个结论是，一名非会计专业的普通人士是一定能够读懂财报的，我可以做到，你一定也可以。

先来理解普通人眼里的财务。我之前有一段时间记过家庭账，在家庭账里面，收到工资 8000 元，计为一笔收入。买入手机一部，花费 3000 元，计为支出。特别简单，收到现金就是收入，花出现金就是支出。后来有了信用卡，就带来一个问题，今天买手机用了 3000 元，但是刷信用卡消费的，也就是当天没有现金支出。这笔费用大概 30 天后才需要还款，花出 3000 元现金。那么，这笔支出是要计入在今天，还是 30 天以后呢？如果计入在今天，就会和我的银行卡的交易记录不符。如果把支出计入在还款日，那么又和实际的消费日期不符合。所以形成两难。

那么，我们来看看，应计制会计是如何专业地解决上述问题的。"应计"的含义很简单，就是应该计入的。假如今天买入手机，支出 3000 元，那么就应该计为支出 3000 元，由于 3000 元并没有实际支付，则在应付账款中增加 3000 元，应付账款属于负债，就是公司负债增加 3000 元。30 天以后，实际支付 3000 元，应付账款再减少 3000 元。同时，如果这部手机用于经营，那么在经营现金流量报表中，经营现金流在计费用支出时，计为流出 3000 元。

应计制会计完美解决了前面的两难问题。不管是收入，还是支出，只要实际发生了，就应该计为收入和支出，不管该收入和支出是否有实际的资金往来发生。

然而，事情往往都有正反两面。应计制会计完美地解决了上述的两难问题，同时也给财报带来了灵活性。举一个例子，假设公司今年账面要亏损了，如果管理层希望不要出现账面亏损，他可以与客户协商签订一份合同，合同签了，也实施了，就可以计入收入了，明年想办法撤销合同，减少收入，这样就相当于把明年的收入挪到了今年。用同样的方法，也可以调节成本。申明一下，上述只是说明应计制会计制度的概念、优点和缺点，本书并不讨论财务的处理手法。

四、本书架构与章节情况

本书分为两部分，第一部分以"汤臣倍健"为案例，讲述我是怎么阅读企业财报的，阅读时重点关注一个公司的 13 个要点。

第一章"收入与利润分析"和第二章"经营数据分析"分析公司是靠什么赚钱的，生意好不好，最近几年发展得怎么样。

第三章"成本分析"，介绍如何分析公司的成本，从成本角度来观察公司。

第四章"成长分析与盈利分析"，分析公司的长期盈利及增长能力。

第五章"财务安全分析"，主要分析公司的财务安全情况。

第六章"研发投入分析"，分析公司的研发投入情况。

第七章"分红意愿分析"，从分红比例的角度来了解公司。

第八章"融资与投资回报"，从长期看，分析公司是否给予投资人相应的回报。

第九章"创始人与经营团队"，分析创始人、管理团队、员工素质等。

第十章"所属行业分析"，分析公司所在的行业前景、地位和上下游。

第十一章"投资者关系信息"，讲述和上市公司互动的途径和结果信息。

第十二章"护城河分析"，分析公司的护城河究竟有多深。

第十三章"估值与长期跟踪"，分析准备买入公司时，打算以什么价格买入，买入后的预期收益是多少，未来公司发展前景如何，以及如何跟踪公司经营情况。

第一部分，如果遇到一些财务专有名词，在第一次出现时，我会做详细的解释，主要是面向初次阅读财报的读者。同时说明我收集的信息都是通过什么渠道来获得的。

第二部分，则将我于 2019 年分析的公司作为案例呈现给各位读者。这些分析文章在 2019 年首发在我的雪球专栏。需要注意的是，雪球专栏中的文章纯粹是我自己的记录，所以写得比较随意。而本书中的文章，则是经过梳理和多次校对。读者需要用批评的精神去阅读文章。

从今天的时点回头看，这些案例中的大部分在 2020 年有不错的涨幅，但这不是我特意挑选的，事实上，本书终稿于 2020 年 2 月 2 日，第二天股票市场就经历了因特殊时期而引起的千股跌停，上涨指数下跌超过 7%，但我并不慌张，因为了解我所投资的公司，这就是价值投资的好处。

最后要感谢我的妻子叶成红。正是因为她以百分之百信任和支持的态度，将家庭资产全部交由我来打理，通过 10 年的摸索，我才终于找到这条价值投资之路，而且在本书写作期间，她协助从事文字校对工作，并作为第一个读者给出了很多好的建议。

也请各位读者牢记：股市有风险，投资需谨慎。

作　者

2021 年 3 月

| 目 录 |

第二篇　财报阅读案例

第十六章　健康元（股票代码：600380）　/　173

第十七章　中材科技（股票代码：002080）　/　194

第一篇
企业财报的 13 个关键看点

闲话少说，让我们正式开始财报阅读之旅，样本是"汤臣倍健"。之所以注意到汤臣倍健，是因为当我需要买入维生素时，在超市里看到的产品几乎都是汤臣倍健。彼得·林奇说过，当他不知道下一个要研究什么股票时，他就会去百货商城，看看哪些店比较红火，然后去研究它的财务数据。留意身边的上市公司，是普通投资者的重要信息来源。

在我们开始之前，建议读者先下载 2018 年财报来阅读一下，阅读第二节到第七节即可。最重要的章节是第三节"公司业务概要"和第四节"经营情况讨论与分析"。

汤臣倍健股份有限公司　　　　　　　　　　　　　2018 年年度报告全文

目　录

读财报就像是一趟身心的旅行

了解一家公司的财务数据，一般我选择从最近的一份年报开始阅读，比如 2019 年 9 月 24 日，汤臣倍健已经发布了 2019 年的半年报，但是我依然选择先读 2018 年的年报，这是因为年报的信息是最全的。然后以 2018 年年报为信息起点，向前可以阅读历年财报、股权激励公告、IPO 文件，向后可以延伸阅读 2019 年的半年报，横向可以查看投资者关系公告、互动 e 平台，最终形成一个对公司的认知框架。

获取公司财务报告的途径非常多，绝大部分的财经软件、网站都有企业财报，企业自己的官网也有公告发布。我自己一般用两个工具，一个是同花顺软件（免费版），F10 中的财务分析中有最近 3 年的财报可以下载。另一个是理杏仁网站（收费版），这个网站的优点是，对公司公告进行分类，将其分为日常经营、财务报告、董事会、股权激励、IPO 等，这样找相应的公告就会方便很多。

第一章

收入与利润分析

○─────────────────────────────○

　　投资者投资一家公司的核心目标是通过公司内在价值的提升来获得投资回报，公司的内在价值主要就反映在它获得利润的能力上，利润等于收入减去成本，所以将收入与利润分析放在第一章，通过手抄财报的方式，对公司形成基本的感性认知。

收入和利润是一个公司最最核心的要素，就是每年能赚多少钱。其信息量并不大，但内在包含的信息还是很多的，所以把该要点放在第一章，可见它的重要性。这个重要性同样也体现在公司年报中，公司年报的第二节一般会有一个内容，即主要会计数据和财务指标。

一、主要会计数据和财务指标

汤臣倍健 2018 年年报第 8 页中的主要会计数据和财务指标情况如下图所示。

五、主要会计数据和财务指标

公司是否需追溯调整或重述以前年度会计数据

□ 是 √ 否

	2018 年	2017 年	本年比上年增减	2016 年
营业收入（元）	4,350,775,627.15	3,110,795,387.73	39.86%	2,309,112,366.04
归属于上市公司股东的净利润（元）	1,002,184,999.85	766,255,562.79	30.79%	535,211,834.09
归属于上市公司股东的扣除非经常性损益的净利润（元）	913,814,927.36	644,028,328.29	41.89%	475,829,433.46
经营活动产生的现金流量净额（元）	1,349,053,224.88	954,308,997.11	41.36%	684,648,483.86
基本每股收益（元/股）	0.69	0.52	32.69%	0.37
稀释每股收益（元/股）	0.69	0.52	32.69%	0.37
加权平均净资产收益率	19.00%	15.80%	3.20%	11.76%
	2018 年末	2017 年末	本年末比上年末增减	2016 年末
资产总额（元）	9,790,445,489.84	6,113,609,642.75	60.14%	5,328,358,061.19
归属于上市公司股东的净资产（元）	5,591,786,199.13	5,100,825,081.79	9.63%	4,680,019,062.48

参考年报数据，了解到汤臣倍健 2018 年营业收入是 43.5 亿元，比 2017 年增长了 39.86%，归母净利润为 10 亿元，比 2017 年同期增长 30.79%。

这里要学习一个关于利润的知识点。在 A 股年报中，会有 3 个利润指标，分别是：净利润、归属于上市公司股东的净利润（简称归母利润）和归属于上市公司股东的扣除非经常性损益的净利润（简称扣非利润）。

净利润就是公司在报告年度产生的总利润。归母利润是指归属于上市公司股东的总体净利润。举一个例子，如果一个上市公司拥有一个控股子公司，占该公司 70% 的股权，在财务报告年度内容中，该子公司税后盈利 1000 万元，那么该公司财务报表中的内容是合并这家子公司业绩的，所以财报记录的净利润为 1000 万元，但是由于上市公司只有这家公司 70% 的股权，所以归属于上市公司股东的净利润为 700 万元，即归母利润为 700 万元。

显然，对买入股票的股东来说，真正属于他们的利润是归母利润。所以，年报中的主要财务数据报告的一般也是归母利润。不过，净利润也很重要，通过净利润可以得到净利润率，通过净利润率可以观察公司经营效率是高了，还是低了。如果净利润率下降，那么代表公司经营质量下降。反之亦然。所以，在有些公司财报的主要会计数据和财务指标表格中也会公布净利润。

扣非利润是指扣除非经常性损益后的利润。什么是非经常性损益？举例来讲：某个上市公司为了当年财报报表中不出现亏损，卖了几套房。卖房获得的收入，就属于非经常性收入。当然具体会计上有一套规则哪些算非经常性损益，我们不必太关心规则，关注结果即可，当非经常性损益对公司利润影响较大时，我们要观察公司的非经常性损益。关于如何观察公司扣非损益，将在下一节专门讲述。

再回到汤臣倍健的财报，前面提到，与 2017 年相比，2018 年公司的收入增加了 39.86%，利润只增加了 30.79%，这说明利润率有所下降。再观察扣非利润，发现 2018 年扣非利润为 9.1 亿元，同比增加 41.89%，这与收入的涨幅差不多。这说明公司的主营业务的经营效率并没有下降，而是有所上升。

除了收入和利润指标，在主要指标里面，我比较关心的指标还有经营活动产生的现金流量净额。净额 = 流入的现金 − 流出的现金。

为什么经营活动产生的现金流量净额（以下简称经营净现金）会成为一个重要的财务指标呢？应计制会计的原则，即收入是按照收入相关的产品是否已经销售出去来计算的，而不是按是否收到货款来决定是否计入收入。所以，如果 2018 年公司的账面利润是 1 亿元，如果这 1 亿元利润相关的产品，全部收到了现金，同时该支付的成本也及时支付了，那么经营净现金应该就是 1 亿元，即利润和现金流一致。当然，实际上不可能完全一致，但该指标可以反映出公司的收款质量。

接上述例子，如果利润是 1 亿元，经营净现金是 0.5 亿元，就说明大概有 0.5 亿元的收入没有收到真金白银，或者需要多预付供应商 0.5 亿元的货款，或者两者结合，不管是哪种都说明公司在产业链的话语权不强。反之，如果利润是 1 亿元，经营净现金是 1.5 亿元，就说明公司在产业链话语权比较强。对于经营净现金大幅低于利润的，我们需要特别关注。

汤臣倍健的经营净现金为 13 亿元，高于净利润 30% 多，就属于非常健康的状态。

接下来是每股收益指标，对此我参考得不多。为什么呢？因为 A 股有一个比较普遍的现象就是公积金转增股本，就是我们经常听到的买 10 股送 10 股，听上去很好，还有股票送，其实就是拿你自己的钱送给你，明明是自己送给自己，却说得好像是上市公司送给你似的。假设 2017 年盈利 1 亿元，每股 1 元，到 2018 年 10 送 10 后，2018 年盈利还是 1 亿元，但是每股收益只有 0.5 元。所以，在公司经营没有任何变化的情况下，每股收益下降了 100%。在这种情况下，每股收益可以参考的意义不大。

不过，在有些情况下，每股收益还是有参考价值的，比如增发、可转债转股。以增发为例来讲解。增发就是扩股，引入新的股东，增加股本。比如原来资本为 100 万元的公司，每年盈利 20 万元，扩股后引入 50 万元的新股本，每年盈利了 30 万元。看上去，公司的业绩增长了 50%，但是摊到每股盈利，原来是每股收益 0.2 元，扩股后，150 万元资本盈利 30 万元，每股盈利还是 0.2 元，没有任何增长。所以，遇到增发、可转债时，要计算股本增加后对老股东的影响。

对于加权平均净资产收益率，下面专门有一章会详细介绍，这里先略过。对于最后两个主要财务指标资产总额和净资产，我一般只关心净资产，净资产说白了就是公司本身的清算价值，清算的时候值多少钱。汤臣倍健2018年的净资产为55.9亿元，相比2017年稳健增长。

我不太关心总资产，但是汤臣倍健的总资产在2018年增加很多，所以我对其特别留意了一下。总资产增加的主要原因是借钱收购LSG，关于LSG在后面会继续详细分析。

二、扣非收入

非经常性损益就是指与主营业务无关的收入或支出，如果整个扣非收入对整个利润影响比较小，那么一般可以忽略对扣非收入的分析。如果金额较大，就需要对此关注。不用关心非经常损益的具体规则，如果扣非损益对公司总利润影响比较大，找到原因就可以。

在年报第二节，公司会披露非经常性损益的具体内容，汤臣倍健的扣非收入主要由以下几个项目组成。

单位：元

项目	2018年金额	2017年金额	2016年金额	说明
非流动资产处置损益（包括已计提资产减值准备的冲销部分）	-160,902.22	102,802,620.05	-7,123,706.32	2017年金额为出售倍泰健康与上海凡迪股权产生的投资收益
计入当期损益的政府补助（与企业业务密切相关，按照国家统一标准定额或定量享受的政府补助除外）	65,977,810.47	24,274,451.05	26,648,753.37	新获得《保健食品批件》和《国产保健食品备案凭证》补贴等
企业取得子公司、联营企业及合营企业的投资成本小于取得投资时应享有被投资单位可辨认净资产公允价值产生的收益			354,038.32	
除同公司正常经营业务相关的有效套期保值业务外，持有交易性金融资产、交易性金融负债产生的公允价值变动损益，以及处置交易性金融资产、交易性金融负债和可供出售金融资产取得的投资收益	14,645,868.22	5,727,789.54		
除上述各项之外的其他营业外收入和支出	-13,255,832.59	-8,664,530.11	-1,993,059.28	
其他符合非经常性损益定义的损益项目	37,875,554.23	22,433,731.78	51,141,971.74	理财产品收益
减：所得税影响额	19,493,269.96	24,207,111.46	10,089,510.81	
少数股东权益影响额（税后）	-2,780,844.34	139,716.35	-443,913.61	
合计	88,370,072.49	122,227,234.50	59,382,400.63	--

首先是非流动资产处置损益，在 2017 年有 1 亿元的出售资产收入，这和之前分析的公司主营业务的利润率没有下降的情况是吻合的。

其次是政府补助，这块业务虽然是扣非收入，但经常会涉及，各个企业的情况都是如此，只是金额会有所变化。

扣非收入的金融如果对整体利润影响不大，我们就不用去特别分析这些数据。如果影响比较大，在年报中又没有线索，我就会去互动 e 上提问，由于汤臣倍健的扣非收入无异常，我们换个其他案例来讲，比如中材科技，在 2018 年有 2.2 亿元的补偿款，但是年报中没有详细解释，我就到互动 e 网站上向上市公司提问。

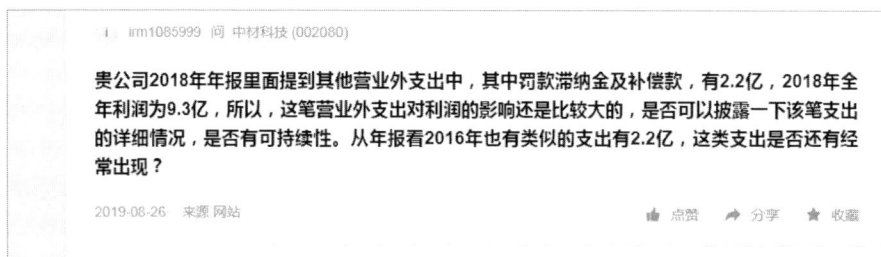

> irm1085999 问 中材科技 (002080)
>
> **贵公司2018年年报里面提到其他营业外支出中，其中罚款滞纳金及补偿款，有2.2亿，2018年全年利润为9.3亿，所以，这笔营业外支出对利润的影响还是比较大的，是否可以披露一下该笔支出的详细情况，是否有可持续性。从年报看2016年也有类似的支出有2.2亿，这类支出是否还有经常出现？**
>
> 2019-08-26 来源 网站　　　　　　　　　👍 点赞　↗ 分享　★ 收藏

对于这个问题的答案，在第二部分对中材科技的案例中会详细说明。

从汤臣倍健的扣非收入来看，其对公司整体业绩影响不大，不需要做特别的分析。

也有些公司的扣非收入对主业有非常大的影响，在评价公司时应予以剔除，比如健康元在 2017 年的扣非收入达到 16 亿元，原因是出售了一家公司，而公司的主营业务利润仅有 4.9 亿元，可谓影响巨大，所以在分析财务数据时，应该剔除这个 16 亿元的因素。

单独进行减值测试的应收款项、合同资产减值准备转回	0.00	/	/
对外委托贷款取得的损益	0.00	1,324,811.35	2,715,722.70
除上述各项之外的其他营业外收入和支出	-36,867,412.68	-3,700,246.39	-4,644,314.04
所得税影响额	-28,656,008.26	-1,052,967,859.95	-43,681,043.32
少数股东权益影响额	-102,127,301.10	-1,981,881,247.06	-57,500,129.89
合计	68,141,823.48	1,633,426,891.36	135,982,543.74

三、非常重要的增长率指标

我们现在对汤臣倍健这家公司已经有了基本的了解，再来回顾一下：2018 年收入为 43.5 亿元，比 2017 年增长了 39.86%，归母净利润为 10 亿元，比 2017 年同期增长 30.79%，扣非利润为 9.1 亿元，比 2017 年同期增长 41.89%。

一年赚 10 个亿，是多还是少？对此没有绝对的答案，和中国平安相比，那是少得很，但是和亏损的公司相比，那就非常多了。所以，一个公司盈利多少其实不是一个特别重要的数字，反而这里的增长率显得更加重要，值得专门用一节来讲。

增长率为什么那么重要呢？下面来看两个公司的例子：

A 公司，本金 100 万元，2018 年每年盈利 10 万元，每股盈利 0.1 元。如果公司的盈利每年能够增长 30%，那么 2019 年、2020 年、2021 年这 3 年每年的盈利分别为 13 万元、16.9 万元、21.97 万元，也就是每股盈利 0.22 元。

B 公司，本金 100 万元，2018 年每年盈利 20 万元，每股盈利 0.20 元，但是不增长，每年都盈利 20 万元，那么 2021 年，其每股盈利还是 0.20 元。

如果你现在有 10 万元资金，可以买入该公司 10% 的股权，你会选择哪一个公司呢？如果用一年的眼光看，第一年选择 B 可以拿到 2 万元的回报，而选择 A 则有 1 万元的回报。如果用 3 年的眼光看，3 年的累计回报还是 B 高，但是从第三年开始，每年的收益 A 就会反超 B。

如果把该问题放到 10 年的环境来看，那么选择起来就很简单了，如下图所示。

公司	当前股价	当年收益	PE	增长率	2019	2020	2021	2022	2023	2024	2025	2026	2027	2028	累计	收益翻倍
A	1	0.1	10.00	30.00%	0.13	0.169	0.2197	0.28561	0.371293	0.482681	0.627485	0.815731	1.06045	1.378585	5.540535	5.540535
B	1	0.2	5.00	0.00%	0.2	0.2	0.2	0.2	0.2	0.2	0.2	0.2	0.2	0.2	2	2

选择 A 公司，10 年后累计的利润回报为 5.54 万元，是本金的 5.54 倍，而 B 公司的利润回报只是本金的 2 倍。至于怎么选就不言而喻了。

当然，在实际选择公司时，不是做数学题那么简单，会涉及很多因素，上述表格只是说明增长率对投资回报有什么样的影响。

一般来说，增长率高的公司市场给予的估值也会相对高，也就是 A 公司和 B 公司的市场估值肯定是不一样的。那么有没有一个指标用来衡量增长率和估值之间的关系呢？这个指标是有的，而且比较重要，叫作 PEG。

下面就来学习这个知识点：PEG。它是一个均衡盈利和增长性的估值指标。

在了解 PEG 之前，必须先讲解 PE。PE 的中文是市盈率，公式为 P/E 或 Price/EPS，翻译成中文就是"价格 / 每股盈利"，也可以是"总市值 / 年度利润"。还是以 A 公司为例，100 万元资本，如果每年盈利 10 万元，那么 PE=100/10=10 倍。如果每年盈利 20 万元，那么 PE 就是 100/20=5 倍。如果盈利 50 万元，那么就是 2 倍 PE。如果只盈利 1 万元，那么就是 100 倍的 PE。PE 越低代表每年的回报越高。

PE 又分为静态 PE、动态 PE 和 PE-TTM。其区别就是分母不同，静态 PE 的分母取值就是上一个整年度的盈利情况。比如汤臣倍健，2018 年归母利润为 10.02 亿元，当公司总市值为 302 亿元时，静态 PE=302/10.02=30.14 倍。动态 PE 是以最新季度的利润乘以 4，以此计算全年利润，作为分母，由于用一个季度的利润乘以 4 来推算全年利润，其实是非常不准确的，所以动态 PE 一般不使用。

使用最多的是 PE-TTM，比如 2019 年 9 月，继续使用静态市盈率将不能够准确反映公司在 2019 年上半年的经营情况，所以，为了把公司最近财务月的经营结果纳入 PE 中，发明了 PE-TTM。PE-TTM 的分母是公司在最近 4 个季度的盈利情况，比如在 2019 年 9 月，我们计算汤臣倍健的实时盈利为 2018 年第三、四季度的盈利加上 2019 年第一、二季度的盈利。汤臣倍健这 4 个季度的利润合计为 12.74 亿元，那么 PE-TTM=302/11.65=25.9 倍。

PE 是一个非常重要的估值指标，值得反复咀嚼。在实际投资工作中，PE 并不需要自己算，软件会帮我们算好，但是我建议自己多算算，非常有利于培养对 PE 的觉知。了解了 PE 后，下面继续讲解 PEG。

PE 是一个很好的估值指标，我们来看一下典型的几个公司的估值。国有银行股，现在的 PE 大都是 6 倍左右，汤臣倍健的估值是 26 倍，研究抗癌药的贝达药业估值是 80 倍，通过 PE 一个指标，我们是否就可以说贝达药业的估值就是不合理的呢？当然不可以。因为 PE 是一个静态指标，只是反映了当下买入股票后可能得到的每年的回报。一只股票的当前 PE，实质上就是市场给予一个公司估值的共识。每个投资人在考虑给予公司估值的时候，就是愿意花多少钱买入一个公司的股票的时候，其考虑的因素是不同的。尽管考虑的因素不同，但是他们的终极目标是一致的，投资的目的就是获得投资回报。

公司有差别，而钱是无差别的。如果我愿意以 80 倍 PE 的估值买入一个公司，那么当前的回报当然很差，每年只有 1.25% 的回报，比银行利息还低，从当前年份看当然不合算，但是如果它的新药上市，利润立刻增加 3 倍，那么我的回报就能增加到 3.75%，如果后年再上市一个新药，利润再翻 3 倍，那么很快这个投资就会变成一个合算的投资。股票投资买入的永远是公司的未来表现，而对于一家公司，关于未来的最重要指标是增长率，而 PEG 指标就是结合公司的利润增长率和 PE 这两个值给出的指标。

PEG=PE/（企业年盈利增长率 ×100）。先算一下汤臣倍健的 PEG，PE-TTM=26 倍，2019 年上半年公司利润增长 23.03%，那么 PEG=26/23.03=1.13。这是基于最新的财报数据来计算的 PEG。一般来说我们要预测公司未来的 PEG，其增长率不会只取当前财务的，一般会依照过去 3 年或者 5 年里的平均增长率。汤臣倍健过去 3 年的复合增长率为 16%，假设未来的增长是 16%，那么 PEG=26/16=1.6 倍。

那么，PEG 究竟是什么值才算合理？这个没有定数，一般来说，国外的投资者比较认可的是 PEG=1 比较合理，而 A 股要高出很多。单纯从指标上来讲，PEG 当然越低越好，但是每只 PEG 比较低的股票，总是有各种各样的问题，比如最近很多环保股的 PEG=0.5，市场对它们的担心是资产负债率太高，PPP 项目是否存在违约可能，等等。

PEG 并没有一个投资标准的值，是因为还有另外一个很重要的投资因素，就是这个增长的确定性。假设想投资国债，有两种国债可以选择，一种是每年利息增加 5%，另一种是每年利息增长 10%，由于国债利息有国家信用保证，所以此时按 PEG 选择国债是可以的，越低越好。但是，投资股票时的 PEG 值，是依靠公司后续的成长性计算出来的，公司后续成长性存在很大的不确定性，我希望公司有 15% 的成长，但是公司不一定能做到，所以不能单纯依靠 PEG 来投资股票。例如，茅台的业绩确定性高，市场愿意给予更高的估值，那么其 PEG 肯定也高。反之，万科的长期确定性不高，对于十年后房产市场会怎么样大家都不确定，所以给万科的 PEG 就低（关于万科的详细分析，参见第二部分）。因此，茅台和万科之间就不能用 PEG 去比较。

四、手抄财报

关于公司基本财务指标的分析基本讲解完了，尽管只是小小的一张表，但是其中蕴含的信息还是很丰富的。对于这个核心数据，我的习惯是手抄财报，这样做，有如下几个好处：

（1）最初，财报的数字大都以"元"为单位，位数比较多，刚开始不熟悉的时候，需要去数位数，而自己手抄财报时，涉及金额部分统一以"亿"为单位，这样看起来就清爽多了。

（2）阅读财报最好是要有多年的数据，至少要记录最近 4 年的财务数据，用手写先记录数据，然后统一录入 Excel 中，可以观察多年的数据变化情况。

（3）通过手抄，可以培养和财报的感情。这并非俏皮话，所有的感情都是相处出来的，要和财报好好相处，就是和公司好好相处，培养感情，增加对公司的觉知。

（4）在手抄财报时，将有疑问的数字在纸上标注出来，在阅读财报时，时刻提醒自己要关心这个数据相关的内容。

我的手抄财报如下图所示。

在手抄财报时，我不用本子，而是选择用一张 A4 纸。手抄的内容主要有两个：一个是基本财务数据，就是本节讲到的内容；另一个是记录在财报中的具体经营数字。抄写完成后，还需要录入 Excel 中以便计算增长情况。

汤臣倍健手抄财报完成后，关于基本财务指标的成果如下图所示。

单位：亿元

	2015	2016	2017	2018	增长	三年复合增长
收入	22	23	31	43	38.71%	25.03%
利润	6.3	5.35	7.66	10	30.55%	16.65%
扣非净利润	6.1	4.75	6.44	9.23	43.32%	14.80%
净资产	45	47	51	56	9.80%	7.56%
销量	6.3	6.8	9.5	13.5	42.11%	28.92%

通过上图所示的表格，可以看到虽然 2018 年增长很快，但是整个 3 年的复合增长并不快，所以需要关注公司未来的成长性。同时，也注意到 3 年复

合增长不高的原因是，2016 年是负增长，利润比 2015 年还少，其具体原因会在成长性一节来具体分析。

手抄财报完成后，数据全面进入 Excel 表格，下一个年度我们会继续跟踪维护好这个 Excel 表格，手抄版就进入可回收垃圾队列了。

第二章

经营数据分析

经营数据分析也是财报中非常重要的内容，大致会分为两个章节，"公司业务概要"一节介绍公司是做什么业务的，商业模式是什么，有什么核心竞争力。"经营情况讨论与分析"一节则介绍最近一年公司的具体经营情况，经营成果，遇到什么好事，遇到什么困难以及明年的工作计划等。

在 A 股的年报中，涉及经营数据分析的一般有两节，分别是第三节"公司业务概要"和第四节"经营情况讨论与分析"，如下图所示。

有些公司的年报在章节安排上可能会有所不同，但是这两块内容都不会缺少。第三节"公司业务概要"是介绍公司是做什么生意的，如何采购原料，如何生产以及如何销售。如果公司的实际经营内容没有太大的变化，那么该部分内容在历年的财报中大部分是一样的。所以，这部分的内容一般读一次就可以，不需要每年都读，当然如果公司经营发生了比较大的变化，比如被借壳了，就要重新仔细阅读这一节的内容了。

第四节"经营情况讨论与分析"是年报中最重要的内容，在这一节中会披露本报告期公司经营的详细情况，比如：收入是增加了还是减少了？利润是增加了还是减少了？以及收入、利润增加或减少的原因。在这一节中还会介绍公司的一些细节经营数据，依据情况不同有可能包含如下内容：

（1）公司各个产品线的收入情况；

（2）公司的合同签订情况和执行情况；

（3）公司各个销售渠道的经营情况；

（4）主要的经营指标，特别是房产、银行、保险都会披露行业相关的指标。

上述两部分的内容都非常个性化，不同公司的年报中给出的内容完全是不一样的。格雷厄姆说过，股市短期像一台投票机，但长期像一台称重机。这里所说的称重机称的就是股票的分量，即这只股票是否值钱。一只股票是否值钱，所依据的信息绝大部分都在"经营情况讨论与分析"这一节，所以，这一节对于股票投资非常重要，也是阅读公司财报最重要的内容，值得花比较多的时间来仔细阅读。

一个公司的收入和利润，是阶段性经营的一个成果。收入和利润反映的是公司过去一个财务周期的经营成果。然而，如果你希望对公司未来的盈利情况做出预测，那么就需要到经营分析讨论中去找到更多的经营细节数据，比如某个新药拿到批文，房地产公司拍了多少土地，新建厂商预计什么时候能够投产，等等。这些信息对预估企业未来的盈利情况都非常重要。

如果是相同行业的公司，那么年报披露的经营细节的具体参数会差不多，所以，当我们分析同一个行业的不同公司时，就需要对这些经营数据进行对比，才能了解公司在行业中的地位。比如对于银行业，我们会根据年报披露的坏账率、利差收入比、拨备等各种银行业指标来对比不同银行的经营情况。

下面逐一讲解这两节的内容。

一、公司业务概要

由于"公司业务概要"是非常个性化的，每个企业年报的内容都不同，没有办法总结一个阅读的方法，所以，这里逐条讲解汤臣倍健年报中关于公司概要的内容来描述本节，希望读者可以举一反三，在阅读其他公司的年报时获得有用的信息。

说明：下文中斜体部分的文字表示其是从年报中摘录的原文。如果涉及图片、表格，那么采用截图的方式展示年报的原始内容。

1. 报告期内公司从事的主要业务

公司所处的行业为膳食营养补充剂行业，膳食营养补充剂以维生素、矿物质及动植物提取物为主要原料，通过补充人体必需的营养元素和生物活性物质，对特定的人群具有平衡营养摄取、调节机体功能的作用。

公司从事的业务在年报中讲得比较清楚，即膳食营养补充剂行业，该产品还是比较容易理解的，因为它是人们日常能够接触到的产品。我们自己就可以对该产品有个直观的印象。如果我们自己没有使用过相关产品，那么尽量去体验一下公司的产品。比如，我在看汤臣倍健的股票时，想到自己的孩子常说感到眼睛疲劳，于是我买了健视佳，用过一段时间后，据孩子反馈该产品还是有点儿作用。

对普通投资者而言，研究消费类股票的最大好处是可以接触该公司的产品，可以直观地了解公司的产品。就我本身的这次购物而言，产品的体验还是不错的，但是购买的体验就不太好，涉及虚假宣传，后来发现购买的店铺不是品牌直销的店铺，是经销商开的天猫店。

如果遇到一家公司，我们对其生产的产品毫无所知，那么应该怎么办呢？比如对于万华化学的产品，MDI是一个工业品，完全无法直观判断产品。这时，我一般选择观察行业地位和企业客户，如果行业地位排在前面，那么公司的产品质量应该是比较好的，或者企业客户本身就是国际顶端公司，公司的产品如果能够供应给国内、国际顶端公司，那么其质量也是很好的，相当于顶端公司帮我们检验公司的产品质量是否可靠。

接下来，公司讲述了其产品的品牌内容，如下图所示。

公司战略目标达成的路径是以高品质、差异化的"产品力"为基石，以"品牌力"与"渠道力"为依托，重点致力于"服务力"核心竞争力的建设，致力于公司主营大众化品牌"汤臣倍健"的广度和深度推广，积极拓展关节护理、益生菌、儿童营养、运动营养等细分领域。除自有品牌"汤臣倍健"、"健力多"、"健视佳"、"健乐多"、"天然博士"等品牌外，公司通过收购先后获得儿童营养补充剂品牌"Pentavite"、澳大利亚益生菌品牌"Life-Space"，不断构筑和丰富公司的品牌矩阵，高效提升品牌价值。除药店、商超、母婴店等线下渠道业务外，公司积极布局电商品牌化业务，实现全渠道融合创新，全面构建公司的综合竞争能力。

这一段的内容比上一段还重要。在具体的分析中，如果公司能给出每个品牌的收入、利润情况，那么我们可以进一步分析每个品牌的情况，细化分析每个产品的发展前景。所以，我们需要将年报中提到的品牌记录下来：汤臣倍健、健力多、健视佳、健乐多、天然博士、Penta-vite 和 Life-Space。

年报读到这里，我对汤臣倍健的商业模式有了基本的认知。维生素是他人发明的，蛋白质、叶黄素等，也是如此。汤臣倍健用了他人的发明，利用自己的工艺，制作有用的产品，投入广告宣传，取得产品差价。这是我对公司的第一印象，后续更详细的结论需要在读年报的过程中不断核验、校正和修改。

需要强调的是，我们阅读财报的目标很清楚，就是要了解一个公司的经营情况。不过，这个目标既不是一蹴而就的，也不是要等到全部财报阅读完才能够达到的，而是一个循序渐进的过程。

先把这个对公司认识的框架搭建起来，在后面的阅读过程中逐步来填满这个框架，最终形成一个结论。这就好比做一个雕塑作品，先要有一个主干框架，然后慢慢修改完善。与雕塑作品不同的是，一个公司的作品的完善可能是永无止境的，每次公司发布公告、消息时都值得对这个作品进行修正，这也是我们投资股市的乐趣之一。

2. 主要资产重大变化情况

这部分内容报告公司的资产重大变化情况和海外资产情况。

关于主要资产重大变化，汤臣倍健年报的表述如下。

股权资产：长期股权投资期末余额为 25 039.54 万元，较年初余额增加 70.42%，主要为新增对广州为来卓识股权投资基金合伙企业（有限合伙）的长期股权投资所致。

固定资产：无重大变化。

无形资产：无形资产期末余额为 156 293.18 万元，较年初余额增加 749.93%，主要为并购 LSG 产生的商标及品牌经营权和客户关系所致。

在建工程：在建工程期末余额为 6 194.50 万元，较年初余额增加 509.78%，主要为营养探索馆建设和待安装设备增加所致。

这部分还是值得关注的，但是在年报中列出的每一条信息是否真的属于"重大"的变化，还需要辩证地来看。下面逐一解读。

（1）股权投资余额增加了 70%，差不多增加了 1 个亿用于股权投资，相比每年 9 亿元的利润，这个投资也不算太多。所以，这条信息算不上"重大"。

（2）无形资产增加到 15 亿元，相比 9 亿元的年利润，这笔无形资产从规模上看，对公司的影响确实是比较"重大"的，这是收购 LSG 造成的，有必要关注这条信息，我们会一并在 LSG 收购案中进行分析。

（3）在建工程增加了 0.6 亿元，金额不大，而且是建造营业探索馆，都是非经常性支出，不是每期都有的，所以也可以忽略。

2、主要境外资产情况

√ 适用 □ 不适用

资产的具体内容	形成原因	资产规模	所在地	运营模式	保障资产安全性的控制措施	收益状况	境外资产占公司净资产的比重	是否存在重大减值风险
子公司	并购	净资产 278,643.62 万元	香港、澳洲	自主经营	公司章程	正常	40.45%	否
其他情况说明				无				

在"主要境外资产情况"一栏，大部分公司的占比并不大。之所以要单独列出海外资产是交易所的披露信息的规范，主要是因为海外资产的监管不如国内资产这么方便。所以提醒广大投资者：如果海外资产占比较高，就应该引起重视。

汤臣倍健的海外资产占比为 40%，该数值肯定是相当高了。之所以占比这么高是因为在 2018 年收购澳大利亚的 LSG 公司。所以现在我们有必要来了解这笔收购的详细情况。

对于这类重大收购事件，公司一般会有独立的公告来说明收购的详细情况，通过搜索，找到了公司于 2018 年 8 月 2 日发布的《重大资产购买报告书（草案）（修订稿）》。报告书比较长，当然全部读完是最好的，如果时间少，那么可以重点关心报告书中的如下 3 个内容：

（1）收购的公司是花了多少钱买的？其中商誉需要增加多少？

（2）买入时公司的盈利情况以及买入时给予的估值是多少？

（3）公司未来的预期收益，尤其是卖方关于未来收益的承诺。

首先，看第一点，收购价格，公告中的表述如下图所示。

1. 市场法估值结果

经实施市场调查和询证、评定估算等评估程序，采用市场法进行评估，LSG公司在评估基准日 2017 年 12 月 31 日的所有者权益账面值为 10 147.37 万元人民币，评估值 356 248.84 万元人民币，市场法评估增值 346 101.47 万元人民币。

按照公告的信息，LSG 公司账面净资产为 1 亿元多一点，评估价格为 35 亿元多一点。1 亿元的净资产要卖 35 亿元，算是比较夸张的。要知道，像 Google 这样的公司，PB 是 4.3 倍，阿里巴巴是 5.8 倍，这些都是典型的轻资产公司。1 亿元的净资产卖 35 亿元，相当于 PB=35 倍。理论上要产生 34 亿元的商誉或其他无形资产。

这里本书第一次出现 PB 的概念，对此解释一下。PB= 股价 / 账面价值。从字面上来理解，账面价值就是如果公司发生清算，能够分配到的资产。如果一个公司账面资产是 100 万元，我们以 200 万元的价格买入，那么就是以 2 倍 PB 的价格买入。如果买入后公司立即清算，假设实际清算的资金有 100 万元，那么以 200 万元买入后，清算只能获得 100 万元，亏损 50%。

当然，谁也不会这么傻，去溢价购买一个买入就要清算的公司。一般来说，我们以 200 万元买入这个公司肯定是有理由的。比如，虽然公司净资产是 100 万元，我是溢价 1 倍买的，但是公司每年能盈利 50 万元，如果我以 200 万元买入，那么每年的回报是 50 万元，这当然是一个好投资。

那么，买入时的 PB 是否越低越好呢？未必。这取决于公司的经营质量，比如 2019 年 10 月 6 日，德意志银行的 PB 仅为 0.21 倍，相当于资产打 2 折卖，但是德意志银行当前的经营情况是亏损的，投资者自然不会买，如果不是对银行经营特别了解，那么一般人是不愿意买入一个亏损的公司的。

所以，PB 高低依然是一个辩证的问题，必须结合企业的愿景来分析。以巴菲特的两个投资案例来说明 PB 的应用。巴菲特买入桑伯恩地图公司时，公司的 PB 为 0.5 倍，桑伯恩地图的净资产为 946 万美元，巴菲特的买价为 473 万美元。等等，刚才不是说 PB 并非越低越好吗？这笔交易会是一笔好买卖吗？

巴菲特买入桑伯恩地图公司，看中的不是公司的盈利情况和未来的发展前期，而是盯上了公司的资产。

当时，在桑伯恩地图 946 万美元的净资产中，有将近 700 万美元的资产是股票和债券，这些都是可以快速变现的资产。可以理解为 473 万美元买入，然后把公司的股票和债券卖出就可以得到回报 700 万美元，即使以后该公司的其他资产分文不值，那么也是一笔确定可以盈利的投资。这简直不是风险投资，而是套利。巴菲特的操作就是买入股票后，然后联合其他股东控制了董事会，把 700 万美元的股票和债权按比例分配给股东，他自己选择把分配到的股权和债券卖出。这种操作在现代投资市场不容易出现了，因为社会信息传播太发达了，投资者都能够很容易从财务报告中找到这样的信息。

另外一个案例就是著名的伯克希尔，伯克希尔原来是一个纺织业公司，巴菲特从 7.6 美元 / 股的价格开始买入，最终买入的价格为 14.86 美元 / 股。1965 年，巴菲特在给合伙人的信中提及："在 1965 年的 12 月 31 日，该公司的运营资金净额为每股 19 美元。"也就是说，公司的运营净资金就有 19 美元 / 股，还不包括大量的设备、厂房等固定资产。显然巴菲特觉得非常合算，想买入后控制公司，假设当时买入后解散公司，不算拍卖厂房、设备等收入，光是运营资金就足够覆盖成本。然而，事情并没有那么顺利，巴菲特最终并没有解散伯克希尔公司，而且逐步卖出了纺织业务，直到最终卖完。究竟亏损多少没有具体的数字，但是巴菲特承认投资伯克希尔是他最愚蠢的投资，那些纺织设备的最终命运是全部被贱卖，原值 1 万元的固定资产变现后可能只有 100 元。

巴菲特控股伯克希尔后，把伯克希尔作为他投资的平台，才创造了公司的辉煌业绩，但是巴菲特认为，最初因为贪图便宜对伯克希尔纺织业务的收购是完全失败的案例。

上述两个案例说明，同样都是以很低的 PB 买入公司，结果可能不一样，这与公司的实际资产、公司的后续经营情况都有关系。虽然以低 PB 买入公司未必一定盈利，但是有一点可以肯定，如果公司的资产情况、经营情况确定后，当然买入时的 PB 越低越合算、越安全。那么，汤臣倍健以 35 倍 PB 买入 LSG，总有理由吧？在报告书中提到的以很高的估值买入 LSG 的原因如下图所示。

> 被评估单位的评估结果较其股东全部权益账面值增值的主要原因是：
>
> （1）被评估单位的核心资产是无形资产（商标、客户关系等），以及其他无法在会计上确认为无形资产的核心资源（管理团队、人力资源）等，这些并未在账面予以反映。
>
> （2）被评估单位具备较好的成长性，其成长性的动力既来自外部也来自内部，主要体现在以下方面：

在公告中提到增值有两个理由，一个是公司有很多无形资产，另一个是公司成长性很好。既然原因涉及无形资产，那么就很难评判了，品牌究竟值多少钱，真的无法估算，只能看无形资产给公司带来的实际收益。

前面提到的商誉，也是一个专业名词，在这里解释一下。商誉就是收购的价格减去公司账面净资产。还是以上述 100 万元净资产的公司为例，如果以 200 万元收购该公司，那么收购方的财务账面上因为投资活动少了 200 万元现金，增加了 200 万元的资产，其中净资产 100 万元，商誉 100 万元，所以总资产没有变化。

商誉本身无所谓好坏，下面同样来看正反两个例子：

巴菲特在 1972 年用 2500 万美元买下喜诗糖果，当时喜诗大约有 800 万美元的有形资产净值，所以商誉是 1700 万美元。1995 年，喜诗糖果税后利润大致为 3800 万美元，2006 年，喜诗糖果税后利润大致为 6200 万美元，这显然是一笔合算的投资。

再来看一个失败的案例。天神娱乐在 2018 年的年报中披露商誉减值准备为 40 亿元，具体项目如下。

被投资单位名称或形成商誉的事项	期初余额	本期增加		本期减少		期末余额
深圳市一花科技有限公司		900,130,496.36				900,130,496.36
雷尚（北京）科技有限公司		782,623,227.69				782,623,227.69
北京妙趣横生网络科技有限公司	30,378,907.77	426,654,722.02				457,033,629.79
北京幻想悦游网络科技有限公司		1,702,053,400.31				1,702,053,400.31
北京合润德堂文化传媒有限责任公司		195,334,093.24				195,334,093.24
上海凯裔投资中心（有限合伙）		52,827,486.58				52,827,486.58
合计	30,378,907.77	4,059,623,426.20				4,090,002,333.97

天神娱乐如此多的商誉减值，肯定是因为相关的公司没有达到预期的盈利目标，证明收购是失败的。当被收购的公司的盈利预期和收购时不一致时，可以进行商誉减值。比如，对于上述净资产为 100 万元的公司，我们是以 200 万元收购的，形成了 100 万元的商誉资产。我们原来的预期是该公司每年能盈利 20 万元，如果当年公司只盈利了 10 万元或者亏损，那么会计可以做商誉减值，极端情况下，可以把 100 万元商誉全部减值。

用一个固定资产的减值案例来讲解就更容易理解。如果我们盖了一所房子，花了 2000 万元，那么财务账面上减少了 2000 万元的现金，增加了 2000 万元的固定资产。如果这所房子倒塌了，那么相当于这个资产就不存在了，就需要把 2000 万元的固定资产减值为 0 元。商誉也是这个道理，原来该商誉的存在是可以产生经营业绩的，如果不能产生经营业绩了，就把资产进行减值。

商誉减值只是会计账面上的，并不影响公司当年的现金收入。所以，有时候公司也会利用这种会计准则进行一次性出清，比如天神娱乐在 2018 年做了 40 亿元的商誉减值，肯定也有这种考虑：2018 年反正已经亏损了，索性把潜在商誉减值的可能性尽量都减值了，这样 2019 年就可以轻装上阵了。

如果被收购的公司经营正常，那么商誉就不用进行减值，但是也需要进行分摊，分摊年限由会计准则确定。还是喜诗糖果的案例，1700 万美元的商誉，按 40 年分摊，每年分摊 42.5 万美元，1995 年，利润为 3800 万美元，在母公司的当年利润上需要减去 42.5 万美元，即 3757.5 万美元。

其次，我们来看第二点，买入时的估值是多少。在《报告书》中给出了 LSG 公司的财务数据，可以看到公司的盈利情况。下图所示为 LSG 公司的利润表。

项目	2018 年 1 季度		2017 年度		2016 年度	
	金额	占比	金额	占比	金额	占比
一、营业总收入	14,792.09	100.00%	47,398.46	100.00%	30,723.63	100.00%
减：营业成本	6,374.47	43.09%	21,643.31	45.66%	13,829.27	45.01%
销售费用	3,059.70	20.68%	11,698.73	24.68%	6,243.72	20.32%
管理费用	1,134.71	7.67%	3,602.58	7.60%	1,512.30	4.92%
财务费用	117.62	0.80%	368.80	0.78%	248.79	0.81%
资产减值损失/(转回)	-11.91	-0.08%	31.64	0.07%	72.83	0.24%
二、营业利润（亏损以"一"号填列）	4,117.51	27.84%	10,053.41	21.21%	8,816.72	28.70%
加：营业外收入	-		-		-	
减：营业外支出	1.93	0.01%	56.15	0.12%	1.47	0.00%
三、利润总额（亏损总额以"一"号填列）	4,115.58	27.82%	9,997.25	21.09%	8,815.24	28.69%
减：所得税费用	1,309.82	8.85%	3,660.06	7.72%	2,512.51	8.18%
四、净利润（净亏损以"一"号填列）	2,805.76	18.97%	6,337.19	13.37%	6,302.73	20.51%
五、其他综合收益(损失以"-"列示)税后净额	-556.91	-3.76%	169.34	0.36%	181.52	0.59%
六、综合收益总额	2,248.85	15.20%	6,506.54	13.73%	6,484.25	21.11%

LSG 公司在 2017 年的利润为 0.65 亿元，按照 35 亿元的收购价格，PE=53.8 倍。2019 年一季度的利润为 2248 万元，动态 PE=38.88 倍，该值比汤臣倍健在 A 股市场的估值还要高，可以说估值是不低的。

最后，关于收购案的第三点需要看增长率，公司在 2018 年一季度取得 2248 万元的利润，推算到全年利润为 8992 万元，增长率为 38%，这个增速还是可以的，不过，也要注意到 LSG 公司 2017 年的利润相比 2016 年并没有明显的增加。那么对于未来的业绩，LSG 公司的交易对方对未来的业绩有无承诺呢？一般在国内的并购案中，交易对方往往会承诺 3 年完成多少业绩，如果达不到则应该予以补偿，注销股份或者补偿现金。而对于这笔海外并购，交易对方并无业绩承诺，只承诺所有信息准确无误。

至此，我们可以对这笔并购绘制一个基本的画像了，35 倍 PB、静态估值为 53.8 倍，动态估值为 38.88 倍，对方无业绩承诺。单纯从投资角度来说，我个人认为这笔投资并不划算。

2018 年年报刚刚发布的时候，虽然我对该收购的价格存在疑问，但是，我当时的判断是，对于这么专业的事情应该相信公司的管理层，也许公司在并购 LSG 后，其益生菌产品可以在国内大范围铺货，从而获得高增长。所以，我的结论还是相信公司的管理层，认为并购是有意义的，而且收购 LSG 还有其他投资方参与，不是汤臣倍健 100% 收购。

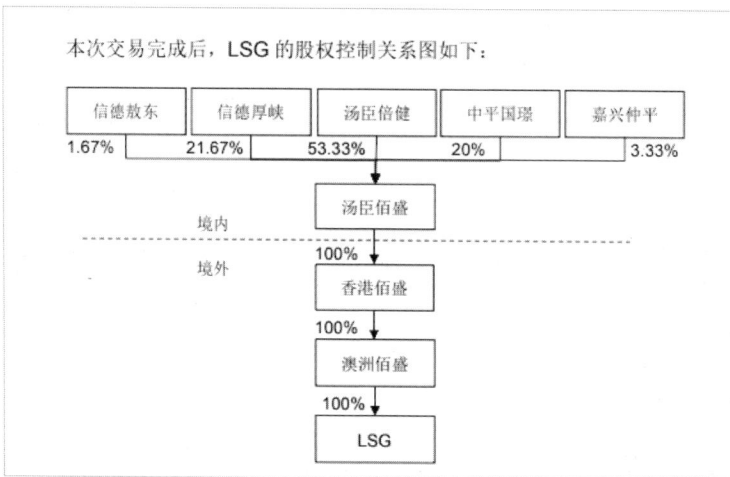

本次交易完成后，LSG 的股权控制关系图如下：

信德敖东	信德厚峡	汤臣倍健	中平国璟	嘉兴仲平
1.67%	21.67%	53.33%	20%	3.33%

境内 → 汤臣佰盛
境外

汤臣佰盛 → 100% → 香港佰盛 → 100% → 澳洲佰盛 → 100% → LSG

在笔者写下这段的时候，正好公司出了一个 2019 年三季度业绩预告。其中提到 LSG 对上市公司的贡献为负。

> 3.报告期内，因并购 Life-Space Group Pty Ltd（以下简称"LSG"）产生的无形资产摊销及财务费用支出较大，同时 LSG 境外业务方面受《电商法》实施影响，部分面对中国消费者的澳大利亚客户受到较大冲击，大部分客户和渠道正在转型及实施去库存行为，一定时期内业务承压。基于此，公司预计子公司广州汤臣佰盛有限公司对公司业绩贡献为负。

该预告对公司的业绩当然不是什么好消息，但是对本书的读者来说确实是好事情，因为去分析一个有诸多争议、异常的公司，相比阅读一个普通的毫无波澜的公司，从阅读的角度，收获会更多。我也要庆幸选用了汤臣倍健作为主案例。

在最新的公告中，我们又发现了一个和 LSG 有关的事宜，就是在 2019 年以 14 亿元的对价，以增发股票的方式购买了 LSG 母公司的剩余股权，使得 LSG 成为汤臣倍健的全资子公司。

本次发行股份购买资产的交易对价为 140,000 万元，股票发行价格为 **12.31** 元/股。上市公司购买交易对方持有汤臣佰盛的股权比例及支付情况如下：

序号	交易对方	交易汤臣佰盛股权比例	交易对价（万元）
1	中平国璟	20.00%	60,000.00
2	嘉兴仲平	3.33%	10,000.00
3	信德敬东	1.67%	5,000.00
4	信德厚峡	21.67%	65,000.00
	合计	46.67%	140,000.00

LSG 业绩这么差，为什么还要继续收购，再往前看，该收购案其实在 2018 年就已经提出来了，只是一直没有被批准，所以拖延到了 2019 年。那么应该是其他股东早就协商好的，其他股东的 LSG 收购出资额是要转换成汤臣倍健的股份的。

3. 核心竞争力分析

公司在年报中会披露其核心竞争力板块，这是公司自吹自擂的舞台，当然，作为投资者需要理性看待公司的这些表演。先看看汤臣倍健是怎么表演的吧，其在公告中提到自己的核心竞争力有哪些呢？具体有如下 7 点：

（1）公司核心竞争力之产品力、品牌力、渠道力、服务力；

（2）土地使用权；

（3）专利和专利使用权；

（4）商标和商标使用权；

（5）保健品批文；

（6）国家、省、市科技项目；

（7）科研报告。

在（3）（4）（5）（6）（7）部分，列举了公司拥有的商标、专利批文甚至科研论文，对于具体信息就不在这里列出了。对于这些信息，我个人的理解是填充年报的内容，如果一个专利真的是公司的定海神针，那么在公司的年报中拿出来讲讲也无妨，但是那么多的专利、商标、科研论文真的对公司产生了实质性的价值了吗？

关于专利是否有效，我有一个观察方法，就是看是否通过专利赢得官司，并取得实质性收益。前一段时间有一个格力和奥克斯的官司，格力用专利赢得了 4000 万元的官司，这叫作有效专利，能够转换成商业价值，否则这些专利的实际意义都不会太大。

关于批文部分，保健品批文也还是有用的，保健品的管理是备案 + 注册制，部分产品需要注册，注册时间也比较长。

所以，我的直观印象是公司所描述的核心竞争力的作用都不大。对核心竞争力有用的是如下内容：

（1）产品确实有一定功效；

（2）有效的销售渠道。

所以，对于公司列出的那么多竞争优势，我个人觉得有用的核心竞争力只有产品、渠道和品牌。

二、经营情况讨论与分析

上一部分讲到的"公司业务概要"是说明公司是做什么的，有什么竞争优势，等等。一般来说，这部分内容在每年的年报中变化比较小，所以仔细阅读一年的年报就可以了，阅读其他年份的财报时可以忽略这部分内容。

接下来我们要读的"经营情况讨论与分析"就比较重要了，其用来描述在这个报告周期公司的经营情况，这也是我们在读年报时要重点跟踪的内容。我们希望获得更多的经营数据细节。这部分内容在每份财报中都需要仔细阅读，因为经营细节的变化基本体现在这一节。

先来看汤臣倍健的营业收入构成情况，如下图所示。

（1）营业收入构成

公司是否需要遵守光伏产业链相关业的披露要求

否

营业收入整体情况

单位：元

	2018 年		2017 年		同比增减
	金额	占营业收入比重	金额	占营业收入比重	
营业收入合计	4,350,775,627.15	100%	3,110,795,387.73	100%	39.86%
分行业					
主营业务	4,328,374,092.95	99.49%	3,094,704,968.81	99.48%	39.86%
其他业务	22,401,534.20	0.51%	16,090,418.92	0.52%	39.22%
分产品					
片剂	1,943,343,522.43	44.67%	1,372,231,851.06	44.11%	41.62%
粉剂	804,381,138.51	18.49%	699,981,114.76	22.50%	14.91%
胶囊	1,032,542,902.06	23.73%	713,603,693.03	22.94%	44.69%
其他	570,508,064.15	13.11%	324,978,728.88	10.45%	75.55%
合计	4,350,775,627.15	100.00%	3,110,795,387.73	100.00%	39.86%
分地区					
境内	4,052,978,380.98	93.16%	3,110,795,387.73	100.00%	30.29%
境外	297,797,246.17	6.84%	0.00	0.00%	不适用
合计	4,350,775,627.15	100.00%	3,110,795,387.73	100.00%	39.86%

首先，按行业分类，主营业务占比为 99.49%，那么其他业务就可以忽略了。

其次，按产品分类，公司是按片剂、粉剂等制作类型来划分的。从投资者眼中看产品，按制作类型划分完全没有感觉，所以，这部分信息不具有分析价值。

前面在公司的报告中提到公司拥有五大品牌，如果能够按照品牌来划分，那么大概率还能有一些分析价值。公司并没有明显地列出每个品牌的收入和增长情况，不过，在经营分析的文字表述中透露出一些信息。这就需要我们自己来做记录和跟踪，下图所示为我根据公司财报中的文字信息整理的公司各品牌的情况。

单位：亿元

	2017			2018		
	收入	归属上市公司利润	利润增长	收入	归属上市公司利润	利润增长
汤臣倍健				29.82		24.29%
健力多				8.09		128%
LSG				2.73		

其中，汤臣倍健品牌在 2018 年收入为 29.82 亿元，利润增长了 24.29%，增长情况良好。健力多是运动健康品牌，2018 年收入为 8.09 亿元，增长了 128%，是一个正在迅速崛起的品类。LSG 是澳大利亚的益生菌产品，收入为 2.73 亿元，但是没有披露利润情况。健视宝是一个缓解视觉疲劳的产品品牌，公司也没有披露其产品销售量和销售金额。

其他品牌，如"健乐多""天然博士""Pentavite"等公司没有披露具体的收入和利润情况。

上述经营数据是需要做跟踪的，以便投资者多了解一些公司的经营细节。但是在 2017 年却没有披露这些品牌的具体收入情况，也没有披露每个品牌的利润情况。所以，上述表格看上去很单薄，也可以说公司在财报中披露的经营信息比较随意，没有连续性。

再来看收入按地区划分的情况，2017 年公司还没有海外收入。2018 年公司有 2.97 亿元的海外收入，其应该是 LSG 并购获得的收入。说明公司在并购 LSG 之前，业务全部是在国内开展的，收购 LSG 后，才产生了海外收入。

前面提到公司的核心竞争力是产品、品牌和渠道，所以，除了品牌的细节经营情况，渠道也是需要重点关心的经营数据，根据公司 2018 年年报披露的数据，我整理了各渠道的销售情况，如下图所示。

渠道	2017		2018	
			占比	增长
药店、商超、母婴店			80%	35%
线上			20%	45%

从 2018 年的数据来看，首先线上渠道占比为 20%，在电商化的大趋势下，这是好事情，而且增长也很快。公司为线上专门开发了产品，是为了和线下的产品做出区别。线上商品由于容易对比，所以在市场竞争中，性价比对比

较关键。线下的消费则是营业员的推荐比较重要。

公司在线下的主要渠道为药店、商超和母婴店，其中，单品健力多的线下渠道包括运动垂直店和健身房。可以看到线下还是占主导，收入占比为80%，增长依然很快，有35%，说明对这类产品的需求的增速还是很快的。

从渠道来分析，如果公司能够披露已经进驻多少门店，未来还有多少可能进驻的门店，那么这些数据对分析公司未来比较有帮助，可惜财报中没有这方面的数据，而且推导到2017年，甚至连线上、线下占比数据也没有。

上述是汤臣倍健在2018年经营的细节数据，可以说，汤臣倍健在经营细节数据的披露上是相对保守的，披露的数据不多，每年信息披露的连续性也不强，所以，对此方面还需要持续观察。

当然，不是所有的公司都是这样的，也有披露非常详细的经营数据的。再举一个正面的例子，看看万科在2018年披露的经营数据，是否会把你看晕了。

（1）销售和结算的面积及金额数据如下图所示。

	2015	2016	2017	2018	增长	三年复合增长
销售面积	2067	2765	3595	4037	12.29%	25.00%
销售金额	2614	3647	5298	6069	14.55%	32.41%
市场份额	3%	3.10%	3.96%	4.05%	2.27%	10.52%
结算面积	1704	2053	1980	2191	10.66%	8.74%
结算金额	1902	2341	2330	2846	22.15%	14.38%
结算均价	11162	11403	11768	12990	10.38%	5.18%
已售未结面积	1840	2279	2962	3710	25.25%	26.33%
已售未结金额	2150	2782	4143	5307	28.10%	35.15%

（2）开工、竣工和当前土地储备信息如下图所示。

	2015	2016	2017	2018	增长	三年复合增长
新开工面积	2127	3136	3651	4992	36.73%	32.89%
竣工面积	1729	2237	2301	2756	19.77%	16.81%
新项目个数	105	173	216	227	5.09%	29.30%
建筑面积	1580	3157	4615	4681	1.43%	43.62%
权益规划面积	630	1892	2768	2490	-10.04%	58.11%
权益地价(亿元)			2188	1351	-38.25%	
土地均价	4941		7908	5427	-31.37%	3.18%
在建面积		5442	6852	9012	31.52%	
权益面积	3147	3622	4374	5402		
规划面积		5296	6321	5936	-6.09%	
权益面积	3976	3655	4077	3579	-12.21%	-3.45%
旧城改造	301	360	289	347	20.07%	4.85%

（3）物业、长租公寓、商业项目、物流等住宅房产以外的其他经营数据如下图所示。

	2015	2016	2017	2018	增长
物业收入		42	71.3	98	37.45%
长租间数（万间）			3	6	100.00%
商业项目个数			172	210	22.09%
建筑面积			1000	1300	30.00%
物流项目新增个数		10	44	64	45.45%
新增建筑面积		96	334	494	47.90%
物流项目累计项目		18	62	124	100.00%
累计建筑面积		147	482	971	101.45%

（4）公司负债金额、利率等信息如下图所示。

	2015	2016	2017	2018	增长	三年复合增长
有息负债	794	1288	1906	2612	37.04%	48.73%
其中：一年内	266	433	622	931	49.68%	51.83%
一年以上	528	855	1283	1680	30.94%	47.08%
利息支出	48	55.4	82.1	141.5	72.35%	43.39%
资本化利息支出	30	32.3	41.5	59.6	43.61%	25.71%
银行利率			最高6.765%	最高6.7%		
发行债券的利率	3.50%		4.54%	4.30%	-5.29%	7.10%

（5）分行业的收入情况如下图所示。

	2015	2016	2017	2018	增长	三年复合增长
房地产	1902	2341	2330	2846	22.15%	14.38%
物业	29	42	71	97	36.62%	49.55%
其他	23.00	20.00	27.50	32.00	16.36%	11.64%

（6）存货数据分析如下图所示。

	2015	2016	2017	2018	增长
存货		4673	5980	7503	25.47%
已竣工的存货		437	499	639	28.06%
跌价准备	7.60	13.80	16.10	23.10	43.48%

当然，这里我们不分析万科的经营数据，贴出这些图，就是给出案例，说明哪些公司披露的经营数据详细，哪些比较粗糙。我们会在第二部分的万科案例中详细分析这些数据。

第三章

成本分析

前面提到，利润等于收入减去成本，所以分析完收入和经营情况，就该进行成本分析了。成本主要分为营业成本、费用（管理费用、销售费用、财务费用、研发费用）和税收。

我们经常听到一个词，即开源节流，从家庭财务角度看，开源就是努力工作，争取加薪，提高收入，节流就是减少不必要的开支，这样每月结余的钱就会越来越多。公司的财务分析其实也是一样的，前面分析了公司的收入，下面就来分析公司的成本。

公司的成本记录在三大财务报表之一的"利润表"中，利润表中记录了公司的收入和支出情况，收入减去支出就得到了该财务年度公司的盈利（或亏损）情况，本章先专注分析"利润表"中公司的成本情况。

为了更容易理解，对利润表中的成本项目进行简化，一个公司的成本体现在 4 个部分，如下表所示。

营业成本	生产出产品所需要的直接成本
三项费用	管理费用、销售费用、财务费用
所得税	缴纳给国家的税赋
其他成本	营业外成本、少数股东权益

下面逐一来分析。一般来说，重点关注的成本是营业成本和三项费用。

一、营业成本

营业成本就是公司制造产品所需要的直接成本，包括原材料、能源、直接人工成本等。需要注意的是，我们不要去死记硬背"营业成本"的概念，我们读财报是希望了解公司，而不是希望成为会计师，也不打算考会计证。因此，我向来主张，从财报中学习财务知识，在读到营业成本具体组成时，秒懂是最好的，如果有不懂的问题，那么去百度、去请教会计学专业的朋友。所以，关于营业成本由哪些内容组成，我们只需关注财报披露的数据即可。

一般在财报中，会专门列出营业成本的组成，下面来看汤臣倍健财报中的营业成本描述。

(5) 营业成本构成

单位：元

项目	2018 年		2017 年		同比增减
	金额	占营业成本比重	金额	占营业成本比重	

24

片剂	449,425,682.55	31.94%	300,685,185.20	29.36%	49.47%
粉剂	352,724,204.82	25.07%	304,534,107.32	29.74%	15.82%
胶囊	343,336,815.79	24.40%	240,217,091.15	23.46%	42.93%
其他	261,435,028.36	18.58%	178,709,097.25	17.45%	46.29%

汤臣倍健的营业成本是按照片剂、粉剂、胶囊、其他来划分的，该信息是否有用呢？这就要回到我们的初心了，就是我们为什么要了解公司的营业成本，初心应该是要了解公司的成本组成以及成本对公司的影响，如果按公司产品划分成本，那么我们是无法了解成本的影响因素的。

不过，不是所有的公司都以这种方式列出营业成本。再来看另外一个公司"浙江美大"的案例，其在年报中描述的成本情况如下图所示。

(5) 营业成本构成

行业和产品分类

单位：元

行业分类	项目	2018 年		2017 年		同比增减
		金额	占营业成本比重	金额	占营业成本比重	
集成灶行业	直接材料	595,603,286.31	87.74%	404,704,305.29	85.61%	47.17%
集成灶行业	直接人工	51,887,040.97	7.64%	41,034,215.16	8.68%	26.45%
集成灶行业	制造费用	31,365,650.39	4.62%	27,002,624.48	5.71%	16.16%
集成灶行业	合计	678,855,977.67	100.00%	472,741,144.93	100.00%	43.60%

单位：元

产品分类	项目	2018 年		2017 年		同比增减
		金额	占营业成本比重	金额	占营业成本比重	
集成灶	直接材料	498,126,321.67	73.38%	340,912,020.88	72.11%	46.12%
集成灶	直接人工	43,446,836.76	6.40%	34,618,164.72	7.32%	25.50%
集成灶	制造费用	26,263,557.66	3.87%	22,780,533.23	4.82%	15.29%
集成灶	合计	567,836,716.09	83.65%	398,310,718.83	84.26%	42.56%

读财报就像是一趟身心的旅行

在浙江美大 2018 年年报的 15 页，公司披露了每个产品的成本分类，基于该表格就可以进行如下分析：

（1）直接材料的成本占比为 87.74%，是主要因素，集成灶的主要成本应该是不锈钢、玻璃钢，这样我们就知道，如果钢材价格大幅上涨就会对集成灶行业造成一定影响。

（2）人工成本占比为 7.64%，也就是工人工资的波动，对公司成本的影响应该不大。

（3）制造费用的成本为 4.62%，对该部分公司可以自己控制，所以成本的变化受外部的影响比较小。

到现在，我们已经知道哪些原材料的价格变化对公司有影响。读者可能会问："你怎么知道集成灶的主要成本是不锈钢？"遇到这个问题，除了靠直觉，主要还是依靠互联网。下图所示为我搜索集成灶成本后的结果。

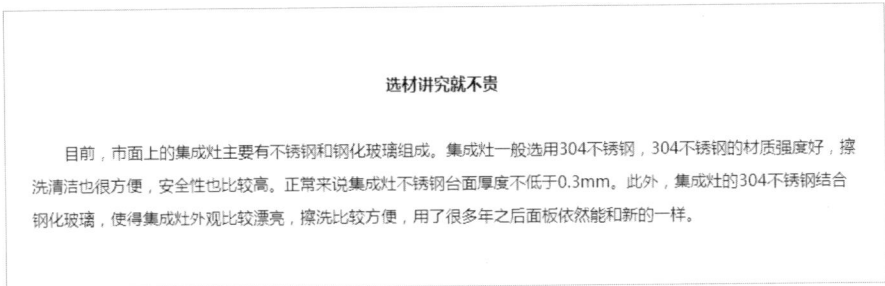

选材讲究就不贵

目前，市面上的集成灶主要有不锈钢和钢化玻璃组成。集成灶一般选用304不锈钢，304不锈钢的材质强度好，擦洗清洁也很方便，安全性也比较高。正常来说集成灶不锈钢台面厚度不低于0.3mm。此外，集成灶的304不锈钢结合钢化玻璃，使得集成灶外观比较漂亮，擦洗比较方便，用了很多年之后面板依然能和新的一样。

当然，有时候，对于很多专业领域公司，普通投资者根本无法了解成本究竟是什么。这时，也可以先放一放，成本的组成对于分析一家公司并不是那么重要，就如浙江美大，即便知道了不锈钢是它的主要成本，那又怎么样呢？问题在于无法预测不锈钢的涨跌，顶多就是在不锈钢出现大幅价格波动的时候，知道其对公司的影响是正影响还是负影响。虽然我们无法预测原材料涨跌，但是我们可以知道原材料价格变化对公司的影响有多大，这时我们就要开始关注毛利率这个指标。

毛利率的公式非常简单：毛利率＝（营业收入－营业成本）÷营业收入。一个杯子进价为 20 元，卖了 100 元，毛利率就是 80%。一件商品，对卖家来说，毛利率当然越高越好，对买家来说，同样的东西价格当然越低越好，买家和卖家最终达到平衡的这个点，形成公司的毛利率。

还是以杯子为例，先假设进价一样，都是 20 元，A 公司卖 100 元，这时 B 公司来抢占市场，A 公司降价到 60 元，毛利率下降到 66.6%，如果 A 公司跟进降价到 30 元，毛利率就只有 33.3%。

所以，毛利率是一个比较重要的指标，其中包含公司的竞争力，每个公司都想以更低的成本卖更高的价格，这就是公司竞争的本质。汤臣倍健年报中的 23 页，披露了公司毛利率，总体是 67.66%，而且分别公布了不同产品的毛利率，如下图所示。

(2) 占公司营业收入或营业利润 10% 以上的行业、产品或地区情况

√ 适用 □ 不适用

公司是否需要遵守特殊行业的披露要求

否

单位：元

	营业收入	营业成本	毛利率	营业收入比上年同期增减	营业成本比上年同期增减	毛利率比上年同期增减
分产品						
片剂	1,943,343,522.43	449,425,682.55	76.87%	41.62%	49.47%	-1.21%
粉剂	804,381,138.51	352,724,204.82	56.15%	14.91%	15.82%	-0.34%
胶囊	1,032,542,902.06	343,336,815.79	66.75%	44.69%	42.93%	0.41%
其他	570,508,064.15	261,435,028.36	54.18%	75.55%	46.29%	9.17%
合计	4,350,775,627.15	1,406,921,731.52	67.66%	39.86%	37.38%	0.59%

23

67.66% 是非常高的毛利率，就是进价为 32.44 元的东西，可以卖 100 元。当然，这并不是 A 股中最高的，著名的茅台酒的毛利率常年在 90% 以上。至于怎样知道毛利率是高是低，等你看了多个公司后，心中就会大致有数了。

现在我们知道汤臣倍健的毛利率不错，同时，作为消费者，我也知道了汤臣倍健的保健品利润很高，那么是不是可以要求对方卖得便宜一些？你赚了我那么多钱，从消费者眼里看，有点儿不爽。对此问题，在后面章节继续探讨。先回到毛利率，关于毛利率还有一个问题需要关注，就是历史趋势，这个同样也很重要。汤臣倍健的历史毛利率趋势如下图所示。

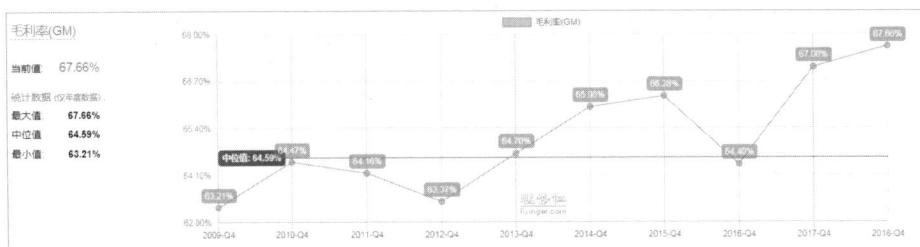

2009—2018 年，毛利率最低是 2009 年的 63.21%，最高是 2018 年的 67.66%。趋势图很重要，其相当于让你用 10 年的维度来看公司的各项财务指标，分析该指标是波动的，还是长期稳定的，越稳定就代表确定性越高，熟悉投资的人都很清楚，确定性对于一个投资是多么重要。通过汤臣倍健的毛利率趋势图，我们大致可以得到以下结论：

（1）长期保持在 65% 左右的毛利率水平，说明该公司这么赚钱，但是消费者还在使用它的产品，而没有因为它利润高而不买其产品，在消费领域，品牌和质量才是生存的关键，毛利高也是竞争力强的一个表现。

（2）总体波动不大，基本平稳。

（3）毛利率中间有波动，但长期趋势是上升，这是公司品牌力有所上升的财务指标表现。

（4）毛利率再次大幅上升的概率不大，因为其已经很高了。

在这里首次出现趋势图。从 10 年的角度来观察公司，趋势图会显得非常有用。趋势图就是把 10 年的数据放在一张图中，以便我们观察该项指标的变化情况。得益于科技的发达，我们不再需要自己去制作趋势图，已经有很多网站提供类似的趋势图，我本人使用的是理杏仁网站，本文中的很多趋势对比图都出自该网站，这是一个收费网站，不过，我个人觉得物有所值。

相比格雷厄姆那个年代，现在的投资者是幸福的，我们现在习以为常的 K 线图，在格雷厄姆的年代全部是用手工来绘制蜡烛图，可以想象这个工作量有多大，而且，彼时的普通投资者大多接触不到这些专业的分析图表。

尽管现在有了很多先进的工具，但是貌似我们的投资水平并没有上升，这就说明投资不仅需要技术，还需要在哲学层面有一点点认识才可以做得更好。这就好比中国的传统哲学观，儒释道的哲学思想在 2500 年前就已经形成，延续至今，为什么现在的科技这么发达了，但是在哲学观点上，却再没有出现真正的大家呢？我们一直强调，本书讲的是"术"，提供具体的方法，至于投资中的"道"的内容，需要读者各自去修行。

二、三项费用分析

第二个重要的成本是三项费用。首先需要解释什么是三项费用。三项费用是管理费用、财务费用和销售费用 3 个费用的总称。管理费用反映了公司的经营效率，通过观察管理费用，可以了解公司的经营是否出现大的变化，特别要注意的是，自 2018 年年报开始，A 股公司的年报开始披露研发费用，单独披露是因为研发费用会越来越重要，研发费用现在还是归属到管理费用的，也许以后完全独立了，就叫作四项费用了。

观察三项费用的方式不是观察绝对值而是观察三项费用占比，就是公司每赚 100 元的收入，需要在管理上花多少钱，在营销上花多少钱，在财务上花多少钱，以及在研发上花多少钱。

至于三项费用占比究竟是多少才算合理，并没有一个明确的界限和标准，每个行业的三项费用占比有很大的不同。不过，一个公司可以和自己过去的情况来比较，所以，我们观察三项费用时，首先观察公司 2009—2018 年的变化情况，以了解公司三项费用的变化趋势。

汤臣倍健 2009—2018 年的三项费用变化情况如下图所示。

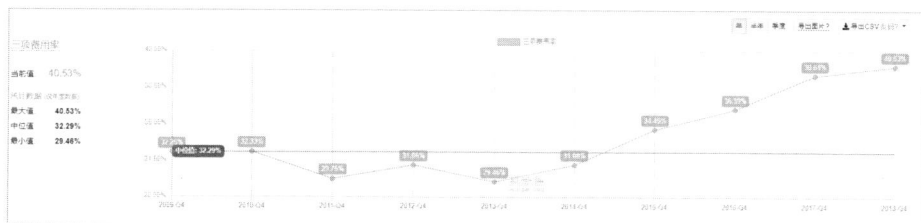

从上述趋势图中可以看出，自 2014 年以后，公司的三项费用率逐年上升，从 2014 年的 31.08% 上升到 2018 年的 40.53%，上升了 9.45，这个上升比例

是比较高的。

那么，三项费用中究竟哪个费用占比上升了？下面逐一分析各个费用的情况。先来看销售费用率，如下图所示。

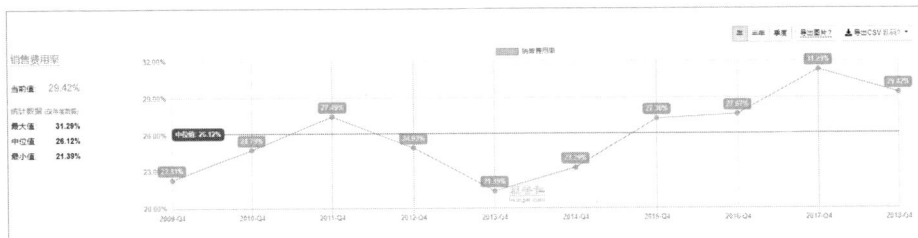

2014 年的销售费用率为 23.39%，2019 年是 29.42%，上升了 6.03 个百分点，显然，销售费用上升是造成三项费用上升的主要原因。同时要注意到公司每收入 100 元，在 2018 年要花 29.42 元在销售费用上，营销费用占收比挺高的，应该引起重视。所以，我们有必要关心销售费用的细节，在公司财报中都会披露销售费用的细节，可以通过在财报中搜索"销售费用"，来找到销售费用的详细情况，如下图所示。

39、销售费用

项目	2018 年度	2017 年度
工资福利费	352,157,980.64	252,650,320.35
行政办公费	2,988,029.87	1,509,822.40
折旧摊销	11,800,782.95	14,716,987.82
市场推广费	142,303,928.05	119,872,879.04
租赁和物管费	2,183,892.14	1,482,838.12
差旅费	49,122,170.57	37,309,067.86
会议费	9,130,598.16	6,159,322.90
招待费	5,494,485.27	4,204,844.06
终端及经销商费用	116,447,051.24	94,959,704.84
广告费	533,264,601.91	400,921,042.28
物流费用	51,819,700.53	37,944,245.09
修理维护费	33,461.38	495,411.40
商标使用费	812,274.00	
其他费用	2,519,123.08	1,040,517.08
合计	1,280,078,079.79	973,267,003.24

在约 12.8 亿元的销售费用中，按投入金额大小排列，依次是广告费（约 5.3亿元）、工资福利费（约 3.5 亿元）、市场推广费（约 1.4 亿元）、终端及经

销商费用（约 1.1 亿元）、物流费用（约 0.5 亿元），而且这几个项目的增幅也比较大。说明公司在销售费用上面的投入确实比较大。

公司的广告费用超过 5 亿元，这里解释一下广告费用。在激进的会计方案中，可以把广告费投入计算到无形资产，因为广告费有效投入后，可以提升品牌价值。但是在 A 股中的公司，并没有这么做的，可能是因为国内的会计准则不允许这么做。广告费用投入后，就一定能增加品牌价值吗？价值形成后就一定不变了吗？品牌价值其实是一个不确定的值，比如三鹿集团，之前也投入了很多广告费，但是三聚氰胺事件后，三鹿品牌的价值瞬间灰飞烟灭。

再来看管理费用占收入的比例，如下图所示。

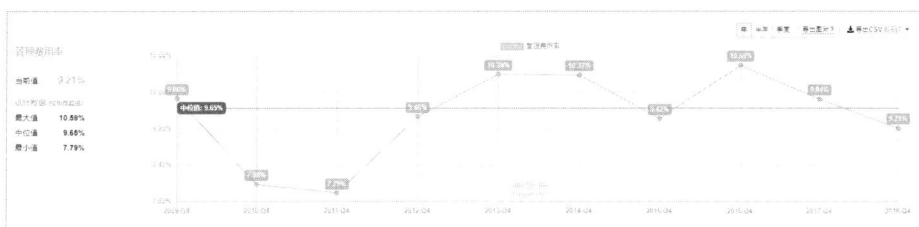

需要注意的是，2018 年的管理费用并没有包含研发费用，2018 年的研发费用占收入的比例为 2.38%，加上研发费用后，2018 年的管理费用率为 11.59%，相比 2014 年上升了 1.22 个百分点，该比例不算大。因此可以得出结论：公司的管理费用基本保持稳定。

接下来看财务费用占收入的比例，如下图所示。

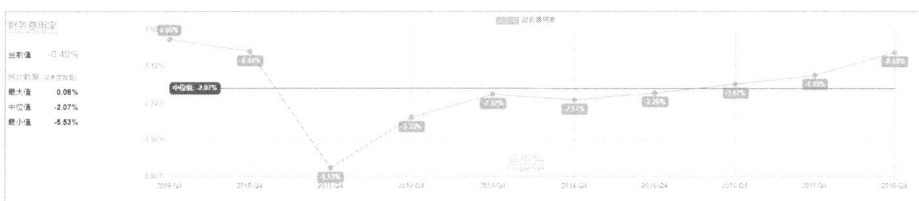

2014 年财务费用为负值，意味着公司的利息收入比支出要高，而且高不少，2014 年财务费用为 -2.57%，而 2018 年为 -0.49%，上升了 2.08%。其原因很简单，那就是存款减少、贷款增加了。为什么贷款增加了？是因为借款收购澳大利亚的 LSG 公司，那么可以知道的是，如果借款没有归还，财务费用在 2019 年会继续攀升。

基于对费用的分析，汤臣倍健的三项费用占比均有提升，其中财务费用增加是因为借款增加，管理费用基本保持稳定，市场费用提升较快，说明公司在持续加大市场投入。

基于上述分析，其实还有一个重要的信息，不知道读者是否注意到？对比一下汤臣倍健 2018 年销售费用、研发费用这两项数据，销售费用占比为 29.42%，研发费用占比为 2.38%。显然，这是一家销售重于研发的公司。重视销售投入不一定是坏事情，不过，也从侧面证明了，公司本身产品的技术壁垒不高，而更多依赖于建立一个品牌形象和市场渠道。

一般来讲，产品和品牌是互为依存的关系。既要产品品质好，又要花力气做推广，占领消费者的心智，才是最佳的选择。酒香也怕巷子深，就是产品好但是未做推广的典型例子。

三、所得税

一般来说，公司的所得税率比较稳定，因此其对公司业绩的影响不大，但遇到特殊情况也是有影响的。

先来了解企业的税制。自从营改增以来，一般的企业主要缴纳的税种有两个，即增值税和企业所得税。增值税与行业有关，税率从 6% 到 13% 不等，部分行业，例如软件和集成电路行业可以即征即退。增值税部分由于与行业有关，所以不太会变化。企业所得税稍微变化多一些，标准的税率是 25%，高科技行业按 15% 征收，有些招商政策提供三免二减半，五免五减半等政策，政策变化对企业的盈利影响较大。

通过历年税率的趋势图来观察企业的税负有无明显变化，下图所示为汤臣倍健从 2009 年开始的有效所得税率变化图。

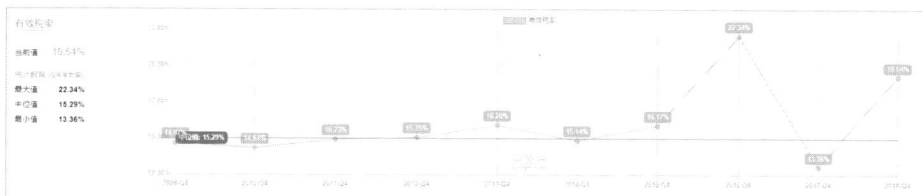

从该趋势图中很容易看到，2016 年的税率发生突增，这是为什么呢？这就需要到 2016 年的年报中找答案了，打开 2016 年年报，搜索"所得税"，很容易就找到原因了（见下图）。

7. 所得税优惠税率风险

汤臣倍健药业有限公司 2015 年根据《横琴新区促进总部经济发展办法》及《横琴新区企业所得税试行优惠目录》等相关条文，以 15% 的优惠所得税率进行备案。在 2016 年企业集团税务风险管理检查中，税务部门提出其与（财税 2014〔26〕号文）税收优惠要求有出入，因此存在需要按 25% 补交税款的风险，出于谨慎性原则，涉税金额 1,296.66 万元已在本期财务报告中计提。

原来是因为公司按 25% 预提了所得税，回头看，显然是虚惊一场，公司 15% 的高科技税率还是得到了承认。到了 2018 年，公司的税率再次上升，主要是因为 LSG 的税率（税率为 30%）。公司在 2018 年年报中提到如下图所示的内容。

—公司于 2015 年 9 月 30 日取得编号为 GR201544000259 的高新技术企业证书，有效期为三年，享受 15% 的高新技术企业所得税率，优惠政策期限为 2015 年－2017 年。根据《高新技术企业认定管理办法》（国科发火〔2016〕32 号）和《高新技术企业认定管理工作指引》（国科发火〔2016〕195 号）有关规定，广东省 2018 年第一批 5895 家企业拟认定高新技术企业名单（含"汤臣倍健"）已于 2018 年 11 月 28 日公示，截至财务报告批准报出日，高新证书仍未发放，2018 年暂按 15% 优惠税率计提和预缴。

—公司注册于中国境内的子公司企业所得税率为 25%、注册于中国香港的子公司报告期内利得税率均为 16.50%、注册于澳大利亚的子公司按澳洲相关法律规定缴纳利得税，报告期内利得税率为 30%。

也就是说，公司依然可以保持 15% 的高科技优惠税率，只是证书未发放，已经在名单里面了，证书未发放应该问题不大，所以，公司在国内的业务，短期没有税率波动风险。

四、其他成本

除了上述成本，一般公司还有一些其他成本，如果其他成本的占比不大，那么一般选择忽略，汤臣倍健的其他成本如下图所示。

资产减值损失	89,001,682.46	64,352,119.21
加：其他收益	26,332,186.35	8,965,120.00
投资收益（损失以"—"号填列）	47,982,281.87	125,867,763.95
其中：对联营企业和合营企业的投资收益	-5,535,140.58	-5,096,377.42
公允价值变动收益（损失以"—"号填列）		
汇兑收益（损失以"-"号填列）		
资产处置收益（损失以"-"号填列）	-160,902.22	

在汤臣倍健的利润表中，最大的其他成本是资产减值损失，有约 0.89 亿元，公司在财报中也提到了减值损失是因为健之宝清算，如下图所示。

> 作为膳食营养补充剂行业的领导企业之一，公司坚持一路向"C"，为消费者创造更大健康价值，持续围绕大健康产业领域不断推出新品牌，尝试开展新业务。新品牌、新业务的商业模式与盈利模式均存在较大不确定性，需要在运行中不断摸索、实践、融合和总结，能否达到公司预期存在不确定性。其中合资公司健之宝（香港）有限公司（以下简称"健之宝"）已于 2018 年进入清算程序，2018 年已确认完大部分资产减值损失。

不管是减值还是增值，都是账面资产，不影响公司实际经营现金流。

上图所示的表中最大的收益是投资收益，投资收益的主要内容是理财收入。关于理财收益，各个公司的财务处理方式并不完全一致，有些是放到投资收益中，有些是放到非经常性收入中。如果投资收益对业绩影响较大，那么应该仔细分析这些收入的来源，以了解这些收入是否有持续。

这里顺便讨论一下理财收入。现在银行理财产品非常丰富，从 1 天理财到 1 年的各个期限都有，从公司经营的角度来讲，合理安排好资金的使用，把未使用的现金放到理财产品中应该是收益最高的。确实也有很多公司，有大把现金但不买入理财，而是以活期的方式存在银行。所以，从理财产品的购买情况可以查看公司是否在意它的现金增值。

基于前几章的分析，现在我们可以给汤臣倍健绘制一个简单的公司画像，并会在后续的分析章节中继续补充：汤臣倍健是一家生产、销售膳食补充剂产品的公司，公司拥有汤臣倍健、健力多、健视宝、Life-Space 等多个产品品牌，2018 年收入为 43 亿元，利润为 10 亿元，净利润三年复合增长率为 16%，是很不错的成绩。公司在 2018 年投入了 5 亿元的广告费用，在产品销售方面，更多依赖市场营销的投入。

第四章
成长分析与盈利分析

大家都知道格雷厄姆喜欢买入大幅低于净资产的股票，然而格雷厄姆一生最成功的投资却是一只成长股，即GEICO保险公司，一个业绩不断成长的汽车保险公司。成长股绝对是积极投资者的最爱。

曾经有人问巴菲特，如果只能选择一种指标去投资，那么会用什么？巴菲特当时毫不犹豫地说出了净资产收益率ROE，因为ROE在某种程度上代表公司的护城河，护城河低的公司不会拥有高ROE。

　　在这一节，我们将目光放远，从 10 年的角度来观察上市公司。有些公司上市时间比较久，超过 10 年，当然，我们也可以关注公司自上市以来的所有年份的经营业绩，但是，一般我只考虑最近 10 年的数据，因为中国的发展和变化实在太快了，太久的历史经营数据的参考价值不大。

　　另外，也有些公司上市不久，所以没有 10 年的数据，那么只能看到公司已经发布的财报数据。我个人更喜欢有一定年份的公司，因为经济周期差不多是 10 年，能够在一个周期里面稳健成长的，且专注于主业的公司大部分是具备了穿越宏观牛熊能力的公司，总有其独特的能力所在。这样表述并不是说不能投资上市不久的公司，也有很多新上市的公司因为得到资本市场的加持，通过上市公司的各种融资和并购手段，上市后发展速度比上市前更快更好，本文案例中的汤臣倍健在上市后前几年的股价表现就非常好。

　　从 10 年角度来分析公司，观察的角度分别是成长能力和盈利能力。成长能力分析，顾名思义就是过去 10 年公司的收入、利润的增长情况的变化趋势。盈利能力分析，是公司赚钱能力的变化趋势，分析公司的盈利能力是增加、减弱，还是持平。

一、成长分析

　　成长分析可以分别从营业收入、营业利润、归母利润、归母利润（扣非）这 4 个角度来观察。

　　营业收入：公司因销售产品和服务而产生的收入，这是一切利润的源头。

　　营业利润：指公司产生的营业利润。一般来讲，营业利润的增长率和营业收入的增长率大致相当。如果公司的利润率发生变化，那么可能导致利润增长率和收入增长率出现不匹配的情况，这也是我们的分析要点之一。

　　归母利润：归属于上市公司的利润，上市公司往往有很多子公司，这些子公司并非都是上市公司 100% 的股权，归母利润就是将少数股东的权益分配完后，归属于上市公司的利润，也就是作为股东应该分享的利润。

归母利润（扣非）：在归母利润的基础上，将每年的非经常性收入去除后，获得的收入情况，该指标用于观察公司的主业的利润成长情况。

下面逐一来看汤臣倍健这 4 个财务指标的成长情况。

1. 营业收入

汤臣倍健的营业收入，从 2009 年的 2.05 亿元增长到 2019 年的 43.51 亿元，10 年增长约 21 倍，其间没有一年的收入是倒退的，最差的是 2016 年，仅增长 1.9%。最好的是 2011 年，增长 90.12%。从周期上看，2009—2011 年为高速增长，2011—2014 年为降速周期，2015—2018 年进入相对稳定期。2016 年是特殊年份，是 10 年来唯一一次只有个位数增长的年份。

2. 营业利润

从利润上看，大部分年份和利润基本保持同步，差异比较大的年份如下图所示。

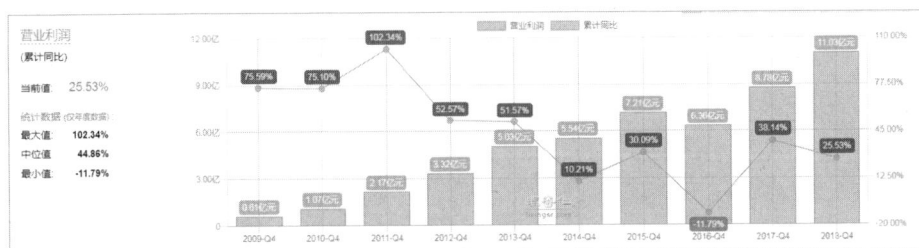

2009 年，收入增加 44%，利润增加 75%。

2013 年，收入增加 51%，利润增加 38%。

2016 年，收入增加 1.9%，利润减少 -11.79%。

2018 年，收入增加 39%，利润增加 25%。

除了 2009 年，其他年份都是利润增幅小于收入增幅，特别是 2018 年，利润增幅小于收入增幅将近 14 个百分点，这应该是市场竞争加剧的表现，所以，非常有必要将利润率作为该公司长期跟踪的指标。

3. 归母利润

汤臣倍健归母利润的增长比例总体上和营业利润的增速差异不大。

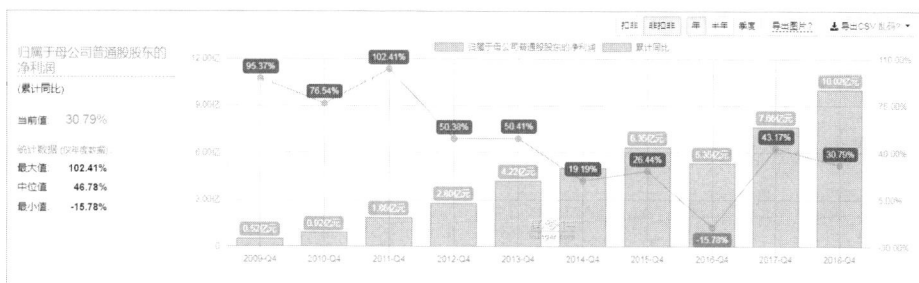

4. 归母利润（扣非）

汤臣倍健扣非利润的总发展趋势和归母利润的差不多，所以也不需要特别关注。

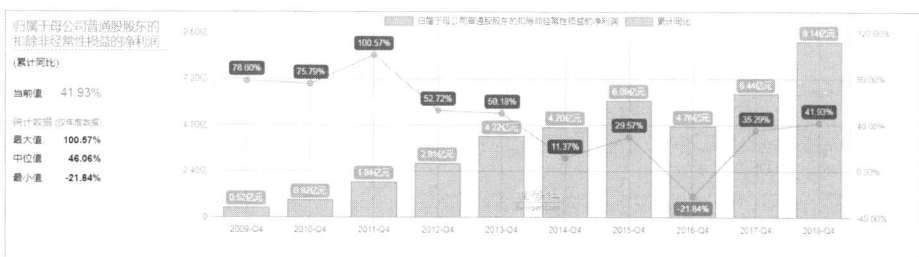

通过上述 4 个图表的直观展示，我对汤臣倍健 2009—2018 年的发展情况列了如下几个问题：

（1）2009—2011 年，为什么增速如此之高，利润增速接近 100%？

（2）2012 年以后为什么开始降速？

（3）2016 年发生了什么，导致公司出现了 10 年来唯一一次利润负增长？

　　带着上述问题，我们去阅读这些年份的公司年报，试图从公司历年的财务报告中寻找答案，将历年年报的主要信息整理如下：

　　公司是 2010 年上市的，在 2010 年和 2011 年的年报中，公司分析了业务快速增长的原因，去除讲战略、管理等定性原因外，将定量因子列出如下所示的表格。

年份	2010 年	2011 年
广告效应	2010 年 7 月签约姚明	姚明
营销网络	销售点 13 000 个（新增 5700 家）	销售点 21000 个（新增 8000 个）
连锁药店数量	连锁药店 83 家	连锁药店 85 家
大型超市数量	大型超市 11 家	大型超市 13 家
营养中心数量	营养中心 223 家（新增 95 家）	营养中心 438 家（新增 215 家）
产品（许可证）	28 个	41 个（新增 13 个）
产能		将于 2012 年投产

　　可以看出，销售网点的扩展是主要原因，签约姚明的广告效应也不容忽视，新开发产品也是一个重要的因素。产能在这两年并没有增加很多，新厂房要到 2012 年投产竣工。

　　那么，第一个问题基本找到答案了，营销网络的快速扩张、市场本身的需求、公司的广告投入，这是公司在这两年快速发展的原因。当然，别忘了公司在 2010 年上市，既给公司带来了资金，又带来了名声，对公司发展是有很大好处的。

　　那么，从 2012 年开始，为什么公司的增速开始回落了呢？让我们继续来观察这些核心指标。

年份	2012 年	2013 年
广告效应		地方卫视，综艺节目
营销网络	销售点 30 000 个（新增 10 000 家）	未披露
连锁药店数量	连锁药店 96 家	连锁药店 96 家
大型超市数量	主流超市 41 家	主流超市 42 家
营养中心数量	营养中心 583 家（新增 145 家）	营养中心 747 家
产品（许可证）	51 个	70 个
产能		

2012 年，公司的网点还在快速扩张，新增 10 000 个网点。到了 2014 年，公司没有披露网点数量，我想肯定是没有高速增长，从药店和超市的数量来看，都没有明显的增加。在网点没有太多增加的情况下，公司在 2013 年的利润增速依然还有 50%，原因是公司的产品提价了。然而，提价的后果马上产生了，我们继续观察 2014 年的指标，如下表所示。

年份	2014 年
广告效应	地方卫视，综艺节目
营销网络	未披露
连锁药店数量	连锁药店 96 家
大型超市数量	主流超市 50 家
营养中心数量	营养中心 657 家（倒退）
产品（许可证）	70 个
产能	扩建珠海工厂

2014 年，公司利润增速下降到 19%，一方面是营销网络可拓展的空间已经不大，另一方面是公司年报中提到的受宏观消费环境不利影响。所以，第二个问题基本也就有答案了，自 2012 年开始增速下降的两个原因，一个是前期增速较高，适当降速也是正常的；另一个是宏观经济的影响，在此影响下，公司依然取得 19% 的利润增长，其实表现还是很不错的。

接下来我们看第三个问题，2016 年公司发生了什么？年报中对于 2016 年业绩的描述如下：

报告期内，基于未来长远健康的发展，公司对业务进行了整合和结构性调整，同时在下半年开始全面启动以"汤臣倍健"主品牌升级为核心的系列调整，这些举措对公司业绩构成一定的压力。

显然，针对公司第一次出现净利润同步下滑，公司几乎没有做任何解释，这和我们前面分析的一样，公司在年报信息的披露上不是特别详细。所以，针对 2016 年的利润下降，我们需要找到其他的因素，公司在 2016 年的年报中披露了公司的产品销量，如下图所示。

√ 是 □ 否

行业分类产品	项目	单位	2016 年	2015 年	同比增减
片剂	销售量	万片	341,624.05	267,090.66	27.91%
	生产量	万片	403,535.03	371,030.76	8.76%
	库存量	万片	48,414.42	65,090.39	-25.62%
粉剂	销售量	千克	3,375,960.44	2,782,012.26	21.35%
	生产量	千克	3,834,966.33	3,419,536.50	12.15%
	库存量	千克	577,748.67	626,821.84	-7.83%

36

汤臣倍健股份有限公司　　　　　　　　　　　2016 年年度报告全文

	销售量	万粒	235,205.35	195,472.90	20.33%
胶囊	生产量	万粒	325,287.19	326,502.21	-0.37%
	库存量	万粒	45,765.49	48,014.00	-4.68%
其他	销售量	个、套	9,292,375.00	8,681,156.00	7.04%
	生产量	个、套	9,281,694.00	10,454,274.00	-11.22%
	库存量	个、套	2,139,107.00	2,241,443.00	-4.57%

相关数据同比发生变动 30% 以上的原因说明

从公司披露的信息来看，公司各个产品线的销售同步都是上升的，而且上升幅度不小，几乎都有 20% 的上升。销售在上升，收入却不上升，可以推断的是产品价格有所下降了，说明公司通过降价来换取市场的增长，也说明整个行业不是很景气；也有可能是电商产品上线，一般来讲电商的销售价格都比线下的要低，拉低了公司的产品售价，导致收入未上升。

综上所述，在过去的 10 年里，经历行业高峰和低谷、公司的高峰和低谷，但基本上每次都能够从低谷中恢复出来，重新启动增长。公司在 10 年中的收入的增长大趋势是持续上升的。前几年的增长主要依靠销售门店的快速扩张，从 2013 年起，销售网点的扩张非常慢（对于具体扩张速度公司未披露，但是按照公司财报报喜不报忧的特点，扩张肯定很慢），所以，增长主要依靠产品的种类，出现了健力多、健视宝等品牌，公司急于收购 LSG，可能的出发点也是希望给公司增加更多的品牌和产品来拉动增长。

二、盈利分析

分析公司的盈利能力，主要观察 3 个财务指标：ROE、ROA 和净利润率。我们一边学习这 3 个指标的含义，一边通过分析汤臣倍健来了解这些指标的用途。

1. ROE

ROE 即净资产收益率，英文全称为 Return on Equity。ROE= 净利润 ÷ 平均净资产。比如一个净资产为 100 万元的公司，经过一年的经营，到年底净资产增加到 120 万元，那么这一年的平均净资产为 110 万元。这一年里，公司盈利了 20 万元，那么 ROE=20÷110=18.18%。

ROE 反映的是企业的什么能力呢？ROE 反映的是企业的产品和服务的受欢迎程度，如果产品受欢迎，企业有定价权，那么企业的盈利就会高，盈利高，ROE 肯定会高。

我们将 ROE 的概念与银行理财进行对比，就可以深入理解 ROE 指标的含义了。假设银行理财一年的收益为 4%。如果我现在打算开一家公司，该公司的 ROE 为 2%，也就是投入 100 万元净资产，收益为 2 万元，这个收益比银行理财还低，那么开这家公司就没有任何意义了，劳心劳力一年，赚的钱还不如存银行理财。当然，这是静态的计算，对于企业投资需要动态地来看。如果第一年 ROE=2%，第二年达到 5%，第三年达到 10%，企业越办越好，那么还是值得干的，其中的核心指标还是 ROE，自己开公司当然期望比银行理财的收益高很多才有意义。

对企业本身来说，ROE 肯定越高越好。然而，对投资来讲，投资的企业并非 ROE 越高越好，这是为什么呢？观察 ROE 需要同时考虑以下两种情况：

（1）公司的 ROE 是否持续稳定？如果只是某一年特别高，那么没有多大意义。

（2）公司是否能够保持这个 ROE。如果一个行业的 ROE 很高，就是很赚钱，那么一般情况下，肯定会有新的竞争对手进来。所以，这时就要看公司在面临竞争时，能否保持这个 ROE 水准。如果不能保持，那么公司会面临"戴维斯双杀"。

这里出现一个名词，戴维斯双杀，此概念对于投资非常重要。戴维斯双杀和戴维斯双击是一对，双杀是不好的，双击是好的。这里的"双"，是指估值和公司盈利情况，双击就是公司盈利增加了，估值也增加了，双杀则相反，公司盈利减少，同时估值下降。

现在用一个案例来说明，以便于理解。假设有一家公司，每年盈利 10 万元，投资人愿意以 10 倍的 PE 购买，那么公司的市值就是 100 万元。如果第二年公司盈利增加到 20 万元，由于利润大幅度增加，所以投资人愿意用 20 倍的 PE 来购买，那么公司的市值就是 400 万元。就是利润增加 1 倍，估值增加 1 倍，那么总市值会成倍地增长，增加 4 倍，这就是戴维斯双击。

相反，如果该公司在第二年仅盈利 5 万元，由于利润大幅度减少，所以投资人只愿意用 5 倍的 PE 来购买，那么公司的市值就是 25 万元。利润减少一半，估值也减少一半，市值减少到原来的 1/4，这就是戴维斯双杀。所以，在买入高 ROE 的公司一定要考虑公司的护城河，是否能够保持高 ROE。

现在来看看汤臣倍健的 ROE 发展趋势，如下图所示。

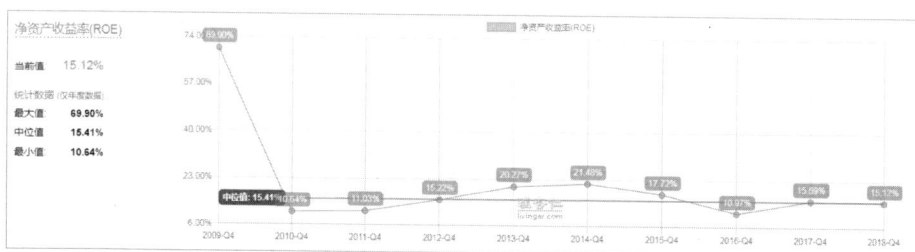

2010 年公司上市后，ROE 在 10% ～ 20% 之间波动，2018 年的 ROE 处于波动的中间值 15%。该值说明公司所处的行业是一个竞争比较充分的行业，不过也没有进入过度竞争的状态，是一个比较中性的 ROE 值。

2. ROA

ROA 即总资产收益率。相比 ROE，差别就是分母换成总资产，而净资产 = 总资产 - 负债。为什么看完 ROE 的趋势，还需要关注 ROA 的变化趋势呢？

两者是什么关系呢？

为了尽量避免用枯燥的公式，这里依然采用举例子的方式来说明两者的关系。假设我现在用 10 万元资金去做生意，1 年可以赚 1 万元，那么 ROE=10%，由于没有借钱做生意，所以没有负债，ROA 等同于 ROE，也是 10%。如果我现在找银行又借了 5 万元，代价为 5% 的利息，即 2500 元的成本，我现在有了 15 万元去做生意，1 年可以赚 1.5 万元，减去借款成本，1 年可以赚 1.25 万元，这时 ROA=1.25/15=8.3%，ROA 下降了，而 ROE=1.25/10=12.5%，ROE 上升了。

从上述案例中可以看出，通过增加负债可以提高公司的收益，这种提高收益的方式叫作杠杆运用。通过 ROE 和 ROA 的对比关系可以看到公司运用的杠杆有多少，ROA 相比 ROE 越低，则杠杆越高，适度的杠杆是好事情，过高的杠杆会造成财务风险。

汤臣倍健的 ROA 趋势图如下图所示。

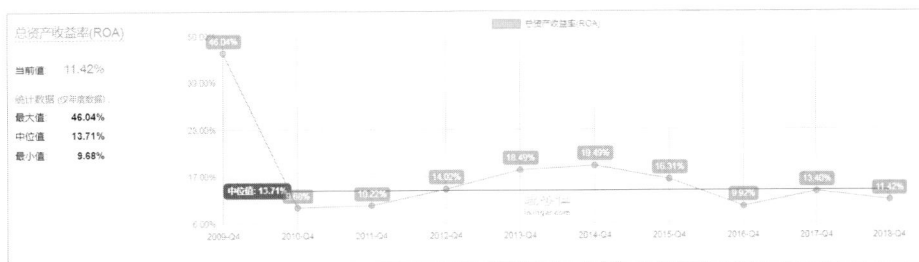

以该趋势图和 ROE 的趋势图对比，可以看到 ROA 和 ROE 的变化趋势基本差不多，而且两者相差较少，说明公司的负债比较低。值得注意的是，公司在 2018 年的 ROE 依然为 15% 左右，而 ROA 下降了 2 个百分点，那么一定是公司加大了杠杆。对于具体的杠杆数字会在"财务安全分析"一章来分析。

从 ROE 和 ROA 参数来看，汤臣倍健在过去几乎没有依赖杠杆，主要还是靠自有资金发展业务，盈利能力良好。2018 年因为并购 LSG 才引起了杠杆增加。

3. 净利润率

净利润率也是公司经营效率的一个指标。净利润率代表的含义，就是每收入 100 元，最终有多少钱创造成公司的利润。

从汤臣倍健的趋势图中可以看到，从 2016 年开始，公司的净利润率下降到中位值以下，2018 年更是到了 10 年来的最低点。可以看到，2018 年公司虽然取得了业务的增长，但是整体消费环境并不乐观，2018 年的利润增长有一部分原因是通过降低产品价格来换取销量的。既然注意到 2018 年的利润率下降，那么就应该把指标作为公司跟踪的一个重点观察的指标。

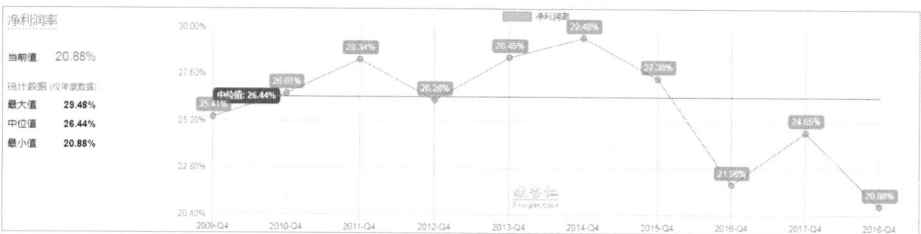

下图所示为公司发布 2019 年 Q3 的季报后，展现的按季度的净利润率。发现一个规律，公司在全年的净利润率排序中，从一季度到四季度是逐级递减，这应该是成本延后支出的关系。按前三季度同步，净利润率还在下滑，仍然需要持续关注。

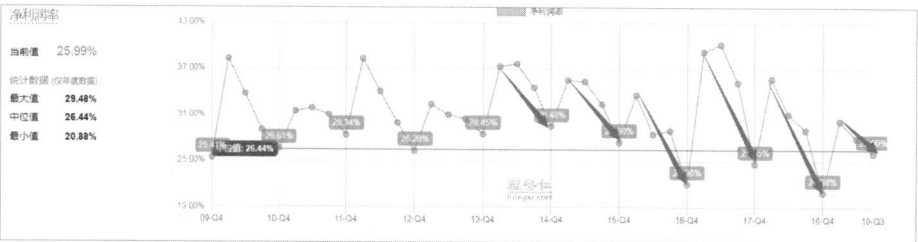

在分析了公司的成长性和盈利能力后，我们将对汤臣倍健的企业画像进行补充：汤臣倍健是一家生产、销售膳食补充剂产品的公司，公司拥有汤臣倍健、健力多、健视宝、Life-Space 等多个产品品牌，2018 年收入为 43 亿元，利润为 10 亿元，净利润三年复合增长率为 16%，很不错的成绩。公司在

2018 年投入了 5 亿元的广告费用，在产品销售方面，更多依赖市场营销的投入。公司 2009—2018 年的成长速度非常快，10 年里，收入增长约 21 倍。最近 3 年的 ROE、净利润率有所下降，需要持续关注。

第五章
财务安全分析

不管是国内的资本市场，还是国外的资本市场，都出现管理层因自身利益而进行财务造假的情况，这使得我们在阅读财报时变得小心翼翼，如履薄冰，当然这方面的内容非常多，有专门的书来讨论，这里只涉及一小部分。

关于现金流和偿债能力，则是对企业自身财务安全的关注，看企业赚的钱是否健康，有没有过度负债。

在财务安全领域，我们关心企业的如下问题：

（1）是否存在大存大贷的情况。所谓大存大贷，就是公司有很多现金存在银行，同时又向银行借了很多钱。之所以关注这个问题，是因为康美药业爆出 300 亿元现金不翼而飞的事件。关注大存大贷，其实就是关注财务报表中的现金资产的可靠度。

（2）现金流是否正常。在前言中讲过，应计制会计制度的记账原则是由业务是否实际发生来决定的，而不是以现金到账为依据。所以，我们需要额外分析公司的现金流状态，看现金流是否存在异常。

（3）偿债安全分析，包括长期偿债能力和短期偿债能力。

一、现金资产安全分析

先来看一下康美药业的案例：

康美药业于 2019 年 4 月 29 日披露，2017 年公司财务报表中，年末货币资金多记 299.44 亿元，营业收入多记 88.98 亿元，营业成本多记 76.62 亿元。同时，经营性现金流多记 102.99 亿元。而多记货币资金的同时，少记存货超过 195 亿元，少记在建工程、应收账款近 13 亿元。

账面常年拥有大量现金、流动性充裕，却频繁巨额融资，导致财务成本居高不下，这种颇为矛盾的状况，让康美药业的财务数据备受市场质疑。2019 年 4 月 30 日，康美药业在网站发布致股东的公开信，声称上述会计差错，是内控不严、外部环境改变所致。

正是因为有了康美药业这个案例，在阅读财报时，观察公司的现金情况就成为了一项常规工作。查看现金安全主要通过如下两个方法：

（1）公司是否存在大存大贷的情况。

（2）公司的理财收益或利息收入是否大致与理财资金和货币资金相当。

首先我们要从资产负债表中获得现金信息。在资产负债表中的"货币资金"栏目，可以找到相关信息，如下图所示。

默认单位: 亿元	2018		2017		2016		2015	
	数额	同比	数额	同比	数额	同比	数额	同比
一、资产合计	97.90	60.14%	61.14	14.74%	53.28	8.62%	49.05	81.60%
净营运资本	-3.44	-19.86%	-2.87	-92.06%	-1.50	-281.21%	0.83	-15.67%
二、流动资产合计	40.96	0.92%	40.58	25.67%	32.30	3.01%	31.35	63.95%
流动资产占比	41.83%	-24.55%	66.38%	5.77%	60.61%	-3.30%	63.91%	-6.88%
货币资金	18.13	-31.71%	26.55	31.71%	20.16	39.62%	14.44	-6.08%
货币资金占比	18.52%	-24.91%	43.42%	5.60%	37.83%	8.40%	29.43%	-27.47%

使用前面提到的理杏仁财务分析网站，我们不仅可以看到当年的现金资产，还可以看到历年的对比以及货币资金占比等信息。所以，在"分析现金"一栏，也使用网站提供的数据图表，这比直接看财报要更加方便。

汤臣倍健在 2017 年年末货币资金为 26 亿元，2018 年年末现金资产为 18 亿，相比年初少了很多，主要原因是并购 LSG 支出了现金。全年平均拥有货币资金 22 亿元，通过查询财报可以知道利息收入为 5355 万元，利率为 2.4%，考虑到企业的货币资金以活期为主，该利率还是不错的。

借款部分分为短期借款和长期借款，分别体现在流动负债和非流动负债上，如下图所示。

默认单位: 亿元	2018		2017		2016		2015	
	数额	同比	数额	同比	数额	同比	数额	同比
五、流动负债合计	14.91	63.40%	9.13	50.52%	6.06	81.09%	3.35	37.57%
流动负债占比	51.38%	-41.59%	92.97%	-4.09%	97.06%	1.83%	95.23%	-0.77%
短期借款	1.58	--	--	--	--	--	--	--
应付票据及应付账款	3.39	23.18%	2.75	44.54%	1.90	142.14%	0.79	17.37%

默认单位: 亿元	2018		2017		2016		2015	
	数额	同比	数额	同比	数额	同比	数额	同比
其他流动负债	--	--	1.50万	--	--	--	--	--
六、非流动负债合计	14.11	19倍	0.69	275.80%	0.18	9.66%	0.17	65.54%
非流动负债占比	48.62%	41.59%	7.03%	4.09%	2.94%	-1.83%	4.77%	0.77%
长期借款	8.93	--	--	--	--	--	--	--
长期应付职工薪酬	213.05万	--	--	--	--	--	--	--

截至 2018 年，汤臣倍健短期借款为 1.58 亿元，长期借款为 8.93 亿元。长期借款的用途是收购 LSG。保留 18 亿元运营资金，采用长期借款的方式收购 LSG，这应该是正常的经营所需要的安排，没什么疑问。

在资产负债表中，还需要留意一个科目：其他流动资产。因为很多理财产品会放入该栏目中，我们看到汤臣倍健的其他流动资产为 11.14 亿元，还是比较多的，这就需要到财报中去寻找其他流动资产明细，通过搜索财报，可以找到其他流动资产的明细，如下图所示。

7. 其他流动资产		
项目	2018.12.31	2017.12.31
待抵扣进项税额	12,713,172.31	12,717,167.78
预缴所得税	66,193,462.40	18,762,733.31
结构性存款	170,000,000.00	400,000,000.00
理财产品	865,000,000.00	300,000,000.00
商品及服务税	175.00	-
合计	1,113,906,809.71	731,479,901.09

可以看到，汤臣倍健的其他流动资产中，结构性存款和理财产品合计有 10 亿多元。一般来讲，我们现在将银行理财和结构性存款当作现金对待，所以也可以解释为汤臣倍健的可变现资产为 18 亿元 +10 亿元 =28 亿元。

公司 2018 年期末理财产品为 8.65 亿元，期初为 3 亿元，平均 5.8 亿元，理财收益为 3787 万元，年化利率为 6.5%。当然，该计算并不精确，购买理财的具体情况不得而知，但是我们知道该理财产品真实存在，理财收益适当。

关于现金资产安全分析，主要用到资产负债表，这是三大财务报表之一，用来说明公司有多少资产和多少负债，资产和负债具体是由哪些部分构成的。

三大财务报表的另外两个报表是利润表和现金流量表，利润表用于记录公司的收入有多少，成本和费用有多少，最后得出利润。

现金流量表是指公司实际收到的现金情况。这 3 个报表共同展现了一个公司的财务状况，对投资者来讲，并不需要特别去学习专业知识，还是如前言所述，熟能生巧，看得多了，一步一步就看懂了。

二、现金流分析

公司的现金流量表展现如下 3 个方面内容。

（1）经营活动产生的现金流量。公司日常经营产生的现金流入和流出。

（2）投资活动产生的现金流量。公司投资股票、子公司以及购买和处置资产所产生的现金流入和流出。

（3）筹资活动产生的现金流量。公司募集资金、借款（还款）分红等产生的现金流入和流出。

这里我们重点要关心的是经营活动产生的现金流量。前面讲过，当前的会计制度是应计制会计制度，一个服务完成或产品销售完成，不管是否收到现金，都应该计入收入。如果会计将该笔收入计入会计账目时，公司已经收到现金，那么这种模式叫作现款现货，或者先款后货。如果还没有收到现金，就需要再向客户发起收款，这个发起收款都会有一个流程，这就形成了先货后款模式。一般情况下，回款的时间不应该太久。

那么，要从什么角度来观察公司的收款模式呢？首要观察经营活动产生的现金流量净额，净额＝收到的现金－支出的现金。正常情况下，经营活动产生的现金流净额要大致与公司的净利润一致。比如，公司收入 100 万元，各种成本和费用 80 万元，利润 20 万元，那么其经营活动的现金流入为 100 万元，流出为 80 万元，净流入为 20 万元。也就是说，公司的利润应该和经营性现金流净流入额一致。

当然，在实际公司的经营中，不像举例子说得那么简单，会复杂一些。总的来讲，如果公司经营获得产生的现金流净额大于净利润，那么说明公司的产品在产业链中处于强势，反之，说明公司在产业链中处于弱势。

先来看一下汤臣倍健的现金流状况，如下图所示。

5. 现金流

单位：元

项目	2018 年	2017 年	同比增减
经营活动现金流入小计	5,275,792,889.87	3,626,013,830.89	45.50%
经营活动现金流出小计	3,926,739,664.99	2,671,704,833.78	46.98%

27

汤臣倍健股份有限公司 　　　　　　　　　　　　　2018 年年度报告全文

经营活动产生的现金流量净额	1,349,053,224.88	954,308,997.11	41.36%
投资活动现金流入小计	3,311,939,848.97	979,932,783.77	237.98%
投资活动现金流出小计	7,352,905,613.67	903,147,084.30	714.14%
投资活动产生的现金流量净额	-4,040,965,764.70	76,785,699.47	-5,362.65%
筹资活动现金流入小计	2,474,178,949.00	6,000,000.00	41,136.32%
筹资活动现金流出小计	730,130,358.40	385,233,188.80	89.53%
筹资活动产生的现金流量净额	1,744,048,590.60	-379,233,188.80	-559.89%
现金及现金等价物净增加额	-928,695,927.22	633,797,820.65	-246.53%

相关数据同比发生重大变动的主要影响因素说明

√ 适用 □ 不适用

本报告期经营活动产生的现金流量金额为134,905.32万元，较上年同期上升41.36%，主要为销售商品提供劳务收到的现金增加所致。

本报告期投资活动产生的现金流量净额为-404,096.58万元，主要为本年度收购LSG所致。

本报告期筹资活动产生的现金流量净额为174,404.86万元，主要为本年度进行了并购融资所致。

报告期内公司经营活动产生的现金净流量与本年度净利润存在重大差异的原因说明

□ 适用 √ 不适用

一般来讲，如果现金流变化比较大，那么公司会在财报中予以说明。在汤臣倍健的财报中，报告公司的经营现金流净额为12.4亿元，比净利润10亿元还多出2.4亿元，这就属于在上述分析中提到的，在产业链中比较强势，上游是先货后款，下游是先款后货。

除了当年的现金流流入和净额情况，一般我们需要自己建立表格跟踪历年的现金流情况，汤臣倍健的跟踪表格如下所示。

年份	2015 年	2016 年	2017 年	2018 年
收入（亿元）	22	23	31	43

续上表

年份	2015 年	2016 年	2017 年	2018 年
现金流入（亿元）	25.58	27.09	35.36	50.73
利润（亿元）	6.3	5.35	7.66	10
现金流净额（亿元）	6.35	6.85	9.54	13.49

可以看到，2015 年到 2018 年的 4 年间，汤臣倍健的现金流入都大于收入，经营活动流入的现金净额大于净利润，属于良好的现金流状态。

汤臣倍健的经营活动现金流表现得比较良好，为了有一个反面案例，需要找一个比较异常的企业，来看看现金流不好的情况是怎么样的。博世科（300422）自 2016 年到 2018 年的收入、利润和经营活动现金流的情况如下图所示。

博世科	2016 年	2017 年	2018 年	增长
收入（亿元）	8.332	14.7	27.24	85.31%
利润（亿元）	0.63	1.46	2.35	60.96%
扣非净利润（亿元）	0.53	1.24	2.36	90.32%
净资产（亿元）	10	11	15	36.36%
现金流入（亿元）	4.12	7.37	12.74	72.86%
现金流净额（亿元）	−0.4	−1.5	−0.56	−62.67%

博世科是一家从事环保行业的公司，从 2016 年开始公司发展的速度很快，但是现金流却存在异常，每年只能收到相当于收入一半的现金。现金流净额甚至为负值。2018 年，博世科账面收入为 27.24 亿元，但是现金流入仅为 12.74 亿元，利润为 2.35 亿元，实际收到的现金流净额为 −0.56 亿元，是负值。正因为有这样的现金流表现，所以当前市场给予博世科的估值很低。对于这类公司，重要跟踪的指标就是回款率是否能够回到正常值以及坏账情况，看看这些收入最终能够回款还是变成坏账。

让我们再回到汤臣倍健。其他两个现金流信息，其中投资活动产生的现金流净额为 −40 亿元，在财报中解释说明这是因为收购 LSG，从财报的细节中可以看到如下图所示的内容。

56．取得子公司及其他营业单位支付的现金净额

项目	2018 年度	2017 年度
本期发生的企业合并于本期支付的现金或现金等价物	3,355,074,934.00	-
其中：LSG	3,355,074,934.00	-
减：购买日子公司持有的现金及现金等价物	40,672,736.00	-
其中：LSG	40,672,736.00	-
加：以前期间发生的企业合并于本期支付的现金或现金等价物	-	-
取得子公司支付的现金净额	3,314,402,198.00	-

　　然而我们看到 LSG 公司的估值是 35 亿元，而公司拥有 53% 的股权，那么公司只需要支出购买资金 18.55 亿元，为什么现金流量表中支出了 33 亿元？稍加思索，便可以明白这个道理。这里的现金流流量是公司各个子公司并表的数据，并入的子公司包含汤臣佰盛（LSG 的母公司）的全部现金流量情况，虽然公司只拥有汤臣佰盛 53% 的股权，但是在合并的财务报表中记录的数字是该公司全部的财务数值。

　　这也特别提醒了我们，在对经营活动现金流进行利润对比的时候，应该和利润总额相比较，而不是和归母利润相比较。因为利润总额反映的是并表后总的利润，现金流也反映了并表后的总的现金流量，这样两者才可以对应。当对现金流有疑问时，可以留意一下这个原因，关注非全资子公司对公司的影响是否比较大。

　　汤臣倍健筹资活动的现金流金额为 17 亿元，在公司财报中也解释了，主要是因为并购借款。前面分析过，长期借款增加了 8.93 亿元，所以关于筹资现金流金额这个环节应该也没有疑问。

　　汤臣倍健的现金流分析完毕。这里要多说一句，在财务领域，这个现金流量表还是有腾挪空间的。比如为了获得好看的经营所得现金流，将筹资、投资领域流入的现金记入经营所得流入，把经营所得流出记入筹资、投资领域流出，这样做的好处是，看上去经营活动产生的现金流数据非常健康。所以，除了经营活动现金流，也要适当关注筹资、投资相关的现金流，看看这些现金流是否基本正常。

三、偿债安全度分析

偿债安全度分析包括长期偿债能力和短期偿债能力，长期偿债能力的核心财务指标为资产负债率指标，短期偿债能力的核心财务指标为流动比率。

首先需要解释资产负债率，资产就是公司拥有的各类有形和无形的资产，包括房产、现金、存货、品牌、商誉等，负债就是公司欠别人的钱，包括借款、债券、应付账款、职工工资等。资产负债率 = 负债 ÷ 资产。如果公司有 100 万元资产，有 40 万元负债，那么资产负债率就是 40%。

前面在分析 ROE 和 ROA 的时候就提到过杠杆的概念。适当的杠杆可以增厚公司的利润。我们在投资股票的时候也会用到杠杆的概念，融资功能就是一种杠杆，通过融资买入股票，如果盈利了，除去利息，剩余的投资收益就是利用别人的钱来获得投资收益。但是，在股票领域，我是不主张使用融资功能的。只有一种情况是例外，就是你融资买入标的分红就能够覆盖融资成本，而且你确信这个标的能够持续给你分红。但是，目前的市场显然不存在这样的标的。融资买入股票盈利固然会增加收益，但融资买入亏损同样也会加大亏损。没有对公司的未来有绝对把握时是不应该采用融资买入股票的。

汤臣倍健的资产负债率的现状和变化趋势如下图所示。

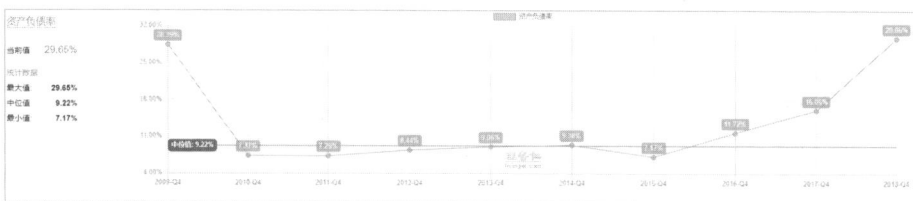

汤臣倍健的资产负债率为 29.65%，相比 2009—2018 年上升了很多。在 2009—2018 年，公司的资产负债率只有 10% 左右，这是非常优秀的，几乎没有什么重要的债务，公司的负债都是一些应付款。2018 年，资产负债率上升到 29.65%，主要还是由于收购 LSG 的融资引起的，29.65% 的资产负债率本身也不算高。

公司负债分为有息负债和无息负债，有息负债就是有利息的负债，比如银行借款。无息负债就是无须支付利息的，比如应付款。应付就是需要支付给供应商的款项。显而易见，无息负债对公司而言，多一点也无妨，相当于利用行业地位，利用别人的钱来做生意，而且不需要支付利息。所以，我们有必要把这两个部分分开。再来看汤臣倍健的有息负债率的历史变化趋势，如下图所示。

公司的有息负债率在 2018 年之前长期保持为 0，相当优秀。2018 年上升为 10.73%，核心原因还是收购 LSG 产生的借款。可见，公司为收购 LSG 确实付出了很大的财务代价。

关于资产负债率，有一个公认的安全线，就是 75%，超过 75% 会认为财务风险比较大。当然，也有一些行业是特殊的，比如房产、银行，其资产负债率都很高。当我们分析一个公司时，如果发现其资产负债率超过 75%，那么我们可以关心其所在行业的情况。如果所在行业普遍较高，那么说明行业的经营特征就是这样。如果在该行业中只有我们分析的公司资产负债率超过 75%，高出同行业很多，就有必要对其特别关注。

接下来看短期偿债能力。短期偿债能力是公司归还短期债务的能力。短期偿债能力的核心指标是"流动比例"。流动比例＝流动资产÷流动负债。

流动资产就是指现金、应收账款等资产，在短期内可以使用或变现，流动负债是指短期借款、应付账款等，在短期内需要偿还。流动比例反映公司当前的流动资产与流动负债的比例，比如公司有 200 万元的流动资产，当前有 100 万元的流动负债，那么就不需要对公司的短期偿债能力有所担心。如果只有 50 万元的流动资产，流动负债还是 100 万元，50 万元覆盖不了 100 万元，那么就有可能发生短期借款的违约。如果在公开市场违约，就是比较严重的事情，会造成公司信誉丧失，失去借款来源。

下图所示为汤臣倍健的流动比例，当前比例为 2.75，该指标数据是一个好数据。有一个公认的底线，即流动比例不要低于 1，至少保证流动资产能够覆盖流动负债。

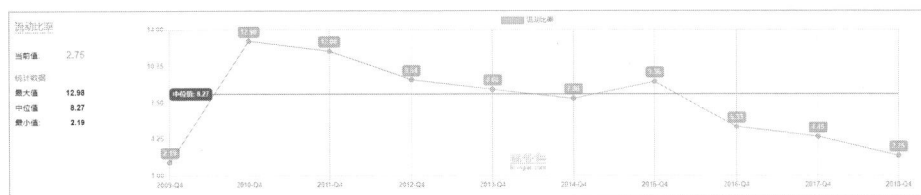

汤臣倍健 2.75 倍的流动比例是非常优秀的表现，但是和公司自己的历史相比，该指标已经下降了很多，这是好事情还是坏事情呢？公司之前有 10 倍的流动比例，主要是因为公司账上有很多现金资产，那么多现金资产放在账上不用显然是一种对资金的浪费。2018 年，公司买入 LSG 公司，不仅花了不少现金，还借了不少钱，流动比率就下降了很多。至于是好事情还是坏事情，这取决于买入的 LSG 公司的表现。如果 LSG 公司每年的盈利大于公司存放现金的收益，就是好事情，否则就是坏事情。从目前的信息来看，LSG 收购的效果非常不理想，但是不能事后诸葛亮，从当时公司买入 LSG 的行为来看，至少它是一种积极进取的表现。

本章结束后，我们再对汤臣倍健的企业画像进行补充：汤臣倍健是一家生产、销售膳食补充剂产品的公司，公司拥有汤臣倍健、健力多、健视宝、Life-Space 等多个产品品牌，2018 年收入为 43 亿元，利润为 10 亿元，净利润三年复合增长率为 16%，很不错的成绩。公司在 2018 年投入了 5 亿元的广告费用，在产品销售方面，更多依赖市场营销的投入。公司 2009—2018 年的成长速度非常快，10 年里，收入增长 21 倍。最近 3 年的 ROE、净利润率有所下降。公司在 2018 年花费大量现金和借款收购 LSG 公司后，目前的财务安全状况依然非常良好，各项指标依然优秀。

第六章
研发投入分析

2018 年的会计准则，要求在利润表中加上研发费用，说明对于现代企业来说，研发起到了越来越重要的作用，正是因为每年将收入的 15% 投入研发，才造就了今天的华为，2018 年的研发费用超过 1000 亿元人民币。通过对研发投入的分析可以了解公司产品的护城河有多宽，竞争对手需要花多少力气才能够造出和公司同样的产品。

研发费用是指公司用于开发新产品、改进老产品而付出的相关研究和开发费用。在以前的财务报表中，并没有单独的研发费用列示，相关费用归入管理费用，近些年来，由于研发费用比较重要，所以，现在的财报都会单独列出研发费用，以表明公司在研发方面的投入。一般来说，一个公司研发投入越大，就说明公司的潜在竞争能力越强。当然，前提是这些研发要有成果，如果做了很多研发，但是没有用于实际市场，这样的研发就没有意义，一个管理良好的公司大概率不会出现这种情况。

关于研发的投入情况，可以从如下几个方面来观察：

（1）研发费用占收入的比例，就是每收入 100 元，公司会将多少钱用于研发。研发占比本身就是一个竞争的壁垒，比如一个年销售额为 100 亿元的公司，将 10% 用于研发，那么每年的研发投入是 10 亿元。如果一个新进入市场的公司要参与该行业的竞争，那么至少要拿出 10 亿元来研发产品，再加上市场、管理等其他方面的投入，显而易见就给后进入市场者设置了比较高的门槛，所以，一个公司每年持续进行研发投入本身就是护城河之一。

（2）研发人员占比，即公司员工中有多少人是研发人员。通过对研发人员占比的观察，可以了解研发团队在公司的地位，从而间接了解研发对于公司的意义有多大，能够产生多宽的护城河。

（3）研发人员的平均薪酬开支，可以用来间接了解研发人员是否为高端研发人才，比如，华为都是以百万年薪招聘顶级科学家，那么其研发人员的平均薪酬一定很高。

（4）研发内容和成果，鉴于商业秘密的需要，一般公司不会在公开文件中详细描述其研发的细节，但是会公开公司研发的大致方向和内容。

一、研发投入分析

在 2018 年年报中搜索"研发投入"，可以找到年报中关于汤臣倍健

2016 年～ 2018 年的研发投入情况，具体信息如下图所示。

近三年公司研发投入金额及占营业收入的比例			
	2018 年	2017 年	2016 年
研发人员数量（人）	270	242	279
研发人员数量占比	11.16%	10.51%	12.50%
研发投入金额（元）	103,489,887.46	83,324,681.82	102,164,814.82
研发投入占营业收入比例	2.38%	2.68%	4.42%
研发支出资本化的金额（元）	925,584.61	6,070,230.53	6,267,734.75
资本化研发支出占研发投入的比例	0.89%	7.29%	6.13%
资本化研发支出占当期净利润的比重	0.10%	0.79%	1.23%

首先来看研发资金的投入，2018 年研发投入 1.03 亿元，占收比为 2.38%。对于 2.38% 的研发投入占收比，通过直觉就可以知道不是很高。那么，究竟多大的研发占收比比较合适呢？对此其实没有统一的标准，我们可以参考国家高新技术企业的评比标准，这应该是比较低的标准：

企业近 3 个会计年度（实际经营期不满 3 年的按实际经营时间计算，下同）的研究开发费用总额占同期销售收入总额的比例符合如下要求：

（1）最近一年销售收入小于 5000 万元（含）的企业，比例不低于 5%；

（2）最近一年销售收入在 5000 万元至 2 亿元（含）的企业，比例不低于 4%；

（3）最近一年销售收入在 2 亿元以上的企业，比例不低于 3%。

其中，企业在中国境内发生的研究开发费用总额占全部研究开发费用总额的比例不低于 60%。

也就是说，对于汤臣倍健这样的销售规模，评定高新技术企业的标准是 3%，公司在 2017 年、2018 年均没有达到高新企业认定的标准。公司本身是高新技术企业，而且在 2018 年广东省的高新技术企业认定名单内，不知道下次再申请高新技术企业是否会有问题，看来公司需要较大幅度提高研发费用占比。

—公司于 2015 年 9 月 30 日取得编号为 GR201544000259 的高新技术企业证书，有效期为三年，享受 15% 的高新技术企业所得税率，优惠政策期限为 2015 年－2017 年。根据《高新技术企业认定管理办法》（国科发火〔2016〕32 号）和《高新技术企业认定管理工作指引》（国科发火〔2016〕195 号）有关规定，广东省 2018 年第一批 5895 家企业拟认定高新技术企业名单（含"汤臣倍健"）已于 2018 年 11 月 28 日公示；截至财务报告批准报出日，高新证书仍未发放，2018 年暂按 15% 优惠税率计提和预缴。

上述是国家关于高新技术企业的最低标准，那么观察企业的研发投入占比是否合理，有一个很重要的因素就是同行对比。如果是卖差不多产品的公司，研发投入大的公司一般来讲，其产品的特性要优于研发投入低的公司。比如，同样是研发手机，投入100亿元研发的公司要比投入50亿元研发的公司，所做的产品一般来讲会提供更多的功能和更好的性能，从而形成竞争优势。

在同样研发投入比的情况下，销售收入高的公司就比销售收入低的公司有优势，这就是企业的规模效应。

汤臣倍健是一家从事膳食营养补充剂的公司，属于保健品行业，但是和一般的保健品又有所区别。所以，在A股中比较难找到完全对标的企业，只能找一个相对都属于保健品的公司——"交大昂立"来做研发对比。交大昂立的研发投入情况如下图所示。

4. 研发投入
研发投入情况表
√适用 □不适用

单位：元

本期费用化研发投入	15,670,404.24
本期资本化研发投入	0
研发投入合计	15,670,404.24
研发投入总额占营业收入比例（％）	6.29
公司研发人员的数量	60
研发人员数量占公司总人数的比例（％）	12
研发投入资本化的比重（％）	0

交大昂立的研发投入占收入的比例为6.29%，其比汤臣倍健要高出一倍多。但是绝对值仅为1567万元，比汤臣倍健的1亿多元的研发费用就少了很多，也许是因为交大昂立的收入比较少，所以占收比较高。因此，汤臣倍健和交大昂立的研发费用对比并不具有典型性，可参考的价值不大。

再观察汤臣倍健的研发费用及其占比情况，也可以发现，从2016年到2018年，研发费用的绝对值并没有增加很多，变化不大，而收入又增加了很多，所以导致研发投入占收比大幅下降，从另一方面说明公司在最近几年的市场工作做得比较好。其实，从产品角度来看，不用研发还能增加销售是好事情，比如可口可乐，一次研发完成就长期占据消费者心智，那多好。但是，从企业角度来看，还是需要不停地研发新的产品，才能不断拓展新的市场。

在汤臣倍健的研发费用表格中，年报还提到了"研发支出资本化的金额"为 92.5 万元，对汤臣倍健来讲，这个资本化研发支出的金额还算比较小，还不需要去关注它，但是我们需要弄明白"研发支出资本化的金额"的含义以及对财务数据的影响。所谓资本化，就是把花掉的钱不记入花掉的钱，而是记为资产。

比如，存货、在建工程就是这个概念，公司花了 100 万元买入原材料，就是减少 100 万元的现金资产，增加 100 万元的存货。总资产不变。这个概念很清晰，那么为什么又弄出一个资本化的概念呢？是因为有些费用，比如研发费用，按照原来的会计准则，研发费用中的工资、差旅等费用，都是支出，无法转换成公司的资产。近些年来，大家认为研发费用的投入是为了研究出更好、更多的产品，对于这部分支出，可以不算支出，而是转换成无形资产。比如花了 800 万元发明了一个专利，可以记账为现金支出 800 万元，无形资产增加 800 万元，总资产不变。

类似的可资本化的费用还有利息支出、品牌广告支出等，凡是这些有可能对公司未来的业绩产生直接帮助的支出，均可以列入资本化开支。

列入资本化开支后，比如当前 1000 万元的资本开支，就意味着成本会减少 1000 万元，而无形资产增加了 1000 万元。这些无形资产需要按照公司的会计准则进行摊销，而不是一直保留在账面上，但是对于当年的财报，就少了 1000 万元的费用，也就意味着报表中增加了 1000 万元的利润。

那么，究竟哪些研发费用可以列入资本化，哪些不可以列入资本化？对此原则上由公司财务来把控，公司在年报会发布会计准则，其中也会有资本化的条件，汤臣倍健在财报中公布的研发费用资本化准则如下。

公司内部研究开发项目开发阶段的支出满足资本化的条件：

（1）从技术上来讲，完成该无形资产以使其能够使用或出售具有可行性。

（2）具有完成该无形资产并使用或出售的意图。

（3）无形资产产生未来经济利益的方式，包括能够证明运用该无形资产生产的产品存在市场或无形资产自身存在市场；无形资产将在内部使用时，证明其有用性。

（4）有足够的技术、财务资源和其他资源支持，以完成该无形资产的开发，并有能力使用或出售该无形资产。

（5）归属于该无形资产开发阶段的支出能够可靠计量。

这些像教科书一般的准则，和通用的会计准则基本一致。

二、研发人员分析

下面来看汤臣倍健的研发人员数量，2018 年为 270 人，研发人员占比为 11%，该比例看上去还是可以的，11% 的占比相比研发费用占收比要高出不少。说明公司对研发还是十分重视的。

这 270 名研发人员的薪酬情况又是怎样的呢？要了解研发人员的平均薪酬情况，需要先找到研发的明细费用，通过在财报中搜索"研发费用"，可以很快找到研发费用的明细，如下图所示。

41. 研发费用

项目	2018 年度	2017 年度
工资福利费	56,344,325.05	50,067,957.64
直接投入	28,203,334.54	12,947,940.02
折旧与摊销	5,900,399.99	4,630,817.65
设计费	5,042,333.19	2,354,634.38
委外研发费	592,718.45	733,236.85
报批报检费	121,615.62	119,123.80
差旅费	3,825,928.14	3,169,318.82
会议费	1,257,545.77	1,319,828.89
其他费用	2,201,686.71	1,920,883.23
合计	103,489,887.46	77,263,741.28

可以看出，汤臣倍健在 2018 年 1.03 亿元的研发费用中，有将近一半用于研发人员工资和福利，合计 5634 万元，5634 万元除以研发人员数量 270 人，可以计算出，人均工资和福利支出为 20.8 万元，该人均支出看上去还可以，

但是和整体公司比较，就会发现研发人员在汤臣倍健的地位并不高，公司2018年全员的平均薪酬支出为人均27万元，由于生产工人的成本相对都比较低，所以，可以推断公司的管理人员、销售人员的平均工资大概率要高于研发人员。从人均工资程度上可以观察到，公司研发部的地位是不如销售部门的。

三、研发内容分析

每年花了1亿多元的研发费用，究竟研发了什么内容呢？

1.公司核心竞争力之产品力、品牌力、渠道力、服务力

（1）产品力

公司一直持续加大产品研发力度，开发新的产品，每年投入相当比例费用于产品研发。截至2018年底，公司共拥有144个保健食品批准证书及88款保健食品备案凭证。同时，按照"全球营养 优中选优"的品牌理念，在全球范围内甄选最优质原料，保证产品品质，在普遍同质化中实现产品品质差异化优势。

研发的内容主要还是开发新产品，对于具体的产品财报没有披露。不过，公司披露了一些公司的专利，通过这些专利，可以大致感知一下公司研发的科技含量（见下图）。

3.专利及专利使用权

截至2018年12月31日，公司拥有182项专利权，其中报告期内新增37项，主要新增情况如下：

序号	专利号	专利名称	类别	取得方式	取得时间	专利权人	有效期限至
1	ZL201410720263.X	一种具有减肥和降血脂功效的组合物及其制备方法与用途	发明	原始取得	2018.07.27	汤臣倍健	2034.12.01
2	ZL201830235792.X	包装瓶（维他客17号）	外观设计	原始取得	2018.07.13	汤臣倍健	2027.12.14
3	ZL201730640937.X	包装瓶（维他客系列）	外观设计	原始取得	2018.08.10	汤臣倍健	2027.12.18
4	ZL201830117195.7	包装瓶（F6系列）	外观设计	原始取得	2018.08.10	汤臣倍健	2028.03.26

13

公司在 2018 年取得专利 37 项，其中发明专利 4 项，上图所示为年报中的部分专利清单，如果需要查看全部 37 项的专利可以查看汤臣倍健 2018 年财报原文。但从专利的名称看，可以感觉到这些专利的科技含量都不高，当然，这个分析有点儿偏主观。如果我有一个好专利，凭借这个专利可能在市场上占很大的竞争优势，那么我会考虑把专利藏起来，不让竞争对手知道，所以，这种大张旗鼓把所取得的专利写到年报中的做法，我反而认为其实际价值并不大。

公司在 2018 年的研发费用为 1 亿元，研发费用占收入的比例为 2.38%，前面也分析过公司的三项费用，其中销售费用为 12.80 亿元，销售费率占比为 29.42%，通过公司的这两个数据就可以知道，汤臣倍健更多地依赖品牌、销售渠道等市场因素促进产品的销售。

第七章
分红意愿分析

从理论上看，一个进入成熟期的企业，如果没有特别的资本开支需求，应该将利润分配给股东，但这仅仅是理论，每年的分红比例由股东大会批准，大股东基本可以掌握分红比例。所以对分红意愿的观察就是了解该公司的大股东愿意把多少利润分配给股东，还是留存在公司。另外一个观察点是分红比例高的公司，至少可以说明每年报表上的利润是真金白银赚到的。

分红就是每年将公司利润分配给上市公司的股东。分红的前提当然是公司账面上要有利润，没有利润一般是无法分红的，而有了利润后要怎么分，分配多少是由董事会决定的，在 A 股的上市公司会说明其分红策略，一般的策略多为在成长期少分一点，在成熟期多分一点，具体策略在年报中有表述。我比较认可的准则是，如果利润留在公司，能够创造比分配给股东更多的价值，就值得留在公司；如果利润留在公司只是放在银行，那么还不如分配给股东。当然，实际的情况会比较复杂，下面来看几个例子：

（1）巴菲特的伯克希尔公司就从不分红，因为他认为钱交给自己会产生更多的效益，股价自然会上升，无须分红。当然巴菲特也确实做到了这一点，伯克希尔当前每股股价已经超过了 37 万美元（2021 年 2 月 24 日）。

（2）Google、FB、腾讯和阿里巴巴，这些科技公司很少分红，因为它们可以投入更多的资金去研发产品、收购公司，市场对于其分红比较少的情况没有什么意见。

（3）贵州茅台，每年把利润的 50% 分配给股东，应该说是不少了，但是剩余的 50% 的利润躺在公司的账面上给贵州做贡献，而不是去扩大生产、扩大销售，对于这点市场其实也是有诟病的，只是谁让茅台的股票质地这么好呢？

（4）浙江美大在 2016 年、2017 年每年将当年利润的 98% 用于分红，给投资者的印象就是该行业没有可以值得投入的了，而事实上，其还在投入新的生产线，据分析，分红是因为大股东需要资金。

（5）中国农业银行每年大约将 30% 的利润用于分红，实际上农业银行的 ROE 可以达到 13%，这笔钱如果留在中国农业银行，可以有 13% 的收益。一般很难做到 13% 的收益。由于中国农业银行是破净的，拿到分红再去买中国农业银行的股票，会赚得更多，前提是不要缴纳 20% 的红利税。

综上所述，一个公司是否分红以及分红比例的多少并无确切的标准，需要根据公司的具体经营情况来分析，分红从某种程度上也能说明公司赚的钱是真金白银。

接下来看汤臣倍健自 2009 年以来的分红情况，如下图所示。

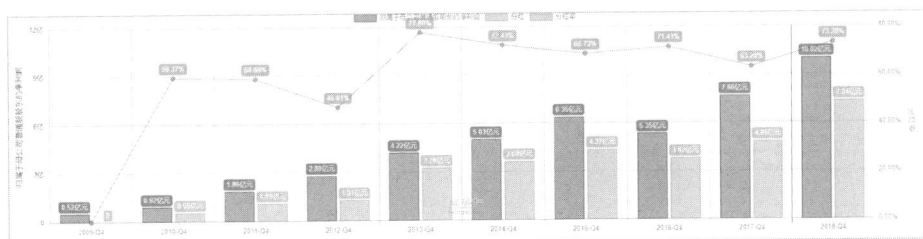

显然，该公司非常舍得分红，分红率平均有 70%，是一个分红意愿比较高的公司。通过前面的分析可以知道，汤臣倍健 10 年来的成长速度非常快，营收和利润都增长很快。在把每年利润的 70% 都分配给股东的前提下，依然取得这样的增长率，这说明公司的增长是内生增长，就是不依靠后续的投入也能保持快速的业绩增长，内生增长当然是企业最好的增长方式。

值得注意的是，在 2018 年，公司收购了澳大利亚的 LSG 公司，代价是 35 亿元，筹资方式为自有现金 + 银行借款 +2019 年的增发。在这个对资金需求比较大的年代，公司依然安排将公司在 2018 年的 10 亿元利润中的 7 亿元分配给股东。银行借款也就算了，也许银行的利息比较低，借款合算，但是一面分配现金给股东，一面增发股票来购买资产，这就有点难以理解了。增发股票损害的是股东的长期利益，增发后股本增加，同样的盈利由更多的股东来分享。

在前面列举中国农业银行例子的时候提到红利税，在此详细解释一下红利税。A 股的税收制度是股票盈利不收税，股票分红是要收取个人所得税的，按 20% 征收。为了鼓励股民长期持股，持股 1 年以上的，免征所得税。持股 1 个月以上的减半按 10% 征收。这样的税收方案是鼓励股民长期持股，红利税是在股票卖出的时候征收的，卖出时根据持有时间决定税率。

第八章
融资与投资回报

———○────────────────────────○———

　　融资就是公司从市场获取资金，回报就是公司回报给投资者的收益。融资和投资回报放在一起看，是要了解这家公司从市场吸取的资金和给予投资者的回报是否匹配，对那些只喜欢从市场融资，但是几乎不回报的公司应该予以剔除。

公司从 A 股市场中融资的主要方式如下：

（1）IPO，首次上市融资。

（2）配股，向原股东发行股份再次融资。

（3）增发，向新股东增发股份，包括定向增发和非定向增发。

（4）发行可转债（可交换债），可转债即可以转换成公司股票的债券，大部分情况下可转债会转成公司股票。

（5）发行企业债券。

前 4 种方式如果发生在过去的年份，就不会在公司当年的年报中特别说明，需要使用同花顺之类的软件来查询，对于第 5 种债券信息，如果还未还清，那么可以在企业的财报中找到相应的信息。

投资回报可以从两个层面来观察，一个是自上市以来的分红回报率，这是真金白银的回报，另一个是自上市以来的股价，因为公司业绩增长了，必然会带来股价的上升。而在观察股价回报时，要注意股价是由于业绩增长而上升的，还是基于消息面或概念炒作上升的。

下图所示为汤臣倍健的总分红和总融资。

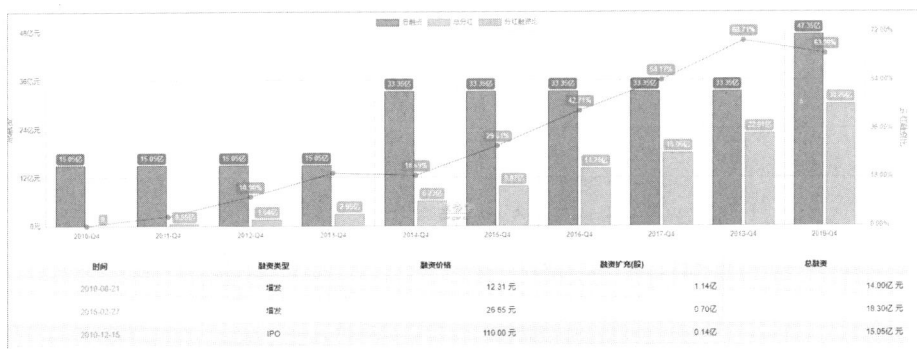

时间	融资类型	融资价格	融资扩充（股）	总融资
2019-08-21	增发	12.31 元	1.14 亿	14.00 亿元
2015-02-27	增发	26.65 元	0.70 亿	18.30 亿元
2010-12-15	IPO	110.00 元	0.14 亿	15.05 亿元

汤臣倍健从 2009 年上市以来累计融资 3 次，累计融资 47.35 亿元，累计分红 30.26 亿元。2019 年定向增发买入 LSG，如果不买入 LSG，那么实际上累计分红已经快接近累计融资 33.35 亿元。

公司上市后，截至 2019 年 11 月 23 日，股价上升了 3 倍。分红回报和股价回报都还不错。那么该股价上升是由于业绩还是炒作呢？对此只需观察市盈率 PE 指标即可。公司的 PE 变化的趋势图如下图所示。

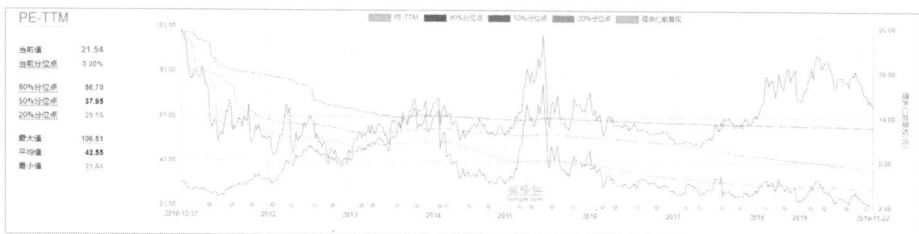

10 年前公司上市时，估值为 100 倍 PE，而现在是 21.54 倍 PE，现在市场给予的估值明显低于 10 年前，也就是在估值大幅下跌的情况下，公司的股价还上升了 3 倍，这是非常了不起的，即公司的业绩确实有较大幅度的增加。

完成这 3 章的阅读后，我们再来补充汤臣倍健的企业画像：汤臣倍健是一家生产、销售膳食补充剂产品的公司，公司拥有汤臣倍健、健力多、健视宝、Life-Space 等多个产品品牌，2018 年收入为 43 亿元，利润为 10 亿元，净利润三年复合增长率为 16%，很不错的成绩。公司在 2018 年投入了 5 亿元的广告费用，在产品销售方面，更多依赖市场营销的投入。公司 10 年来的成长速度非常快，10 年里，收入增长 21 倍。最近 3 年的 ROE、净利润率有所下降。公司在 2018 年花费大量现金和借款收购 LSG 公司后，目前的财务安全状况依然良好，汤臣倍健各项指标依然优秀。公司的市场投入远远大于研发投入。公司在分红方面非常大方，每年将大部分利润用于分红，总体上的投资回报还是不错的。

第九章

创始人与经营团队

　　菲利普·费雪在《怎样选择成长股》一书中给出选择优质成长股的 15 个原则，其中有 6 个原则涉及管理层、经营团队，可见人在公司里的重要程度，如果想要深度认知，那么最好的办法是和管理层面对面交流，但是这个成本比较高，本章还是基于公司公告等公开的信息来研究公司的创始人、管理层和员工。

世界上第一个股份有限公司是荷兰东印度公司，成立于 1602 年 3 月 20 日，1799 年解散，生命周期为 197 年。公司是怎么创建的？又是由哪些人组成的，这些人组成在一起为什么能够盈利？所以，买入公司股票前对公司的团队进行简单的了解是必不可少的一个环节。

一个公司所从事的业务，除非是特殊的垄断行业，否则都存在竞争对手，那么为什么经营相同业务的公司，有的发展得比较快，有的发展得比较慢，有的利润高，有的利润低？这涉及的因素非常多，而其中员工的因素是一个重要因素。公司本身是虚拟实体，公司的具体经营则是由公司的全体员工来完成的，这些工作人员中最重要的当然是公司的创始人和管理团队，所以，本章内容就是来讲述如何了解一个上市公司的经营团队。从如下 5 个方面来观察公司的经营团队：

（1）公司创始人的情况；

（2）公司的成长史；

（3）管理层研究；

（4）员工组成和劳动效率；

（5）公司的股权激励制度。

一、创始人研究

在 A 股，按企业的性质大致可以分为国有企业、民营企业两种，或者这两种性质的混合。国有企业的创始人往往是上级委派的，而民营企业，往往要依靠创始人从一个很小的公司起步，一步一步慢慢做大，发展成上市公司。所以，对于民营企业，研究创始人的意义会比较大，创始人往往是一个公司的实控人，也是公司的灵魂人物。

研究创始人主要有两个途径：一个是通过互联网来获取信息，一般对于上市公司，多多少少可以找到一些网上的报道文章；另一个是通过公司的IPO 文件，在 IPO 文件中会讲公司的发展历程，从中可以找到一些蛛丝马迹。

在年报中很容易找到公司的实际控制人情况，如下图所示。

3．公司实际控制人及其一致行动人

实际控制人性质：境内自然人

实际控制人类型：自然人

实际控制人姓名	国籍	是否取得其他国家或地区居留权
梁允超	中国	是（中国香港）
主要职业及职务		2008 年 9 月至今任本公司董事长；2013 年 10 月至今任诚承投资控股有限公司法定代表人、董事长。
过去 10 年曾控股的境内外上市公司情况		无

实际控制人报告期内变更

□ 适用　√ 不适用

公司与实际控制人之间的产权及控制关系的方框图

梁允超

↓ 48.38%（截至报告期末）

汤臣倍健股份有限公司

67

汤臣倍健的实控人为梁允超，截至 2018 年年底，拥有公司 48.38% 的股权。然后在网上搜索梁允超的信息，可以看到相关的报道，如下图所示。

　　2002年，梁允超开始了第二次创业，以自有 70 万元收购了保健品公司广州佰健 69.68% 的股权，并注册了"倍健"等品牌，将"膳食营养补充剂"产品的生产，外包给珠海海狮龙生物科技有限公司和广东仙乐等保健品生产厂家。

　　这次创业，在梁允超看来应该是"选对了方向"，随着新产品的发售，企业不断发展壮大，当企业发展到一定程度，梁允超开始考虑上市。经过一系列运作，2011 年，汤臣倍健正式上市。截至 2016 年年末，梁允超持有公司约 7 亿股股票，占比约 48%，价值大约 80 亿元。据了解，目前公司旗下总共有无限能、健力多等多个品牌，分别专注于骨健康、中药材保健等细分领域。

依据这篇报道，可以了解到梁允超在 2002 年创办了汤臣倍健，2011 年登陆资本市场，截至 2021 年，公司已经有 19 年的历史了。梁允超为什么会创办汤臣倍健，他有什么样的工作经历呢？继续看这个报道，如下图所示。

> 据公开资料显示，梁允超是广东人，出生于1969年，1991年毕业于中南财经大学。大学毕业之后，梁允超被分配到广东的一家国营企业工作，不久后觉得工作枯燥无味，梁允超准备跳槽。
>
> 当时，中国的保健品行业正处于高速发展期，广东太阳神集团风头正劲一时无两，是当时保健品行业的龙头企业。梁允超回忆说，当时家人极力反对，但他还是决定去试试。最后，梁允超通过公开招聘正式进入了太阳神集团。
>
> 1992年到1995年期间，梁允超历任太阳神江苏市场部、上海分公司负责人等职位。1995年，梁允超从太阳神辞职，拉上4位同事和朋友开办自己的公司，主要以保健品生产销售为主，这是梁允超的第一次创业。
>
> 刚创业时，团队尽量避免与老东家同业竞争，推出了一款介于啤酒和白酒之间的保健酒，但收效甚微。随后，梁允超团队还打造了一款蜂王浆产品，但销量也不容乐观。
>
> 实际上，1995年到1997年，中国保健品陷入了信任危机，整个市场处于停滞状态，就连太阳神这样大体量的保健品公司都出现了亏损，梁允超带领的企业也无法幸免。最终，梁允超的第一次创业以失败告终。

梁允超在创办汤臣倍健之前的工作经历就是一直在保健品行业：1991年，毕业后从国企跳到太阳神做市场工作，1995年，自己创业做保健品，然而第一次创业失败，失败后继续回到老东家。通过上述公开信息，我对公司创始人的印象如下：

（1）有魄力，1991年就敢从国企跳到民企。

（2）有能力，一个小伙子，3年就干到负责人的位置，而且在创业失败后，老东家再次接纳了他，一定是看中他的能力。

（3）有人品，1995开始创业的时候，故意和老东家的产品错位。

另外也注意到，创始人梁允超的主要个人核心能力在于市场营销，而且他有过创业失败的经历，对于二次创业汤臣倍健应该也是有帮助的。

上述是对汤臣倍健创始人梁允超的个案分析，对创始人的观察并没有一个放诸四海而皆准的统一标准。不过，作为一个优秀创始人，也有一些共性特质，美国著名的管理专家及畅销书作家吉姆·柯林斯（Jim Collins）在其20世纪90年代的畅销书《从优秀到卓越》中提出"第五级经理人"的概念，依照他对多家卓越公司的研究，他认为一个卓越公司的领导人通常具备如下3个特性：

（1）谦逊的个性；

（2）专注的意志；

（3）公司利益优先。

　　尽管吉姆·柯林斯总结了第五级经理人的特质，但该方法对于研究 A 股却不太实用。在国外，像彼得·林奇这样的基金经理有很多机会和公司的高管对话，通过面对面的交流，对高管的个人特质可以进行判断，而在 A 股市场，即便是基金经理去调研，一般也是董秘来接待，和高管接触的机会比较少，在年度股东大会上倒是能接触到公司高管，但是对普通投资者来说，参加股东大会的机会也比较少。

　　作为普通投资者参加股东大会的机会不多，但是还有一个途径可以了解一个公司的股东大会的情况，这也是我经常用的途径。雪球网站上很多参加过股东大会的"球友"，会记录他们在股东大会的见闻，比如茅台的股东大会、伯克希尔的股东大会都有相应的直播。

　　用第五级经理人去对照汤臣倍健的创始人梁允超，其中第二点"专注的意志"是比较确定的，专注保健品，汤臣倍健成立后，专注保健品中的膳食营养补充剂。对于其他两个特征，"谦逊的个性"和"公司利益优先"，从年报中很难获得更多的信息，尤其是 LSG 的收购案，让投资者有所担心。

二、公司成长史

　　了解了创始人，我们再来看公司的发展历程。了解公司的发展历程主要有两个途径：一个是在公司的 IPO 文件中查找相关信息，公司在 IPO 时发布的《首次公开发行招股说明书》中一般会比较详细地描述公司的发展历程，另一个是通过互联网，著名的上市公司往往会有相关的成长报道，在这些新闻报道中会披露一些信息。

　　通过对上述信息的搜索和整理，大致拼出公司的发展历程：

　　自 2002 年开始，以创始人梁允超为主要投资人，联合其他创始股东，先后收购和设立了多家公司，2008 年，以其中的海狮龙为主体，通过收购整合了其他创始人主导创办的公司（奈梵斯、友邦制药、广州佰健），并将公司更名为汤臣倍健。

本公司成立以来的重大资产重组简要情况如下：

序号	收购标的	收购协议签署日期	工商变更登记日	合并日	出让方及比例	合并日净资产	收购价格	定价依据
1	奈梵斯100%股权	2008.5.25	2008.5.30	2008.5.31	梁允超51%、汤晖39%、周许挺10%	-219.83万元	50万元	出资额
2	友邦制药100%的股权	2008.5.30	2008.6.12	2008.6.30	梁允超90%、梁水生10%	116.62万元	143.06万元	2007年12月31日经审计的净资产
3	广州佰健100%的股权	2008.6.2	2008.6.18	2008.6.30	梁允超51.10%、王中伟17.58%、陈宏11.63%、龚娟辉7.26%、梁水生6.36%、	417.18万元	470.65万元	2008年4月30日经审计的净资产

1—1—37

				栾晓莉6.07%				
4	吸收合并友邦制药	2008.10.28	200.9.24	—	—	—	—	—

值得注意的是，公司在改制时，公司的股东全部是创始人，并无任何创投机构，其股东为下图所示的创始人员。

（二）发起人

本公司发起人为梁允超、汤晖、陈宏、梁水生、龙翠耘五位自然人，公司改制设立时发起人的持股情况如下：

股东名称	股本额（万元）	持股比例
梁允超	2,748.30	91.61%
汤 晖	82.50	2.75%
陈 宏	82.50	2.75%
梁水生	82.50	2.75%
龙翠耘	4.20	0.14%
合 计	3,000	100%

这也意味着，从 2002 年到 2008 年，公司从 70 万元起步，成长为一个拥有 3000 多万元净资产的公司，年均复合增长率接近 90%，增长速度非常快，而且该增长并没有依赖任何创投机构的资金，完全靠企业自身的业务和利润积累。

到 2010 年公司 IPO 时，股东人数从 5 人增加到 26 人，全部是公司核心骨干员工，这相当于股权激励制度，说明老板对员工还是比较大方的，但是核心员工的数量少了一点。

公司上市前，依然没有创投机构加入，说明公司对自己非常有信心。不依赖创投。截至上市前，公司净资产从 2008 年的 3000 多万元增加到 1 亿多元，发展速度很快，公司在 2010 年上市后，发展速度也不错，前面分析过，净资产从 2011 年年末的 16 亿元，增长到 2018 年的 55 亿元。

了解上市公司的发展历程并不会给公司分析带来更多的投资指标，只会增加对公司的感性分析。那么这个没有指标的感性分析有没有用呢？我觉得还是非常有用的，因为投资是一个数字＋艺术的组合。我们既要分析财务的数字来对公司的价值进行基本的定位，也需要感知公司的方方面面来协同财务数据做投资决策。

2019 年 9 月 30 日，公司公布了 2019 年第三季度的业绩报告，在 2019 年 Q3 当季，其利润相比去年同期下跌 15%，其中一个重要的因素是澳大利亚 LSG 公司的业绩不达预期，贡献为负。公司股价应声下跌，并开启一段下跌之路。市场上就出现了一个声音，汤臣倍健用这么高的价格收购 LSG，而且收购后马上亏损，这是管理层在套现，把上市公司的资产转移到海外。如果有了对公司发展史的了解，就会更倾向于是管理层运营的失误，而不是故意高价买入一个公司，一个创始人干了 18 年的公司，大概率是不会故意这么做的。针对 LSG 业绩下滑的现状，上述两种想法对应的投资思路完全不同。如果是前一种思路，管理层转移资产，那么肯定是清仓走人；如果是后一种思路，那么投资思路就是继续观察公司业绩，如果有反转就择机加仓。当然，我们理解的有可能是错误的，但这就是投资的魅力所在。

三、管理层研究

投资者最关心的问题是管理层团队是否稳定，管理层队伍的更换过于频繁和完全不动都不是好事情，能够做到适当稳定，逐步引入更优秀的管理层加盟才是最佳的状态。管理层的研究比较麻烦，因为管理层的信息是在年报信息中，需要连续跟踪多年的年报才能得出结论，需要花费非常多的时间，而得到的结论不是特别有价值，所以，对时间比较有限的投资者来说，这部分分析也可以忽略，尤其对于那些轻仓的股票。

在每年的年报中都会提到当期的高管和变动信息，但是一年一年去收集信息比较费时费力，对于汤臣倍健，我们采用的办法是直接比较 2010 年公司上市时公司披露的核心成员，看看 8 年过去了，这些核心成员在 2018 年的年报中是否还会出现。下表所示为 2010 年核心人员在 2018 年的情况。

姓名	2010 年职务	入职时间（年）	2018 年任职
汤晖	总经理	2002	董事
梁水生	副总经理	2002	副董事长
陈宏	副总经理	2002	副总经理
龙翠耘	副总经理	2002	2017 年离任
周许挺	副总经理	2002	已经离任，具体时间未查
付恩平	财务总监	2008	已经离任，具体时间未查
殷光玲	研发总监	2003	已经离任，具体时间未查
王志辉	销售中心	2004	已经离任，具体时间未查
吴震瑜	销售中心	2008	2017 年离任

在 2010 年公司上市前，核心高管成员大部分是早期和创始人一起创业的成员，没有离开过，有些是在 1996 年就和创始人是同事关系。说明高管队伍基本稳定。从 2010 年上市到 2018 年，当初的 9 名核心人员，只留下 3 名，其中 2 人为 2017 年离任，这 2 人也为公司服务了差不多 10 年。从这份名单来看，核心管理层（汤晖、梁水生、陈宏）保持稳定，次级高管流动频繁。

有流出就有流入，下面再来看看新来的高管的情况，在 2018 年的年报中，我们可以很容易找到当前的高管信息，如下图所示。

一、董事、监事和高级管理人员持股变动

姓名	职务	任职状态	性别	年龄	任期起始日期	任期终止日期	期初持股数（股）	本期增持股份数量（股）	本期减持股份数量（股）	其他增减变动（股）	期末持股数（股）
梁允超	董事长	现任	男	50	2008 年 09 月 16 日	2020 年 09 月 21 日	710,611,742	0	0	0	710,611,742
梁水生	副董事长	现任	男	54	2011 年 09 月 26 日	2020 年 09 月 21 日	21,600,000	0	0	42,000	21,558,000
林志成	董事、总经理	现任	男	51	2014 年 09 月 26 日	2020 年 09 月 21 日	1,000,000	0	0	0	1,000,000
汤晖	董事	现任	男	51	2008 年 09 月 16 日	2020 年 09 月 21 日	9,276,000	0	0	0	9,276,000
刘恒	独立董事	现任	男	55	2014 年 09 月 26 日	2020 年 09 月 21 日	0	0	0	0	0
张平	独立董事	现任	男	49	2016 年 01 月 25 日	2020 年 09 月 21 日	0	0	0	0	0
黎文靖	独立董事	现任	男	40	2017 年 09 月 22 日	2020 年 09 月 21 日	0	0	0	0	0
王文	监事会主席	现任	女	53	2017 年 03 月 20 日	2020 年 09 月 21 日	0	0	0	0	0
蒋钢	监事	现任	男	51	2008 年 09 月 16 日	2020 年 09 月 21 日	405,600	0	0	0	405,600
施慧珍	监事	现任	女	32	2018 年 03 月 27 日	2020 年 09 月 21 日	0	0	0	0	0
唐金银	监事	离任	女	34	2017 年 02 月 24 日	2018 年 03 月 27 日	0	0	0	0	0
陈宏	副总经理	现任	男	53	2008 年 09 月 16 日	2020 年 09 月 21 日	21,200,000	0	0	0	21,200,000
蔡良平	副总经理	现任	男	45	2014 年 09 月 26 日	2020 年 09 月 21 日	800,000	0	0	0	800,000
吴卓艺	财务总监	现任	女	41	2017 年 02 月 27 日	2020 年 09 月 21 日	0	0	0	0	0
唐金银	董事会秘书	现任	女	34	2018 年 04 月 10 日	2020 年 09 月 21 日	0	0	0	0	0
吕静莲	董事会秘书	离任	女	40	2017 年 6	2018 年 04	0	0	0	0	0

69

从该名单中可以看到 2018 年公司的总经理为林志成，先来看一下林志成的履历，如下图所示。

> 董事、总经理林志成先生：1968 年出生，中国国籍，无境外永久居留权，华南理工大学本科学历。2011 年 7 月加入本公司任投资发展中心总监；2012 年 6 月至 2015 年 2 月任公司副总经理；2012 年 7 月至 2014 年 9 月任公司董事会秘书；2014 年 9 月至今任董事；2015 年 2 月至今任公司总经理；2015 年 5 月至今任北京桃谷科技有限公司董事；2015 年 7 月至今任珠海佰泽执行事务合伙人；2015 年 8 月至今任诚承投资控股有限公司董事；2017 年 7 月至今担任信美人寿相互保险社监事；2018 年 8 月至今担任为来股权投资管理（广州）有限公司董事长。

林志成于 2011 年加入公司，任职董秘，2015 年升为总经理，看来深得老板信任。那么林志成加入公司前的履历是什么呢？在 2012 年的年报中可以找到林志成的之前履历，如下图所示。

林志成	董事会秘书 副总经理	2006年至2011年在利丰亚洲任华东区高级经理； 2011年7月进入本公司，任投资发展中心总监； 2012年6月至今任公司副总经理； 2012年7月至今任公司董事会秘书。

从林志成的履历来看，并没有特别显眼的地方，所以，可以推断汤臣倍健公司更加偏好自己培养人才，而不是从外部挖来高薪的职业经理人，从某种程度上看，老板更喜欢用自己人。

在观察公司管理层时，还有一个关注点，即高管年龄，一般来讲，40 ～ 60 岁是年富力强的年龄，而且最好是分层次。从这个角度看汤臣倍健的高管，大部分是在黄金年龄段，除了独立董事和监事，因为这两个岗位对公司的经营影响不大，最低年龄的高管为 34 岁的董秘唐金银，这样的人才阶梯的架构是比较好的。

对于这些高管的股票是增持，还是减持，也是值得关注的，如果高管大面积增持自己公司的股票，就说明高管对公司的前景比较看好。反之，如果高管大面积减持，那么对公司不太乐观。从 2018 年的情况来看，汤臣倍健高管持股无变化。

高管的薪酬也是一个重要的观察点，下面来看看汤臣倍健的高管薪酬（见下图）。

姓名	职务	性别	年龄	任职状态	从公司获得的税前报酬总额	是否在公司关联方获取报酬
梁允超	董事长	男	50	现任	60.00	否
梁水生	副董事长	男	54	现任	450.01	否
林志成	董事、总经理	男	51	现任	504.94	否

72

汤臣倍健股份有限公司　　　　2018 年年度报告全文

汤晖	副总经理	男	51	现任	1,675.28	否
刘恒	独立董事	男	55	现任	7.20	否
张平	独立董事	男	49	现任	7.20	否
黎文靖	独立董事	男	40	现任	7.20	否
王文	监事会主席	女	53	现任	57.20	否
蒋钢	监事	男	51	现任	222.81	否
施慧珍	监事	女	32	现任	39.42	否
陈宏	副总经理	男	53	现任	438.28	否
蔡良平	副总经理	男	45	现任	498.51	否
吴卓艺	财务总监	女	41	现任	203.54	否
唐金银	董事会秘书	女	34	现任	84.39	否
	监事	女	34	离任		否
吕静莲	董事会秘书	女	40	解聘	163.33	否
合计	--	--	--	--	4,419.31	--

可以看出，汤臣倍健给高管的工资还是非常高的。高管工资高是好事吗？对此也没有一个标准答案，也是一个感性的分析成分，不过一般的规律，收入给得高，干活的动力就会大一些。其中，汤晖已经卸任总经理，但他的薪酬是全部高管中最高的，如果读者对此有疑问，那么可以参考公司在互动 e 上的答复，如下图所示。

问 汤晖 2017年薪酬430.4万，2018年1675.28万，涨幅289%，为什么？公司各项业绩同比增长并未如此之高，为什么单单汤晖一人工资有如此大的增长？这种情况是偶尔？还是将来都会成为常态。国内药店销售的益倍适生产地点是在国内，还是在澳洲？

答 您好！（1）汤晖先生现任公司全资子公司汤臣倍健药业有限公司董事长，其薪酬受年初根据年度经营计划制定的奖金方案等因素影响；（2）"Life-Space"国内产品主要在线下药店、母婴和商超等渠道销售，在产品外包装、规格、剂型等方面与澳洲本土产品有一定区隔。感谢您的关注。

显然，公司给予高管的收入与公司的经营业绩息息相关，不过，按照在第三章中的分析，公司在年报中说明在 2018 年汤臣倍健产品的利润增长为 28%，该比例和高管的收入增长比例不相符。普通投资者当然无法影响公司高管的绩效体系，但是我们可以依据这些综合的信息做出投资决策。

四、员工组成和劳动生产率

公司员工组成方面，可以从两个角度来观察：一个是按专业构成类别；另一个是按教育程度类别。按专业构成，可以了解公司员工队伍的主力是市场、生产还是技术。按教育程度，可以观察公司的整体素质。一般来讲，教育程度越高的团队其核心竞争力越强。

汤臣倍健的员工组成如下图所示。

专业构成	
专业构成类别	专业构成人数（人）
生产人员	353
销售人员	682
技术人员	681
财务人员	58
行政人员	645
合计	2,419
教育程度	
教育程度类别	数量（人）
博士	10
硕士	152
大学本科	1,096
大专	755
其他	406
合计	2,419

截至 2018 年年底，汤臣倍健员工总数为 2419 人，从人员数量上看，排名第一的销售人员，合计 682 人，排名第二的是技术人员，前面提到的研发人员有 270 人。那么，除研发人员外的这些技术人员有可能是车间的技术管

理员。生产人员并不多，说明生产的自动化程度比较高。在公司的官网上，有一个透明工厂栏目，可以直接看到公司的生产过程，自动化程度比较高，确实人工干预很少。

从教育程度来看，本科占比较高，说明公司的整体员工素质还是偏上的。

公司在 2018 年年底员工总数为 2419 人，创造了 43.5 亿元的收入，人均创收为 179 万元，产生了 10 亿元的净利润，人均创造的净利润是 41 万元，这在 A 股的公司中都属于比较高的均值。

汤臣倍健，人均创利确实非常高，达到 41 万元，那么公司给予员工的薪酬又是怎么样的呢？

在财报中搜索"职工薪酬列示"，可以找到年度薪酬的情况，如下图所示。

汤臣倍健股份有限公司				2018 年年度报告全文	
项目	2017.12.31	本期增加	本期支付	外币报表折算差额	2018.12.31
短期职工薪酬	166,936,212.00	658,806,783.91	575,662,037.39	-814,819.00	249,266,139.52
离职后福利	243,217.07	24,906,300.04	22,627,646.96	-64,209.00	2,457,661.15
辞退福利	10,139.35	4,608,296.76	4,508,039.11	-	110,397.00
其他长期职工福利	:	:	:	:	:
合计	167,189,568.42	688,321,380.71	602,797,723.46	-879,028.00	251,834,197.67

取其中的短期薪酬数据，可以看到 2018 年汤臣倍健的短期职工薪酬总额为 6.58 亿元，这个数字除以 2419 人，可以得到公司的人均薪酬支出为 27.2 万元。这样的人均薪酬支出在 A 股上市公司中处于比较高的位置。值得提醒的是，财报中的薪酬支出包括为员工缴纳的五险一金，并非员工的税前工资。

五、股权激励制度

很多上市公司都会推出股权激励计划，其目的是让员工的利益和公司的利益捆绑在一起，能够参与股权激励的员工都会被授予按一定的价格购买公司股票的权利，股权激励的期限一般是 3 ～ 4 年，在该股权激励实施期限内，如果公司由于业绩上涨导致公司的股价上涨，那么员工从该股权激励政策中可以获得更多的收益，进而推动员工在日常工作尽心尽力，众志成城，推动公司业绩上涨。

一个股权激励方案的核心有如下几点：

（1）参与股权激励的对象

参与股权激励的对象一般是公司的核心骨干，在一个股权激励方案中，可以重点关注授予高管的股权数量占全部激励的比例，比如高管能够获得的股权数量在总数量占比过高就不太好，股权激励应该尽量给中、下层的核心员工，众人拾柴火焰高，大家一起努力才会让公司更好。以汤臣倍健为例，高管已经有百万年薪，再给几百万股权，对高管的激励效果就不大，而更多地给予中层核心员工，效果会更好。

（2）以什么价格购买股票

对于以什么价格购买股票，一般有两种方式，即原价购买和折扣价格购买（一般实施比较多的是 5 折购买公司的股票）。原价购买，当然是在员工对公司前景非常看好的情况下买的，这对于股东当然是好事情，但是对于员工，作为在二级市场可以买到的股票，如果是原价购买，那么员工为什么要参加股权激励计划呢？如果股票价格一样，直接买入就好了，该问题和购买方式有关，下面会讲解其对员工的好处。

大部分公司采用的是半价购买股票的方式，在这种方式下，只要完成股票激励的条件，就相当于给参与股票激励的员工发奖金了，毕竟，一个业绩正常的公司，股价跌到原来的 50% 的概率非常小。

（3）以什么方式购买股票

购买方式有两种，一种是期权，另一种是通过公司组织的基金从二级市场购买。期权的方式，就是给员工以某种价格（行权价）购买股权的权利，员工可以选择买或者不买，显而易见，如果当时二级市场的价格低于行权价格，员工就会选择不买。在这种方式下，如果业绩上升，股价上涨，员工就可以获得期权收益。如果业绩不好，股价下跌，那么员工虽然没有收益，但是与直接从二级市场购买相比，员工至少没有本金损失。

还有一种方式为公司组织股权投资基金，员工参与基金，由基金公司负责去二级市场购买股票，在这种方式下，投资基金会加一个杠杆，比如员工投入 1 万元，基金公司找银行借款 1 万元，这样，每个员工可以拥有 2 万元的股权。这种方式相当于加杠杆买入自家公司的股权。员工愿意参与这种方式的股权激励计划，当然需要对公司特别看好才行。

（4）股票的来源

股票的来源有 3 种，第一种是定向增发，就是增加总股本，这种方式会稀释股权激励计划实施前原股东的权益，所以，选择这种激励方式的，要留意方案中股权稀释的比例，如果股权激励过于频繁，每次激励的股权比例太大，那么就是侵害原股东的权益了。第二种方式是公司回购，就是公司用自己的资金在二级市场买入股票，一般公司在二级市场价格不足以反映公司价值的时候，会买入股票，既彰显公司对自己的信心，同时又在低位储备一些股票，未来用于股权激励。第三种就是直接从二级市场或者从其他股东那里协议买入。

（5）兑现股权激励的条件

股权激励兑现条件是指，在股权激励方案中，会设定一个条件，如果达到这个条件，那么已经授予员工的期权可以行权。如果未达到条件，那么员工无法行权，公司将回购或注销这部分股权。一般设置的条件为净利润的增速，比如一个 3 年的股权计划，可以设置利润的增幅相比基准分别增长 20%、40%、60% 等，也有些公司将目标设置为收入增长多少，在大部分情况下，设置利润增长指标更加有实用价值。

股权激励的兑现条件是观察研究股权激励方案中最重要的部分，因为，其同时代表了公司管理层对未来业绩增长的期望，也是所有员工努力的目标。从某种程度上来说，兑现条件也是公司未来业绩的风向标和参考值。

讲解完理论，再来看看汤臣倍健的股权激励计划，之前提到过，在 IPO 前，公司股东从 5 名扩展到 26 名，新增股东都是公司的核心骨干，方式就是直接用净资产的价格增资公司，相当于原始股，因为是增资，所有没有行权价格、兑现条件等。

　　从 2013 年开始，公司一直在执行股权激励，分别在 2013、2016、2019 年实施了股权激励计划。越是新的计划，越有参考意义。因此，先看 2019 年股权激励计划。

　　2019 年 2 月 23 日，公司发布了《2019 年股票期权激励计划（草案）》，依照草案内容，可以依次找到上述 5 个内容：

　　（1）参与股权激励的对象

三、激励对象获授的股票期权分配情况

本激励计划授予的股票期权在各激励对象间的分配情况如下表所示：

姓名	职务	获授的股票期权数量（万份）	占授予股票期权总数的比例	占本激励计划公告时公司股本总额的比例
梁水生	汤臣倍健股份有限公司副董事长	120	4.62%	0.08%
林志成	汤臣倍健股份有限公司董事、总经理	130	5.00%	0.09%
汤　晖	汤臣倍健股份有限公司董事	150	5.77%	0.10%
陈　宏	汤臣倍健股份有限公司副总经理	120	4.62%	0.08%
蔡良平	汤臣倍健股份有限公司副总经理	130	5.00%	0.09%
尹　昕	汤臣倍健股份有限公司首席电子商务官	120	4.62%	0.08%
吴震瑜	汤臣倍健药业有限公司总经理	150	5.77%	0.10%
龙翠耘	广东佰悦网络科技有限公司总经理	120	4.62%	0.08%
吴小刚	广东佰腾药业有限公司总经理	130	5.00%	0.09%
其他中层管理人员、核心技术（业务）人员共 36 人		1,275	49.04%	0.87%
预留股份		155	5.96%	0.11%
合计		2,600	100.00%	1.77%

　　总共授权 2600 万份股权，其中高管占了将近 50%，总共股权激励的员工为 45 人，占员工总数 2419 人的比例为 1.8%，也就是说，股权激励的对象仅限少数人。我个人认为这种模式不是很理想，因为高管、核心人员的收入和非激励对象的收入会差得比较多，反而会降低公司的整体凝聚力。

　　这里还有一个细节，在前面分析高管时，龙翠耘、吴震瑜已经从高管名单中消失了，但为什么在股权激励计划中又出现了呢？通过该表格可以知道，原来这两名高管调任到下面的子公司，所以没有出现在总公司的高管名单中，其实并没有离职。所以，对于本章"管理层研究"部分需要做一个补充，其核心管理层还是趋于稳定的。

（2）以什么价格购买股票

一、首次授予股票期权的行权价格

首次授予股票期权的行权价格为每股 19.80 元，即在满足行权条件的情况下，激励对象获授的每一份股票期权拥有在有效期内以每股 19.80 元价格购买 1 股公司股票的权利。

二、首次授予股票期权的行权价格的确定方法

首次授予股票期权行权价格不低于股票票面金额，且不低于下列价格较高者：

（一）本激励计划公告前 1 个交易日公司股票交易均价（前 1 个交易日股票交易总额/前 1 个交易日股票交易总量），为每股 19.80 元；

（二）本激励计划公告前 60 个交易日公司股票交易均价（前 60 个交易日股票交易总额/前 60 个交易日股票交易总量），为每股 18.42 元。

行权价格为发布公告的当前价格，并没有给予 5 折优惠，这比较合理，必须是股价上涨了才能有肉吃。

（3）员工以什么方式购买股票

四、本激励计划的可行权日

在本激励计划经股东大会通过后，首次授予的股票期权自授予之日起满 24 个月后可以开始行权，预留的股票期权自授予之日起满 12 个月后可以开始行权。

可行权日必须为交易日，但不得在下列期间内行权：

员工以期权方式购买股票，就是员工有选择权，如果在行权期，二级市场的价格一直低于行权价（19.80 元），那么员工是可以不行权的。比如，当前价格为 15.22 元，员工肯定不会行权。不过，对于该期权要等到 2 年以后才能开始行权，只要 2 年内业绩达到目标，股价还是会涨回来的。

（4）股票的来源

一、本激励计划的股票来源

本激励计划涉及的标的股票来源为公司向激励对象定向发行公司A股普通股。

二、本激励计划授出股票期权的数量

本激励计划拟向激励对象授予 2,600 万份股票期权，约占本激励计划公告时公司股本总额 146,881.788 万股的 1.77%。其中，首次授予 2,445 万份，约占本激励计划公告时公司股本总额的 1.66%；预留 155 万份，约占本激励计划公告时公司股本总额的 0.11%，预留部分约占本次授予权益总额的 5.96%。在满足行权条件的情况下，激励对象获授的每一份股票期权拥有在其行权期内以行权价格购买 1 股公司股票的权利。

股票来源为定向增发，就是稀释全体股东的权益，但是由于用原价购买，那么对原股东的损害并没有这么大，只是扩股而已。股权总额占股本总额的比例为1.77%，比较合理。

（5）兑现股权激励的条件

（三）公司层面业绩考核要求

本激励计划授予的股票期权，在行权期的3个会计年度中，分年度进行公司业绩考核并行权，以达到公司业务考核目标作为激励对象的行权条件。首次授予及预留部分股票期权的各年度公司业绩考核目标如下表所示：

行权期	业绩考核条件
首次授予股票期权第一个行权期／预留股票期权第一个行权期	以2018年营业收入为基数，2020年营业收入增长率不低于45%
首次授予股票期权第二个行权期／预留股票期权第二个行权期	以2018年营业收入为基数，2021年营业收入增长率不低于60%
首次授予股票期权第三个行权期／预留股票期权第三个行权期	以2018年营业收入为基数，2022年营业收入增长率不低于75%

公司以收入为考核条件，看上去条件还不错，分别增长45%、60%、75%，但使用这种方式会使后两年的增长目标很低，以2018年43亿元为基准，把目标转换成每年的增长率，看看情况会是怎么样。

2018年收入	2019年目标	2020年目标	2021年目标	2022年目标	4年复合增长
43亿元		62.35亿元	68.8亿元	75.25亿元	15.02%
实际增长率		2年45%	10%	9%	

按照2019年股权激励的考核目标，公司要求在2020年增长45%的收入，而2020、2021年仅需要增长10%、9%就可以达到考核目标，难道公司对2020、2021年的增长比2019年差这么多吗？个人觉得该目标的设定拍脑袋的成分大一些。

虽然预期目标存在不合理性，总的来说，4年70%，相当于年化15%，对汤臣倍健来说，该预期的增长速度相比前期降低了，而且，要知道收入增长未必会转换成利润增长，如果利润不增长，那么股价是不会增长的，而且，如果真的 2020、2021 年增长速度为 10%、9%，那么市场给予的估值肯定还会下降，即使利润增长，股价也不一定增长。

所幸这次的股权激励方案中的行权价格是原价购买，也就是说，如果公司股价不涨，那么这些期权也没有兑现的意义，从某种程度上来讲，公司利益和骨干员工的利益是捆绑在一起的。

对于公司 2016 年的股权激励计划，这里就不每个条件都展开讲了，重点观察激励条件，如下图所示。

（三）业绩考核要求

本计划在 2017—2019 年的 3 个会计年度中，分年度对公司业绩指标和个人绩效指标进行考核，以达到考核目标作为激励对象当年度的解除限售条件：

1、公司业绩考核要求

本激励计划的每个会计年度考核一次，各年度业绩考核目标如下表所示：

解除限售期	业绩考核目标
第一个解除限售期	以 2016 年营业收入为基数，2017 年营业收入增长率不低于 10%；
第二个解除限售期	以 2016 年营业收入为基数，2018 年营业收入增长率不低于 21%；
第三个解除限售期	以 2016 年营业收入为基数，2019 年营业收入增长率不低于 33%。

实际上，2017 年公司就完成了 34% 的增长，也就是把 3 年的任务一次性完成了。公司在 2016 年制订该计划时，可能是因为 2016 年的业务很不好，所以，业绩目标定得比较低。

虽然说 2017 年一年就完成了 3 年的激励任务，不过，公司在 2018 年依然增长得比较快，说明员工在已经完成任务的前提下，工作还是很富有成效的。

写下这一段文字的时候已经是 2019 年 12 月，汤臣倍健公司刚刚公布了《2019 年第二期股票期权激励计划（草案）》，这里的激励对象就多了很多，这就弥补了之前股权激励对象太少的缺陷。

三、激励对象获授的股票期权分配情况

本激励计划授予的股票期权在各激励对象间的分配情况如下表所示：

姓名	职务	获授的股票期权数量（万份）	占授予股票期权总数的比例	占本激励计划公告时公司股本总额的比例
	中层管理人员、核心技术（业务）人员等103人	927	92.70%	0.5858%
	预留股份	73	7.30%	0.0461%
	合计	1,000	100.00%	0.6319%

这次的股权激励对象，共有 103 名中层人员被授予期权，幸运的是，由于在 12 月股价比较低的时候实施本方案，所以，本期的行权价为 15.96 元，这有利于调动参与股权激励的员工的积极性。本次股权激励的其他条件和 2019 年第一期是一致的。

第十章

所属行业分析

投资的三板斧就是"好行业""好公司"和"好价格"，其中行业排在第一位，在一个好行业中即便选到不是最好的公司也能获得很好的回报，而在一个差的行业中，即便选到一个好公司，也未必能够获得很好的投资回报，可见行业分析的重要性。

好行业、好公司和好价格是选择公司的法则。这里的"好行业"就是指对行业本身发展前景的分析。巴菲特的投资理念就是滚雪球，滚雪球的一个重要的要求就是坡道足够长，可以一直滚下去，坡道就是行业的发展前景，那么这个行业的需求方是谁呢？是否是永续行业？行业是否有天花板？增长速度是否会放缓？这都是我们试图通过行业分析要寻找的答案。

另外，我们也要关心公司在行业中的地位，即在行业中的竞争能力。一般来讲，投资者都喜欢行业中的龙头企业，因为经过竞争后的积累，能够成长为龙头企业的，总是有其独特的魅力所在，所以我们也要通过行业分析来了解公司在行业中处于什么样的地位。

除了在行业中横向比较，还要纵向来观察公司，就是其上下游的地位，这部分也可以叫产业链分析。核心关注公司在产业链中的地位，对上游的议价能力如何，对下游的定价能力如何。

公司的所属行业分析比较重要，因为这取决于投资者所选择的路是否正确。如果前进的路正确，那么路上发生一点小插曲也没什么关系；如果路不正确，那么再怎么努力，也无法到达正确的目标。

在人一生的工作中，能够转换行业的机会其实并不多，仔细观察周围的朋友，能够转换 2 ～ 3 个行业的人其实是非常少的。然而投资股票，就有机会研究各种行业，而且随着对标的公司的长期跟踪，投资者对该行业的理解也会越来越深。这也就是在前言中说的，读财报就是一趟身心的旅行，会给你带来思维广度，而这时，也许投资盈利只是一个副产品罢了。

一、行业前景分析

作为一名普通投资者，要对一个行业的发展前景做出精准的分析是非常困难的。不要说普通投资者，即使专业的研究机构也无法准确地分析出行业的发展前景，尤其是短期的发展情况，甚至包括公司的经营层也未必每次都能对行业的发展趋势做出正确的判断。汤臣倍健就是一个很好的案例，收购澳大利亚 LSG 公司的失败就充分说明经营层对这个细分方向发展的错误估计，导致买入价格太高。

那么，如果无法精确分析行业，是否我们就不分析了呢？答案当然是否定的。即便不能对行业做出精准判断，比如计算出这个行业每年的增长是多少，预测出每年的市场容量是多少，但是，至少我们可以对行业前景做出一些模糊性、大方向上的判断，只要这个判断准确，对投资的帮助就会非常大。

那么，有哪些渠道可以了解行业的信息呢？答案如下所示。

（1）有些企业的年报中会披露一些行业的发展情况和前景，直接拿来参考就好，在年报中能发布的行业信息都有比较靠谱的信息来源。

（2）公司在 IPO 文件中都会详细披露行业的状况、公司在行业中的地位和公司的主要竞争对手。每份 IPO 文件都是一个公司精心准备的资料，所以在 IPO 文件中的行业分析是非常有参考意义的。只是有些公司上市时间比较早，比如汤臣倍健的 IPO 文件是 2010 年的，已经过去很久了，所以对当前行业分析的意义就要打折扣了。

（3）一般来说，每个行业都会有专业的行业分析报告，不过，这些行业分析报告的价格不菲，作为一名普通投资者，完全没有必要去购买这些报告。

（4）最后一个方法就是求助互联网。一般来说能找到一些行业发展的粗线条的数据，或者可以找到早些时候的行业研究报告，或者类似雪球这样的投资网站，也有很多行业高手，可以参考其对行业的分析。

回到汤臣倍健，在 2018 年的年报中未披露行业发展的信息，而其 IPO 文件由于过去了很久，参考价值不大。很幸运的是，我们在网上找到一篇研究报告，名称为《2019—2025 年中国膳食补充剂行业发展存在的问题及对策建议研究报告》，详细分析了膳食营养补充剂的发展情况，而汤臣倍健就属于膳食营养补充剂行业。

国内膳食营养补充剂的行业整体情况如下图所示。

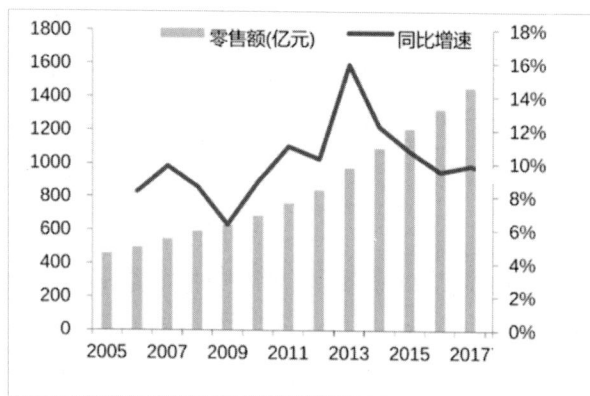

2006—2017 年，我国膳食补充剂市场规模呈现出明显的持续上升趋势：2006 年，我国膳食补充剂市场规模约为 461 亿元，2017 年，我国膳食补充剂市场规模为 1456 亿元，是 2006 年市场规模的 3.6 倍，年均增长率达到 12.4%。在市场规模增速方面，2006—2010 年间大部分增速保持在 10% 左右，只有 2009 年出现了增速放缓的情况，从 2011 年以来增速加快，基本保持在 15% 左右。

这里没有 2018 年的数据，其实这已经不那么重要了，我们知道这是一个增长的趋势就好，接下来的问题是在未来的 10 年，该行业还会继续增长吗？

面对上述问题，首先来比对发达国家在膳食补充剂市场的人均支出水平，如下图所示。

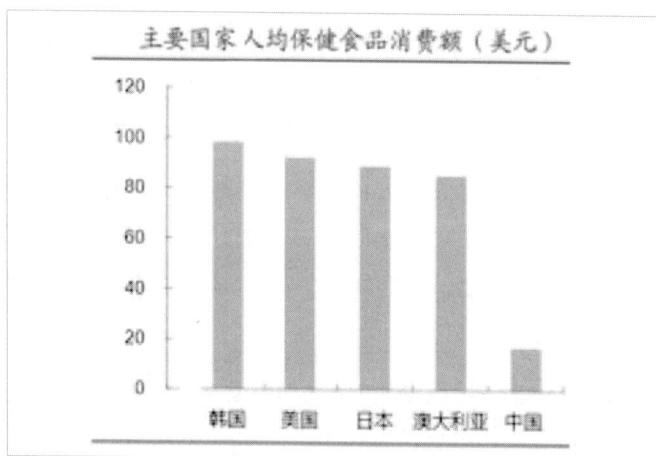

　　显然，和发达国家相比，中国的人均支出还很低，还有很大的增长空间。不过，和发达国家比较，我国人均收入还很低，并不是有需求就一定有增长，如下图所示，人均可支配收入也和市场容量密切相关。

　　所以，只要中国经济持续增长，人均可支配收入持续增加，那么膳食补充剂行业的增长就是大概率事件。对于膳食补充剂行业明年能增长多少我不去预测，但是长期来看，汤臣倍健生产的维生素、健力多等产品对身体是有帮助的，尤其是对中老年人。另外，随着人均可支配收入的提升，会有越来越多的人能够消费这类产品。基于此，该行业在未来的10年，增长的确定性非常高。

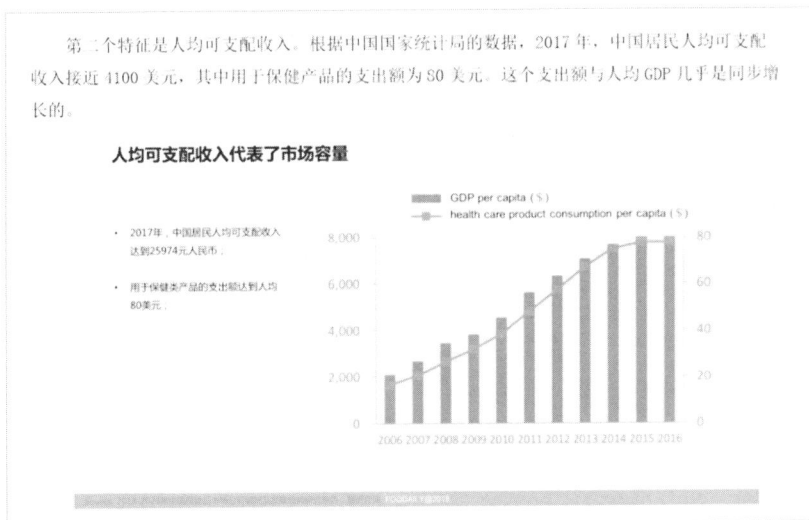

二、行业竞争分析

　　前面分析了膳食补充剂行业，我们的判断是这个行业大概率依然是一个增长的行业，那么接下来的问题就是汤臣倍健能否在这个增长的行业中分得一杯羹。当前公司在该行业中的竞争地位如何呢？简单地说，就是汤臣倍健是不是这个好行业中的好公司呢？当然我们要明白，是不是好公司，其市场地位只是一部分，事实上，本书整个第一部分 13 章的内容，都是围绕着如何判断一个公司是否是一个好公司这个主题来展开的。

如何获得公司在行业中的竞争地位的相关信息呢？主要有如下几个来源：

（1）在 IPO 文件中有详细的竞争对手描述。

（2）在行业报告中会提到市场占有率。

（3）在互联网上搜索相关行业信息。

（4）在公司的年度财务报告中有时候也会说明自己的市场占有率，长期跟踪就好。

这里特别强调第三点，关于从网上获取信息。有些行业本身就是大众关注的行业，比如手机行业，随时都能找到各个品牌的市场占有率，每个月都有数据发布。而有些行业就比较冷门，包括本书中的案例汤臣倍健，要找到专业、准确的数据就比较难。所以，普通投资者选择那些热门的行业会有更多的机会获取到行业数据，这类行业还有很多，比如房地产、保险、银行等。

回到汤臣倍健，在公司的 IPO 文件中，可以找到公司有关市场地位的自我描述：

2008 年，本公司在中国膳食营养补充剂行业非直销领域的市场占有率达到了 10%，位居第一名，超过第二名 2.8 个百分点；若按照单一品牌计算，则 2008 年公司"汤臣倍健"品牌和"十一坊"品牌在非直销领域的市场占有率分别达到了 8.7% 和 1.3%，分别位居第一名和第六名（数据来源：中国保健协会市场工作委员会）。

也就是说，在非直销领域，2008 年汤臣倍健就做到了第一。这里有一个定语，就是非直销领域，对此需要特别留意。有人调侃"只要定语多，我也是第一。"那么把定语去除后，在全部领域汤臣倍健的市场地位如何呢？

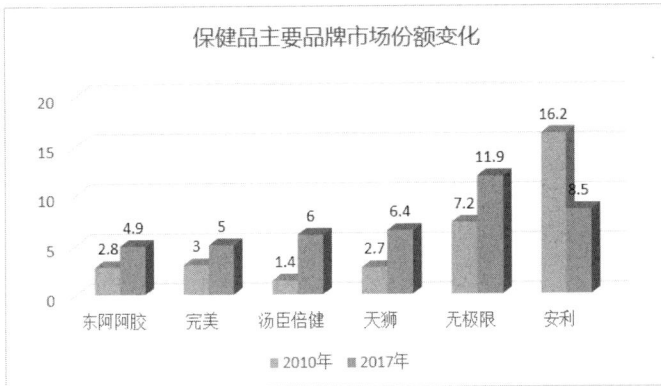

保健品主要品牌市场份额变化

2017 年，汤臣倍健的市场份额为 6%，比 2010 年提升了很多。值得注意的是，排在汤臣倍健前几名的都是直销品牌，虽然都属于膳食补充剂，但是其卖的产品几乎都不一样，安利是一家投资者熟悉的直销企业，投资者知道安利几乎什么都卖，保健品是其中之一，纽崔莱是其品牌，采用直销方式，近年来安利的市场份额在下降。

所以我们重点对比排名第二的无极限，无极限 2017 年的市场占有率为 11.9%，已经是整个行业的第一名了，通过它的网站来了解它是卖什么产品的，如下图所示。

可以看到，无极限也有钙片，不过产品比较杂，种类很多，无极限也采用直销的方式销售商品。

显然，直销领域和非直销领域不是同台竞争，那么在非直销领域，竞争情况又如何呢？汤臣倍健有线下和线上两个渠道，如果去考察，那么可以到线下的药店去看看，有哪些品牌是竞争对手，其价格怎么样，也可以让店员推荐一下，看看他们会推荐哪些产品？当然，线上的比较就更容易了，在淘宝上搜索维生素，看看哪些品牌排在前面，如下图所示。

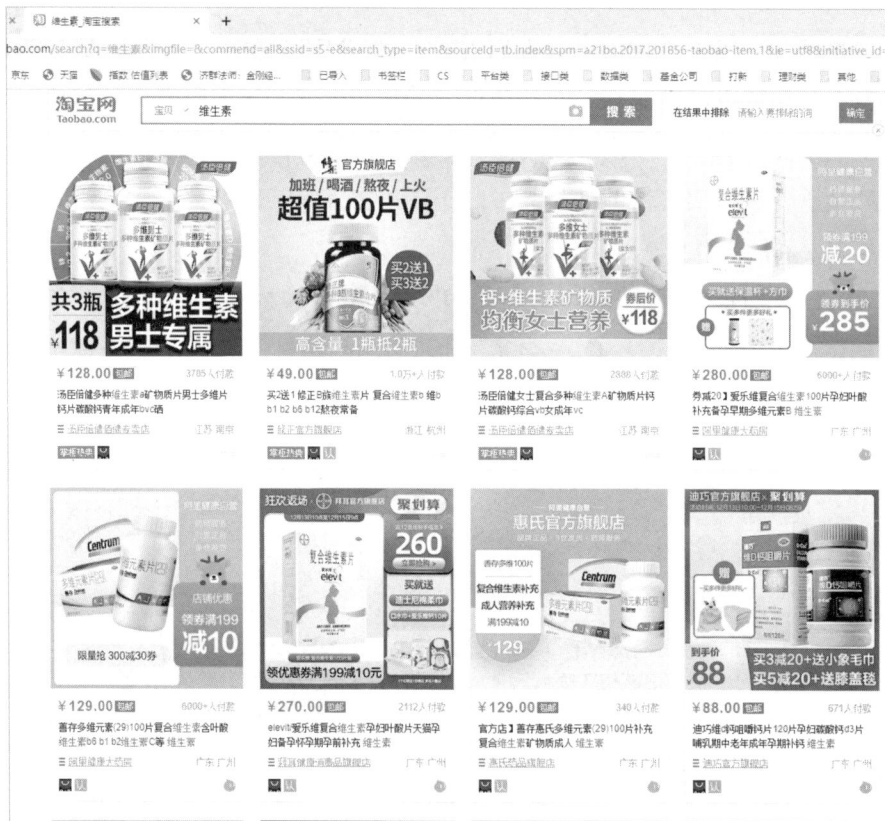

可以看到，在淘宝网搜索维生素，汤臣倍健在搜索结果的前8款中占了2款，主要竞争对手为修正、爱乐维（拜耳）、善存（惠氏）、迪巧（美国）等。看上去竞争还是非常充分的，而且主要的竞争对手以国外品牌为主，说明当前汤臣倍健的品牌竞争力还是不错的。

回到 2010 年，看看公司上市的时候，在 IPO 文件中列了哪些竞争对手呢，以及过去了这么久，这些公司发展得如何。

（1）NBTY：美国品牌，已经从纳斯达克退市，曾经和汤臣倍健成立合资公司，但最终亏损结算，可见双方的合作并不愉快。

（2）GNC：美国品牌，自 2014 年以后一直走下坡路，有消息说哈药集团有意收购它。

（3）北京益生康健电子商务公司：其中青岛益生康健在新三板上市，股票代码为 837667，从上市地来看，其规模不大。

（4）昂立天然元：主板上市公司，2018 年的业绩为亏损。

（5）广东康力士保健品有限公司：非上市公司。

显然，公司在 IPO 文件中提到的 5 个竞争对手，在国内市场并没有对公司造成很大的竞争压力，取而代之的是上述提到的几个品牌。

这里有一个小插曲，在公司的 IPO 文件中提到了一个十一坊的品牌，该品牌在 2010 年的市场占有率为 1.3%，然而该品牌在 2018 年的年报中根本没有出现，推测在 2018 年之前，该品牌就消失了，所以，特别留意了 IPO 文件中的其他品牌，可以看到，在 2010 年上市时，汤臣倍健拥有如下图所示的几个品牌。

单位：万元

产品品牌	2010 年 1-6 月		2009 年		2008 年		2007 年		报告期合计	
	销售收入	比例（%）	销售收入	比例（%）	销售收入	比例（%）	销售收入	比例（%）	收入合计	比例（%）
汤臣倍健	13,693.00	85.87	16,876.79	83.11	11,806.01	83.93	5,425.51	81.33	34,109.98	83.10
十一坊	1,528.28	9.58	2,215.27	10.91	1,417.74	10.08	724.46	10.86	4,357.68	10.62
顶呱呱	490.41	3.08	814.46	4.01	421.79	3.00	186.25	2.79	1,422.57	3.47
其他	234.41	1.47	400.08	1.97	420.59	2.99	334.78	5.02	1155.52	2.81
合计	15,946.10	100	20,306.61	100	14,066.13	100	6,671.01	100	41,045.75	100

注：报告期内，2007 年 1 月至 4 月间使用"倍健"品牌，之后全部转用汤臣倍健品牌。

在 2018 年的年报中只剩下"汤臣倍健"这个品牌还存在，其他都不存在了。可见保健品行业比较残酷，品牌更迭很快。

综上所述，保健品行业的稳定性的确比较差，汤臣倍健推出的一些品牌已消失不见，竞争对手的发展也不是很顺利。所幸，公司的"汤臣倍健"品牌还一直保持坚挺，最近的健力多等大单品也表现不俗。

前面提到，为了调研公司的行业地位，我们可以到线下药店去观察汤臣倍健的销售情况，但是，需要特别注意的是，最好不要轻易依据个别调研行为而得出结论。比如，有的人去了几家药店，因为药店的店员推荐的品牌不是汤臣倍健，就得出汤臣倍健的产品竞争不过别人，产品的销售要下降的结论。这种思维不太可取，作为一个已经存在近20年的公司，如果药店的销售出现下降，那么公司一定能够觉察到这个信息，并做出相应的对策，仅凭几次调研就得出结论不是很妥当。

那么是不是这种调研没有意义了呢？也不是。首先，这种调研方法可以用于排除企业，比如汤臣倍健宣传的市场地位在非直销领域的市场占有率为第一，那么如果在淘宝中的首页并没有汤臣倍健，或者调查了好几家药店、大超市都没有汤臣倍健的产品，那么就要对该公司发布的信息有所怀疑，至少可以先排除该企业。

其次，如果是持续的调研，那么该调研的结果是有参考价值的，不过，普通投资者参与这种持续调研的成本太高，一般不太值得这么去做。所幸，我们可以借助雪球，有些球友会对某个企业做持续追踪调研，比如有人专门研究分众传媒的电梯广告，方法就是每周总结分众传媒电梯广告的广告主数量和广告主质量，从而来推断公司广告业务的发展趋势，我们拿来参考就好。当然，如果是因为自己的工作或生活有机会可以持续调研某个行业并持续记录，那么该信息肯定是有用的。

三、上下游分析

上下游行业研究是要了解公司在上下游行业中的地位如何，有无定价权。这部分内容，大部分是依靠投资者对行业的理解来拍脑袋想的，比如做黄金饰品的上游是黄金，黄金可以通过交易所来交易，交易价格随行就市，大家都比较平等。而某大型钢铁厂的上游是铁矿，是矿厂谈判能力强，还是钢铁厂谈判能力强，就需要通过博弈来判断。航空公司的上游是飞机制造商和石油，大型飞机制造商目前就两家，显然议价权都不高。下游也是同样的道理，如果下游是散户，竞争少，那么议价权高。反之，上游是大户，且竞争充分，则议价权低。

那么，汤臣倍健上下游的议价权如何呢？可以参考研究报告的内容，如下图所示。

1）上游议价能力

总休来看，上游原材料行业对于营养保健品行业的议价能力相对较弱，具体如下：

上游	表现	议价能力
植物类原料	从供求关系来看，多数中药材品种已经出现供大于求的情况；植物提取物的供应也呈逐年增加的态势	较弱
动物类原料	动物类原料在保健品中的应用相对较少，且政策管制也较严	相对较弱
真菌/益生菌类原料	我国保健品真菌/益生菌仍处于开发初期阶段，市场供给有限	较强
生物活性物质类原料	我国多数生物活性物质类原料产量较高，总体供过于求	较弱

资料来源：公开资料、智研咨询整理

公司的上游企业中，大部分属于充分竞争市场，公司有挑选的余地，除了益生菌类的产品，其上游可选余地还比较小，大概这就是公司收购 LSG 公司的意图。

公司的下游企业中，线下为商超、药店等零售系统，由于商场、药店卖哪个产品都是卖，汤臣倍健的品牌力还没有到必须要买这个品牌的程度，这与酒类、化妆品类的品牌相比，品牌作用要差一些，所以，与商场、药店、公司的谈判能力相对偏弱，需要小心维护这些既有的合作关系。线上就单纯了一些，关键就是要获得最终消费者的青睐，还要适当投入一些广告和搜索排名。

完成这两章的阅读后，再来补充汤臣倍健的企业画像。汤臣倍健是一家生产、销售膳食补充剂产品的公司，公司拥有汤臣倍健、健力多、健视宝、Life-Space 等多个产品品牌，2018 年收入为 43 亿元，利润为 10 亿元，净利润三年复合增长率为 16%，很不错的成绩。公司在 2018 年投入了 5 亿元的广告费用，在产品销售方面，更多依赖市场营销的投入。公司 2009—2018 年的成长速度非常快，10 年里，收入增长 21 倍。最近 3 年的 ROE、净利润率有所下降。公司在 2018 年花费大量现金和借款收购 LSG 公司后，目前的财务安全状况依然非常良好，各项指标依然优秀。公司的市场投入远远大于研发投入。公司在分红方面非常大方，每年将大部分利润用于分红，总体上的投资回报还是不错的。公司的创始人一直专注于保健品行业，创始人自 2002 年创业，专注在膳食补充剂行业，前期发展速度非常快，上市后速度有所下降，但依然不低，整个管理团队中创始团队比较稳定，其他高管的流动性稍微高一些，公司的人均生产力非常高。整个膳食补充剂行业，在未来还应该呈稳定增长态势，公司在行业中处于非直销第一的位置，主要竞争对手是国外的膳食补充剂品牌，市场竞争比较充分。

第十一章
投资者关系信息

————————◦————————

　　每天都有大量的机构去上市公司调研，调研完成后，公司会发布公告，投资者通过阅读这些公告可以了解其他投资机构对于公司的关心程度以及其关心的问题，如果你的问题在机构调研的时候并没有提出的话，那么可以到上海交易所、深圳交易所的投资者关系网站向上市公司提问。

投资者关系即公司和投资者的信息交互，广义来讲就是公司发布信息公告、接待投资者来访、召开股东大会等措施和办法，A 股交易所对上市公司的投资者关系都有一定的规范和要求。

本节讲解狭义的投资者关系，也就是除了公司的公告、IPO 文件等各项信息，我们还能通过哪些渠道与公司进行信息交互，这里大致有如下两个渠道：

（1）公司发布的投资者关系活动记录表。公司需要接待投资者来访，一般由公司董秘出面接待投资者，有时候董事长和总经理也会出面接待，公司接待完来访的投资者后，为了保证信息披露的公正性，必须发布公告，说明本次投资者关系活动中调研者提的问题以及公司回答的内容。

（2）上海证券交易所和深圳证券交易所都建立了相应的投资者关系网站，任何人都可以在该网站上向上市公司提问，也可以查看别人的提问以及公司的回答。

还有一种办法是参加股东大会，只要持有公司股票就能申请参加股东大会，有兴趣的投资者可以试一试。

一、投资者关系活动表

通过查看公司公告，可以找到有关投资者关系活动表的相关公告，由于公司每年发布的公告很多，所以，我一般会使用理杏仁网站提供的公告分类功能，去寻找与投资者关系披露相关的公告，如下图所示。

公司于 2019 年 10 月 27 日发布的关于投资者来访的公告如下图所示。

汤臣倍健股份有限公司	投资者关系活动记录表
证券代码：300146	证券简称：汤臣倍健

汤臣倍健股份有限公司
2019 年 10 月 25 日投资者关系活动记录表

编号：2019-008

投资者关系活动 类别	☐特定对象调研　　☐分析师会议 ☐媒体采访　　☑2019 年第三季度业绩说明会 ☐新闻发布会　　☐路演活动 ☐现场参观　　☐其他（请文字说明其他活动内容）
参与单位名称及 人员姓名	南方基金（林朝雄）、大成基金（刘旭、徐彦、李本刚、谢赛璇）、万方基金（张鲁元）、景林资产（高翔、吴斐）、睿远基金（李政隆、杨达治）、中信证券资管（史策、鲍明明、何娟、吴小凡）、中国人寿养老保险（徐昊）、中欧基金（廖新玉）、兰馨亚洲投资（Edmond Wong、陈怡）、华商基金（高大亮）、华安基金（靳晓婷）、博道基金（陈磊）、嘉实基金（华莎）、富国基金（赵宗俊）、平安基金（傅浩）、平安资管（童飞）、广发基金（苗宇）、红土创新基金（陈方圆）、邓普顿基金（梁乔生）、银华基金（苏静然）、银河基金（施文琪）、鹏华基金（孟博）、汇理基金（沈犁）、泰康资产（刘宏伟、王成、郭晓燕、陈怡）、海富通基金（石恒哲）、中泰证券（范劲松、赵雯）等
时间	2019 年 10 月 25 日
上市公司出席人 员姓名	公司 CEO 林志成、财务总监吴卓艺、董事会秘书唐金银

公司写明了参会人员，我们关注的重点是公司出席人，可以看到本次会议 CEO、财务总监、董秘全部出席，说明这次的会议比较重要。

投资者关系活动 主要内容介绍	公司于 2019 年 10 月 25 日披露了《2019 年第三季度报告》，2019 年 1-9 月，公司实现营业收入 43.81 亿元，同比增长 28.04%；归属于上市公司股东的净利润 11.91 亿元，同比增长 12.56%。其中，主营业务收入中主品牌"汤臣倍健"同比增长约 9%，关节护理品牌"健力多"同比增长约 50%。 　　为了让广大投资者及时了解公司的主要经营情况，公司以电话

1

汤臣倍健股份有限公司　　　　　　　　　投资者关系活动记录表

会议形式组织召开了 2019 年第三季度业绩说明会，本次会议围绕互动交流展开：

1、请简单拆分下公司"汤臣倍健"品牌、"健力多"品牌和 LSG 的收入情况

答：公司"汤臣倍健"品牌 2019 年半年度收入同增 14.4%，前三季度同增约 9%；"健力多"品牌 2019 年半年度收入同增 53.7%，前三季度保持着约 50%的增长。2019 年是公司整合 LSG 比较关键的第一个完整会计年度，公司将在本年度结束后分享 LSG 主要经营数据。

这次会议是对 2019 年三季度财务报告的一个问答环节。其中，第一个问题就提到了各个品牌的增速，汤臣倍健品牌增速下降到 9%，意味着在第三季度，增长非常低，拖累了前三季度的累计增速。LSG 的情况显然不太妙，应该是负增长，所以，公司没有公布实际的业绩。

5. "Life-space"国内业务进展情况

答："Life-Space"国内产品于 2019 年 3 月开始在线下药店、母婴和商超等渠道铺货，7 月起陆续开展品牌推广，截至 9 月末已完成全年目标网点数 80%以上，进展符合公司预期。

6. 新《电商法》实施对 LSG 影响是否有所改善，LSG 并表对公司合并报表业绩影响

答：（1）受《电商法》实施影响，LSG 部分主要面对中国消费者业务的澳洲客户受到较大冲击，受影响的客户和渠道正在转型及实施去库存行为，预计仍将持续一段时间。从三季度来看，没有看到太明显的趋势变化。

（2）因收购 LSG 产生的无形资产摊销及财务费用支出较大，同时 LSG 境外业务方面受《电商法》实施影响，前三季度汤臣佰盛对公司利润贡献为负。

汤臣佰盛现在是 LSG 的母公司，在公告中明确表明 LSG 前三季度是亏损。虽然电商有冲击，但是一个原本盈利的 LSG 公司怎么就亏损了，还在国内线下铺货了？其具体情况要等到年报公布才能知道，大概率是因为商誉减值。

因为篇幅有限，对于这份投资者关系公告的具体内容不再一一展现，可以发现，在投资者关系公告中可以看到年报中没有的信息，所以，这也是一个了解上市公司的渠道。

二、投资者关系网站

上海证券交易所和深圳证券交易所分别建立了投资者关系网站，即上证 e 互动网站和深交所互动易网站，如果看了上市公司的公告等信息，还有疑问，那么可以去这两个网站提问，这种互动方式比去公司实地调研要节省很多成本。对于提的问题，上市公司并没有强制必须要回答，但是对大部分上市公司来说，只要问题合理，还是会尽力解答的。从我自己提问和回答的情况来看，大概有 90% 的问题会得到回答，但是由于信息披露的限制，所得到的答案可能未必是自己想要的。

汤臣倍健是创业板股票，我们需要到深交所互动易网站上找到该公司的信息，让我们来选几条信息，如下图所示。

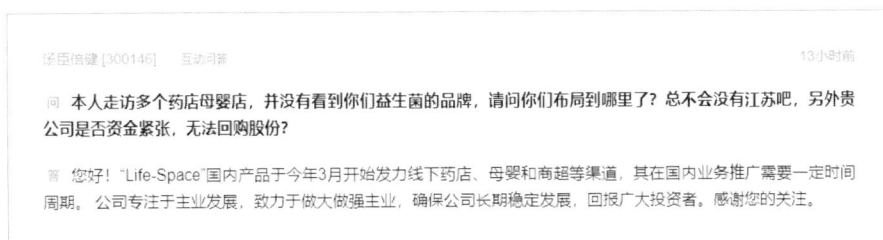

> 汤臣倍健 [300146]　互动问答　　　　　　　　　　　　　　　　　13小时前
>
> **问** 本人走访多个药店母婴店，并没有看到你们益生菌的品牌，请问你们布局到哪里了？总不会没有江苏吧，另外贵公司是否资金紧张，无法回购股份？
>
> **答** 您好！"Life-Space"国内产品于今年3月开始发力线下药店、母婴和商超等渠道，其在国内业务推广需要一定时间周期。公司专注于主业发展，致力于做大做强主业，确保公司长期稳定发展，回报广大投资者，感谢您的关注。

这位投资者提了两个问题，公司实际回答了一个，所以如果提问，建议将两个问题分开问。在江苏的药店没有看到益生菌品牌，公司也没有正面回答。

下图所示的问题是新的竞争对手加入，公司如何应对，当然并不会有具体的答案，如果我是证代，那么我也会这么回答。但是通过该问题，我们可以知道，华润三九也进入了该领域。

汤臣倍健 [300146]　互动问答　　　　　　　　　　　　　　　　　　2019-12-05

问　近年华润三九在膳食补充剂领域发力，产品价格低于贵司，渠道也布局在药店和电商，未来将对贵司形成强大威胁，请问贵司如何应对竞争？

答　您好！每个企业的核心竞争力或有差异，公司持续夯实产品力、品牌力、渠道力、服务力等核心竞争力，以保持公司的市场领先地位。感谢您的关注。

　　下图所示的问题是财务数据的问题，问得也很专业，回答得也不错，我发现关于财务数据的问题，公司一般会解答得比较清楚。财务数据是需要前后印证的，所以，如果投资者提出合理的疑问，那么公司一般会给予解答。

汤臣倍健 [300146]　互动问答　　　　　　　　　　　　　　　　　　2019-12-03

问　公司三季报显示经营现金流量净额7.57，去年同期9.16，同比下降1.57亿，但是查阅发现应收账款，预付款，存货总额和去年同比基本持平，公司营收增加的同时，为何现金流却减少，对此三季报解释是购买原材料和推广费增加所致，这两项的在现金支出占比确实增加了7%。但从利润调节为现金流角度看，请问为什么在营收增加，利润增加，无形资产摊销增加，应收款，存货，预付款总额同比不变的情况，经营现金流净额不升反降

答　您好！2019年前三季度公司经营活动产生的现金流量净额变动主要系本期"经营性应付项目的减少"大于去年同期。感谢您的关注。

　　问题就看这么多，本章主要作用是提醒各位投资者，这两个渠道有不少信息可以挖掘，不要忽略它们。

第十二章
护城河分析

建立坚固的护城河是企业长期生存的关键，本章从无形资产、成本优势、转换成本、网络效应、规模优势5个角度来分析企业的护城河大小。

本章将基于前面对公司的基本了解，来对公司的护城河进行感性的评估。

企业的护城河的概念最早由巴菲特于 1993 年致股东的信中提出，信中写到：

可口可乐与吉列近年来也确实一点一滴地在增加它们全球市场的占有率，品牌的力量、产品的特质与配销通路的优势，使得它们拥有超强的竞争力，就像树立起高耸的护城河来保卫其经济城堡，相对的，一般公司却要每天耗尽心思去打没有意义的游击战。

直白地说，护城河就是企业的竞争优势，如何战胜现在的竞争对手，以及如何阻挡新进的竞争对手。

考察企业的护城河可以从无形资产、成本优势、转换成本、网络效应、规模优势 5 个方面入手分析。

一、无形资产

无形资产是指公司拥有的品牌、专利、特许经营权等资产。

说起品牌，我们先来了解如下几个耳熟能详的品牌：

（1）可口可乐。可乐在世界上已经存在 100 多年了，除了百事可乐，还有很多可乐想抢占这个市场，到目前还未有成功的案例。

（2）茅台。茅台作为白酒第一品牌已经深入人心，请人吃饭喝茅台酒是非常高的礼遇，想不出还有什么可能性让该品牌形象逆转。

（3）华为。谁能想到，一个从事运营商设备的专业公司进入手机行业后，销量居然能够在国内超越全球品牌第一的苹果。

首先，品牌是如何占领消费者的心智的呢？产品品质和市场宣传缺一不可。如果产品品质不过关，或者落伍，或者质量不稳定，那么再多的市场宣传投入也不能保持品牌的稳定性，还记得"手机中的战斗机"这个品牌的广告吗？该品牌当年也是如日中天，但是，后来产品研发跟不上，产品销量一路下滑，其基本退出市场。

其次，品牌在市场的地位如何，是第一，还是第一阵营？品牌曝光率是上升，还是下降？这是要考量的点。

最后，要考量该品牌被动摇的可能性，就是品牌对于消费者心智的占领是否会被动摇，其市场地位是否会发生变化。

依照上述几点，对汤臣倍健的品牌感知为：品牌存在很久了，有一定的信任度，但是并没有达到汤臣倍健就是维生素等膳食补充剂的第一品牌的地位，公司号称市场地位第一，消费者层面则对该排名不一定认可，品牌也存在动摇的可能性，尤其是在万一出现食品安全相关问题的时候。在保健品领域，这种案例有太多，近期的权健事件就是一个典型的案例。

专利当然也是公司的核心价值之一，专利有两种：一种是核心专利，直接可以产生护城河，比如药品，一旦研发完成，有15年左右的专利保护期，在此期间禁止其他公司通过仿制的方式来制造药品；另一种是专利群，就是在研发的过程中不断积累专利，靠数量取胜，比如高通公司，主业是移动通信领域的相关芯片，其对于移动通信技术的专利积累到一定程度后，对每个出售的手机收取专利授权费，因为它的专利太多了，几乎每个手机都会用到它的某些专利。近些年，中国的头部公司，以华为为代表，也开始大量申请专利，这是中国经济转型的希望所在。又比如前一段时间格力控告奥克斯，也属于这类专利，靠量取胜，形成一定的专利优势，主要适用于牵制竞争对手，而不是靠某个专利占领市场。

对于汤臣倍健的专利信息，之前在研发章节已经有分析，其作秀的成分更多，并没有看到其核心技术的专利。

特许经营权（Franchising）是指由授权人授予个人或法人实体的一项特权，有时候也可以成为牌照，比如：

（1）公共事业。在一个城市或地区，供电网只有一张，这就是特许经营。比如自来水厂和污水处理厂，政府委托某公司出资建造，建成后向居民、企业供水，收取水费，一般政府会给30年的特许经营权。这类涉及公共事业的，其产品价格也是有管控的，不是企业可以任意定价的，所以，其单个项目的盈利空间是预先测定好的。

（2）高速公路、铁路。这些公司的定价也是由国家规定的，不过，在授权年限上政府还是有灵活运用空间，市场上已经有不少高速公路的股票，而铁路类的偏少，例如京沪高铁。

（3）医药领域的血液制品公司。这些公司都需要采集血浆，而采集血浆需要特许经营权，所以市场上的天坛生物、华兰生物等公司也可以算是特许经营权的一种公司，其估值一直都不低。

（4）牌照。包括保险、银行、信托、证券、支付等行业，都是需要牌照的，所以也可以理解为特许经营，不过，有些牌照容易申请，有些牌照不容易申请，这就要看牌照的含金量。

汤臣倍健属于保健品行业，2016 年，国家市场监督管理总局下发《保健食品注册与备案管理办法》（简称《办法》），并于 7 月 1 日实施。同时，新修订食品安全法明确规定对特殊食品实行严格监督管理。该办法将保健食品产品上市的管理模式由原来的单一注册制调整为注册与备案相结合的管理模式。如果使用的原料已经列入保健食品原料目录和首次进口的保健食品中，那么属于补充维生素、矿物质等营养物质的保健食品应当进行备案，备案显然比注册要简单多了，也就是保健品中的很多产品只需备案，无须注册。

二、成本优势

成本优势分析是相比其他公司是否可以有更低的成本。前面分析了公司的成本包括营业成本、三项费用、税收成本及其他。

在营业成本领域，要比别人有优势就要使采购价格足够低，这与规模效应联动，采购量大的价格相对会低一些。另外，有些企业打通上下游产业链，就是上游也由自己来做，那么其成本会相对低，而且受周期波动的影响比较小，比如服装业中的"雅戈尔"，从种植棉花，到最后的成衣销售，涉及服装业的全产业链。比如东阿阿胶，自己从事上游的毛驴养殖业务，保证上游的产品供应，同时降低上游成本。

三项费用的对比很简单，如果有同类的上市公司，那么只要简单地对比多年的平均数据就可以知道了。注意：对比数据要采用多年平均，而不只是单一年份。比如三项费用中的财务费用，一般国企比民企就能够拿到更加便宜的资金。

税收成本的对比和三项费用差不多，因为有直接的数据，如果都是上市公司，那么可以直接对比。

对于汤臣倍健，其营业成本的优势不太容易分析，虽然采购规模还可以，但是毕竟其市场份额为6%，对采购价格的影响不会太大。其三项费用和税收成本没有一个明确的、非常类似的公司来对比，所以在此只能先给一个未知的结论。

三、转换成本

转换成本是指公司的下游客户不再使用本公司的产品，而且切换到其他公司的产品所需要付出的代价。先来看如下几个典型行业的转换成本。

（1）手机行业：在 iPhone 之前，手机的切换成本很低，我买过诺基亚、三星、LG、摩托罗拉等品牌的手机，这时手机的核心功能就是打电话和发短信，基本大同小异，而 iPhone 出现了，苹果公司创造性地发明了 App Store，里面有成千上万款应用，如果我换成其他手机，很多功能可能就没有了，那么更换成其他手机的成本提高了，这就是转换成本提高。然而，事情并不是一成不变的，Android 的出现，使得非苹果厂商能够在一个统一的平台上共享应用，从而使得 Android 的应用完全可以和苹果抗衡，成为 iPhone 的竞争对手。

（2）社交 App：微信是社交 App 行业中的佼佼者，社交 App 恐怕是转换成本最高的行业，尤其是基于熟人的社交软件。因为更换社交软件不是一个人更换，而是亲朋好友得一起更换才行。设想：我们是否有一天可以不用微信？

（3）移动通信：在移动通信领域，截至 2019 年 7 月，中国移动、中国电信和中国联通的手机用户分别是 9.38641 亿人、3.258 亿人和 3.24462 亿人。中国移动用什么手段确保其用户数远远领先其他两家公司？核心密码是虚拟网。在早期，中国移动一家独大时，通过建立公司虚拟网，把整个公司（组织）的人捆绑在一个虚拟网中，从而使得转换成本异常高。这样早期那些核心、高价值的会员大部分被中国移动握在手里。

具体来看汤臣倍健的转换成本，其下游有两个，线下的下游是药店、超市等零售行业，线上的下游是最终消费者。对于药店、超市等零售渠道，将其转换成销售其他公司产品的成本并不高，事实上也已经这么做了，很多零售渠道拥有多个品牌的膳食补充剂，哪个好卖、哪个更赚钱就卖哪个。

对于个人消费者，是有一些转换成本的，这个成本也就是试错的成本。一般来讲，如果之前买的产品效果不错，个人消费者主动更换品牌的意愿就会低一些，因为毕竟涉及食品和健康，轻易不会转变。除非是不同功能的产品。所以，汤臣倍健在这个方面优势不明显，但也没有特别的劣势，关键在于竞争过程中的细节执行。

四、网络效应

网络效应是指公司目前的客户、供应商是否形成了一种网络效应，互相依赖。典型的案例就是淘宝，淘宝的左手是店铺主、右手是消费者，要有足够多的店铺才能够吸引消费者。反之，有足够多的消费者，也可以吸引更多的店铺主入驻。这就形成了网络效应。这种网络效应形成了强大的护城河，所以在 C2C 领域，淘宝在国内没有竞争对手，而其他的电子商务的竞争对手主要是从 B2C 领域切入的，因为 B 是有限的，可以通过商业的方式让 B 加盟，或者像京东那样，刚开始只做自营，有了流量以后，才开始做 B2B、B2C 的平台。

还有一个典型的例子是雪球网，雪球一边连接了专业投资者，一边连接了需要各类信息和方法的普通投资者，一个有兴趣发布内容，另一个有需求来了解内容，这就形成了一个网络，这个网络越来越大，就会对类似的平台形成护城河。

再回到汤臣倍健，显然在原料和消费者之间并没有什么网络关系，那么消费者和消费者之间会有微弱的关系，即品牌推荐，但是这个存在于线下的关系过于微弱，所以，可以判断汤臣倍健没有网络效应的护城河。

五、规模优势

规模优势是指公司的经营规模和市场占有率。举一个简单的例子，如果一个公司上市了，那么其在当地会得到更多的帮助，因为当地政府也需要上规模的上市企业。当然，这是非常小的优势。再举一个有关汽车行业的优势的例子。上汽是行业的龙头，如果上汽打算在某个城市新开一家 4S 店，由于上汽的产品多、规格全、消费者也有一定的规模，所以一定会有很多企业来争取开店权，上汽可以依靠规模获得谈判优势，但是如果一家规模还比较小的车企要开一家 4S 店，那么可能需要花更多的力气找经销商，并给予经销商更多的利益，这就是企业的规模效应。

对于汤臣倍健，市场占有率是 6%，在非直销领域是第一，产品种类也算比较丰富，但是对下游来说，并没有太多的规模效应，所以，其规模效应优势是有些，但不明显。

综上所述，汤臣倍健的护城河不是很深，更多的还是需要依赖持续的品牌广告投入、日常销售管理来维持公司的发展。

第十三章

估值与长期跟踪

再提一次投资三板斧，"好行业""好公司"和"好价格"，前面两个都符合条件后，好价格也很重要，以合理的价格，当然最好是低估的价格买入一个公司就会有足够的安全垫，对企业价值的评估需要依据对企业未来的发展来进行，并分析好为了这笔投资预期可能产生的风险，而且这种对未来的评估不是一劳永逸的，而是需要持续地、长年累月地跟踪企业经营情况。

至此，我们可以给出汤臣倍健的完整企业画像。

汤臣倍健是一家生产、销售膳食补充剂产品的公司，公司拥有汤臣倍健、健力多、健视宝、Life-Space 等多个产品品牌，2018 年收入为 43 亿元，利润为 10 亿元，净利润三年复合增长率为 16%，很不错的成绩。公司在 2018 年投入了 5 亿元的广告费用，在产品销售方面，更多依赖市场营销的投入。公司过去 10 年的成长速度非常快，收入增长 21 倍。最近 3 年的 ROE、净利润率有所下降。公司在 2018 年花费大量现金和借款收购 LSG 公司后，目前的财务安全状况依然良好，各项指标依然优秀。公司的市场投入远远大于研发投入。公司在分红方面非常大方，每年将大部分利润用于分红，投资回报总体上还是不错的。公司的创始人一直专注于保健品行业，创始人自 2002 年创业，专注在膳食补充剂行业，公司前期发展速度非常快，上市后速度有所下降，但依然不低，整个管理团队中创始团队比较稳定，其他高管的流动性稍微高一些，公司的人均生产力非常高。整个膳食补充剂行业，在未来还应该呈稳定增长态势，公司在行业中处于非直销第一的位置，主要竞争对手是国外的膳食补充剂平台，市场竞争比较充分。企业护城河主要依靠市场营销和管理，竞争对手进入的门槛不是很高。

对公司的情况有了基本的了解后，问题来了，该公司的股票究竟是否值得买呢？是否值得买其实是一个很私人的问题，因为每个人心里投资的标尺是不一样的，不过，在决策方法论上可以有共性的思考方式，大概可以分为如下 4 步来思考该问题：

（1）当前的估值状态，即当前的股价和业绩相比，从整个历史的角度来看，是贵的，还是便宜的？

（2）对未来的发展预期，基于对公司现状以及过去发展的了解，要预估公司未来的发展情况，这对于投资是最重要的一环。

（3）如果准备买入公司股票，那么该公司有哪些风险点需要关注？

（4）长期的数据跟踪。如果决定买入或关注一家公司，并且对公司未来的发展有了大致的预期后,那么定期跟踪公司的经营情况是投资的一个必不可少的环节。

一、当前的估值状态

企业的估值一般是通过 PE、PB 的值来评估的,对于 PE 和 PB 前面已经讲过概念了,一般的公司采取以 PE 为主、PB 为辅的估值方式,而有些公司(例如券商)则是以 PB 为主、PE 为辅。

PE= 股价 / 盈利,股价变化会导致估值发生变化,所以我们需要取一个时间点,就以写本章时的 2019 年 12 月 15 日为基准点,当前汤臣倍健的股价为 15.17 元,静态 PE=23.95 倍,PE-TTM=21.15 倍。那么该估值是高还是低呢?首先从历史的估值来看,通过理杏仁网站可以获得历史的估值图,如下图所示。

PE-TTM 在 2010—2019 年中的估值状况,从 2010 年 100 多倍的估值下降到当前的 21.15。可以直观地看到,当前的估值处于历史的底部。从具体数据来看,当前 21.15 的估值,历史最低为 20.08,这个 20.08 也是最近创造的。所以,用大白话讲,从 PE 估值角度来分析,汤臣倍健当前的估值已经是历史上的最低估值价了。

市场反应往往也是有效的,之所以给出历史最低估值,是因为在 2019 年三季度爆出两个小雷,一个是三季度单季度利润出现负增长,另一个是花高价收购的 LSG 公司整合不达预期,对母公司贡献为负。

那么在这种情况下能买吗?这仍是一件非常个性化的事情,有些人觉得是底部了，可以买入，有些人觉得会越来越糟糕，远未见底。在我的方法论中，是确定经营业绩再投资，对于当前的价位我也不好出手，因为我不去判断公司的未来会怎么样，我需要等年报看结果后再决定下一步行动。

接下来看 PB 的趋势图，如下图所示。

由于汤臣倍健收购 LSG 产生了不少商誉，所以我们选择看不含商誉的 PB 趋势图，从该图中可以看出，当前 PB 也是处于较低的位置。对汤臣倍健来说，主要以 PE 为主，PB 作为补充，略微知道即可。

二、对未来的发展预期

对于未来的发展，我们先来做一个定性的分析：

在膳食补充市场，目前中国人的平均消费还是欧美的 1/5，未来增长可期，所以这个赛道还是不错的。其实对于整个中国的消费市场，几乎都是这个趋势，在东部地区，是消费升级的主战场，而西部地区的消费也会逐步增加。当然，这得益于中国经济的整体增长。这也就是说，为什么在未来的 20 年里，中国仍然会是一个投资成长股最优秀的区域。

这个行业大方向还是增长，在市场地位和竞争关系上，正如前面所分析的，汤臣倍健是非直销领域的第一名，目前也有很多国外的品牌加入了竞争。在过去的一段时间，汤臣倍健在市场上站稳了脚跟，且有较大发展，所以，对于未来的竞争趋势，可以先考虑公司能否延续其市场地位。

做完定性分析，下面来做定量分析，即预估会到什么价格，先假设一个公司业绩，按照汤臣倍健目前的情况，分别预计为 0 增长、15% 增长、25%

增长，对应的市场估值分别假定为 15 倍 PE、20 倍 PE、30 倍 PE。我们来看看股价的变化情况，如下图所示。

评估状态	利润	当前市值	当前PE	增长率	1年后利润	2年后利润	3年后利润	3年后PE	3年后估算市值	增长率2
悲观	11.36	239	21.04	0%	11.36	11.36	11.36	15.00	170.40	0.71
中性	11.36	239	21.04	15%	13.06	15.02	17.28	20.00	345.54	1.45
乐观	11.36	239	21.04	25%	14.20	17.75	22.19	30.00	665.63	2.79

这 3 种评估方法分别对应悲观、中性、乐观 3 种对未来的预期。

在悲观模式下，公司无增长，假设市场只给予 15 倍 PE，那么 3 年的收益是亏损 30%。

在中性模式下，如果依然能够做到 15% 的增长，那么市场给予 20 倍的估值是很容易的，持有 3 年的收益为盈利 45%。

如果乐观一点，恢复到 25% 的增长，那么市场给予 30 倍的估值也是非常容易的，持有 3 年的盈利为 1.7 倍。

那么该预计为 0 增长、15% 增长、25% 增长的数据是怎么得来的，只能说它是基于对行业、市场、竞争的分析的一个感性值，你分析公司后也会得到一个你的感性值。

上述表格中有悲观、中性、乐观 3 种评估方法，看上去没有什么用，因为不知道未来是哪一种，实际上，该估值就是一个标尺，在投资者跟踪这个企业时，就可以清晰地知道企业当前处于预计发展的哪个状态。

三、企业风险评估

经过这么多天对企业的研究，如果你也觉得企业不错，是否按捺不住急着买入股票呢？别着急，在买入之前，我们还应该评估企业的风险，即买入后它可能会发生什么？

有人会说，买入后最大的风险就是股价下跌，投资产生损失。其实，这不是企业的风险，而是市场的风险，真正属于企业的风险是经营上的风险，在年报中，公司会列出企业的经营分析，如下图所示。

本公司请投资者认真阅读本年度报告全文，并特别注意下列风险因素

（1）产品质量和食品安全风险

膳食营养补充剂产品众多，涉及原辅料更多，存在一定产品质量风险。如公司在产品原料采购、生产与销售环节出现质量管理问题，或因其他原因发生产品质量问题，将影响公司的信誉和产品销售。对此，公司始终将质量安全放在头等位置，不断加强质量管理，优化生产流程，购置精密检验设备，培养质量管理人员，同时借助第三方检验机构支持完善质量管理。此外，公司还制定了专门应急方案应对可能风险。

"诚信比聪明更重要"是公司多年以来秉承和坚持的核心价值观之一。2018年7月31日，董事长梁允超先生将历年来公司质量控制的基本理念进行归纳总结，提出八大质量控制理念，以此视为企业生存和发展的压舱石。其具体内容是：①国家标准和法规仅仅是一个最低的要求和底线，公司要全面超越国家的标准。②违规的红线绝对不能碰、不能想、不能有侥幸心理，想了都有罪。法律法规上不违规但明知有健康风险的，同样不能干！同样不可饶恕！③舌尖上的行业就是刀尖上的企业，永远头顶一把刀，天天如履薄冰，不敢有丝毫松懈。质量是食品企业的生命线，市场可能连一次犯错的机会都不会给你。④质量问题归根结底是企业"人品"的问题，而不是钱和技术的问题。人在做天在看，对每一个生命都永存敬畏之心。⑤以任何冠冕堂皇高大上的原因去牺牲或增加质量风险，这不只是在耍流氓，这实实在在就是流氓。包括效率、效益、成本、市场断货等等因素。一切都为质量让道，任何原因在质量面前都不应该成为理由。⑥确保品控的专业权威和独立性，与业务切割开。⑦字字践行不是为客户而是为家人和朋友生产全球最高品质营养品的理念和品牌DNA。自己的小孩、家人和朋友不敢吃的产品，绝对不能生产，绝对不能出厂门！⑧诚信比聪明更重要，诚信乃珠海厂立厂之本，100吨重的诚信之印就是一面明镜牡立在面前，永远警示

在汤臣倍健的年报中提到了如下8个风险：

（1）产品质量和食品安全风险；

（2）政策风险；

（3）原料采购对主要产品销售的风险；

（4）销售区域不断扩大的管控风险；

（5）行业竞争加剧的风险；

（6）新业务与新项目的风险；

（7）跨境收购完成后的整合风险；

（8）商誉减值的风险。

对于上述8个风险的具体内容就不一一展开了，有兴趣的读者可以自己阅读年报。这里面有太多放诸四海皆准的风险因素，原材料、管理能力、行业竞争等风险放到任何一家公司都适用，这种通常的风险因素反而会让我们对风险放松警惕，所以，我们必须把重点挑出来，假设自己马上要买入公司股票，那么在做决策之前，还有什么担心的问题呢？

关于汤臣倍健的年报阅读记录我是于2019年6月30日发布到雪球网的，

所以，来看看当时我对汤臣倍健重点关心的风险是什么，截至 2019 年 12 月 15 日，我们再来回顾一下。

（1）最大的风险还是食品行业通用的风险，这个可不是奶制品（必需品），一旦发生食品安全问题，将很可能导致品牌失效。

（2）另外的风险就是业务发展失速。目前（2019 年 6 月 30 日）对应 40% 的增长，当前 28 倍的静态市盈率不算贵，如果失速，那么估值必然下降。

对于第一个风险汤臣倍健在过去没有出现过，但是在保健品行业中经常出现类似的风险，所幸汤臣倍健的保健品和传统保健品还是有差异的，在公司的 IPO 文件中，公司提到了它们的产品与传统保健食品的区别。简单地说，公司的产品其实就是借鉴了国际上的膳食营养补充的配方，相对要安全一些，只要原材料不出问题，产品本身出问题的概率就不大，对这种风险我们也无法把握。所以，可以关注，但也不必过度分析。

项目	膳食营养补充剂	传统保健食品
定义	以维生素、矿物质及动植物提取物为主要原料，通过口服补入人体必需的营养素和生物活性物质，达到提高机体健康水平和降低疾病风险的目的。	具有特定保健功能的食品。即适宜于特定人群食用，具有调节机体功能，不以治疗疾病为目的的食品。
理论依据	以现代营养学和预防医学为理论基础，营养素摄入不足或营养失衡是导致各种慢性病和亚健康的重要原因。如孕妇普遍需要补充叶酸，否则胎儿畸形的概率大大增加。	大部分是以中医理论为基础。
原料	维生素、矿物质、动植物提取物。	以药食同源的中草药或动植物提取物为主要原料。
组方依据	各国根据本国国民饮食和生活方式，制定膳食指南及营养素摄入量的指导性文件，并以此作为膳食营养补充剂配方制定的主要依据。如《中国居民膳食指南（2007）》和《美国膳食指南（2005）》。	大部分是以中医配方为依据。
作用	解决营养素摄入不足和营养失衡所引发的问题，提高机体健康水平，降低疾病风险。	针对某种症状进行机能调节，如帮助肥胖者减肥。
通用人群	各种营养素缺乏的人群，如需要补充高叶酸的孕妇、需要补钙的儿童。	针对有特定需求的人群设计，如便秘者、肥胖人群等。
推广模式	以营养与健康观念教育为主，以品牌广告推广为辅。	一般以产品概念和产品功效为基础，以功能性广告推广为主。
代表企业品牌	安利"纽崔莱"、NBTY"自然之宝"、GNC"健安喜"、汤臣倍健、益生康健。	太阳神、红桃 K。
代表产品	蛋白质粉、多种维生素及矿物质、鱼油等。	太阳神口服液、红桃 K 口服液。

第二个风险是失速的风险，如果该风险发生，那么必然会带来股价的损失，究竟会带来多大的损失呢？通过对比过去 10 年的股价，可以看出，公司

在 2016 年出现负增长，在 2014 年出现增速下滑的局面。

反映到股价上，2014 年、2016 年公司股价的下跌幅度为 30% ～ 40%。也就是说，如果下滑，就要做好股价下滑 30% ～ 40% 的准备。

这是当时做的两个风险分析，回到现在这个节点（2019 年 12 月 15 日）来回顾，失速风险在 2019 年的第三季度出现了，而另外一个 LSG 整合风险却被忽略了，虽然在公司年报的风险分析中第 7、8 点都讲了 LSG 的整合风险，但是没有引起足够的重视。

预期或者未预期的风险出现了怎么办？下面就针对汤臣倍健的风险来说明：

1. 第三季度业绩出现增速下滑的应对

既然历史上也曾出现过增速下滑，那么就坦然面对，做好股价下跌的心理预期，继续观察公司，至少要给公司一年的时间，才能再去判断这个下滑是长期性的，还是短期性的，是可逆的，还是不可逆的。如果股价大幅下跌，下跌的幅度远远超过业绩下滑的幅度，那么也可以考虑加仓。

2. LSG 公司整合出现的问题

确切地说，LSG 整合究竟出了多么严重的问题，现在还不能评估，需要到 2019 年年报给出后才能评估。在投资者关系公告中，确定 LSG 给公司的利润贡献为负，是公司亏损了，还是商誉计提造成的呢？这需要年报来披露，如果 LSG 公司出现问题怎么办？LSG 以前的收入和利润其实并不高，所以，还是应该重点关注主品牌的发展情况。

四、长期的数据跟踪

企业经营不是一成不变的，当一个公司进入你的股票池后，对企业的长期跟踪工作是必不可少的。长期跟踪的内容既有共性的，也有企业个性的。以汤臣倍健为例，在对公司研究之后，确定的跟踪点如下：

1. 收入和利润指标

收入和利润指标是一个共性的指标，投资最终的核心是回归到利润。

	2015	2016	2017	2018	增长	三年复合增长	2019前三季度	增幅
收入	22	23	31	43	38.71%	25.03%	43	28.04%
利润	6.3	5.35	7.66	10	30.55%	16.65%	11.9	12.56%
扣非净利润	6.1	4.75	6.44	9.23	43.32%	14.80%	11.3	12.12%
净资产	45	47	51	56	9.80%	7.56%	73.8	32%
销量	6.3	6.8	9.5	13.5	42.11%	28.92%		

2019年三季度公告发布后，制作的跟踪表格如上图所示。显然，收入、利润的增速都明显低于2018年，利润增速仅为12.56%，公司处于增速下降状态。净资产增长很快，主要原因是增发股票买入LSG的全部股权，由于买入的是一个负贡献的权益，所以对整体的效益是负面效果。

2. 各品牌的发展情况

三季度公告未披露各个品牌的具体收入，在投资者关系报表中，仅披露了增长数据。显然，这与利润增速下滑一样，各个单品收入也有所下滑。其中，主品牌汤臣倍健只有9%的增速，健力多的增速也有所下降，健视佳被确定为三大单品之一，但未披露具体的收入和增长情况。

	2017			2018			2019年三季度
	收入	归属上市公司利润	利润增长	收入	归属上市公司利润	利润增长	收入增长
汤臣倍健				29.82		24.29%	9%
健力多				8.09		128%	50%
健视佳							三大单品之一
LSG				2.73			负贡献
Penta vite							

3. 各个渠道的收入情况

根据经营分析，可以知道汤臣倍健的销售渠道包括线上、线下，其中线下包括超市、药店、专门店等，所以，各渠道的增长情况是需要跟踪的，但是在 2019 年 Q3 报告中没有这方面的信息披露，那就等年报再跟踪。

4. 其他重要信息

比如，LSG 的整合情况，这部分信息就比较个性化一些。

总之，在全面研究公司的基本面后，对企业进行数据跟踪时，一般来讲，可以清晰地知道企业当前的发展趋势是向好，还是向坏，这样就可以形成自己独立的判断，不会被市场上短暂的消息左右自己对公司的看法。

跟踪的周期一般来讲半年一次就可以了，分别以年报、半年报为核心数据，结合投资者关系等信息，不断完善企业画像和当前状况。如果投资者业余时间多，或者企业仓位比较重，那么可以一个季度跟踪一次，以季报为核心数据，配合其他信息，来对企业画像进行更新。

第二篇
财报阅读案例

实践永远是投资的第一准则，所以在第二篇中，会按照第一篇的 13 个关注点来阅读万科、腾讯、健康元、中材科技、凯利泰、小米的企业公告和相关信息。需要注意的是，为了强调这 13 个关注点，在案例分析中会对每个企业逐一讲解每个关注点，这是为了本书结构的需要，在真实的案例中，则应该抓住每个公司的核心点进行深入研究，而不是为了走个形式，把每个关注点都过一遍。当然，一开始练习时，按部就班也是可以的，等熟练了以后就能知道对一个企业哪些点要重点看，哪些点可以略过。

第十四章
万科Ａ（股票代码：000002）

万科是房地产行业的龙头公司，其实我们每个人对房地产行业都很熟悉，在大城市的很多人都靠房产获得了家庭资产的增值。但奇怪的是，虽然房子热卖，可对于房地产企业，资本市场大部分时间兴趣不大，房地产公司股价的涨幅远不如房价的涨幅。下面通过万科2018年的年报，来看看房地产是怎么样的情况，万科是什么样的企业。

关注点 1：收入与利润分析

经过手抄财报的过程，把万科的核心数据重新录入我们自己设计的 Excel 表格中，展现的成果如下图所示。

	2015	2016	2017	2018	增长	三年复合增长
收入	1955	2404	2428	2976	22.57%	15.03%
利润	338	392	511	674	31.90%	25.87%
归母利润	181	210	280	337	20.36%	23.02%
净资产	1001	1134	1326	1557	17.42%	15.86%
经营现金流	160	395	823	336	-59.17%	28.06%

2018 年收入为 2976 万亿元，收入增长了 22%，而从 2015 年开始算，3 年内的复合增长率为 15%。利润为 674 亿元，增长了 31%。三年复合增长率为 25.87%。归属于母公司的利润为 337 亿元，增长了 20%，三年复合增长率为 23%。这个核心收入和利润及其增长率的数据表现显然是非常好的。不仅增速快，而且持续增长能力强。

用直观的数字会更有感觉，万科在 2015 年的利润是 181 亿元，而到了 2018 年，利润为 337 亿元，接近翻倍了。如果你是万科的股东，那么你对公司的经营业绩满意吗？换算成更加直观的数字，2015 年每 100 元的万科股票，公司的盈利是 10 元，到了 2018 年，2015 年这 100 元的投入每年盈利 18 元，对这样的股票你会舍得卖出吗？

注意到万科的归母利润和全部利润相差比较大，这是由房地产公司经营特性决定的，说明万科的很多项目开发是和其他企业共同进行的，所以利润也是分享的。

万科的扣非利润相比归母利润非常小，所以对万科的非经常性收入可以忽略。

关注点2：经营数据分析

对于万科是做什么的，投资者都比较清楚，即它是造房子的。从财报上看，除了房子，还有其他业务，将各个业务整理成表格，如下图所示。

	2015	2016	2017	2018	增长	三年复合增长
房地产	1902	2341	2330	2846	22.15%	14.38%
物业	29	42	71	97	36.62%	49.55%
其他	23.00	20.00	27.50	32.00	16.36%	11.64%

物业也是万科的一个主要业务，物业增长很快，但是规模还太小。企业业务的规模也很小，增长也不快。所以，近几年内，跟踪公司时，重点关注万科的房地产业务即可，毕竟房产还是公司绝对的主要收入。

除了按业务分类，公司还在年报中披露了更多的经营数据，比如销售面积、销售金额、市场份额、结算面积、结算金额等数据，为了能够更好地进行年份横向对比，我们把历年的这些数据整理到一个表格中，如下图所示。

	2015	2016	2017	2018	增长	三年复合增长
收入	1955	2404	2428	2976	22.57%	15.03%
利润	338	392	511	674	31.90%	25.87%
归母利润	181	210	280	337	20.36%	23.02%
净资产	1001	1134	1326	1557	17.42%	15.86%
经营现金流	160	395	823	336	-59.17%	28.06%

	2015	2016	2017	2018	增长	三年复合增长
销售面积	2067	2765	3595	4037	12.29%	25.00%
销售金额	2614	3647	5298	6069	14.55%	32.41%
市场份额	3%	3.10%	3.96%	4.05%	2.27%	10.52%
结算面积	1704	2053	1980	2191	10.66%	8.74%
结算金额	1902	2341	2330	2846	22.15%	14.38%
结算均价	11162	11403	11768	12990	10.38%	5.18%
已售未结面积	1840	2270	2962	3710	25.25%	26.33%
已售未结金额	2150	2782	4143	5307	28.10%	35.15%

销售面积、销售金额是2018年万科卖出房子的总面积和总收入。房地产现在都是卖期房，就是2018年销售的房子实际上要等到2020年才能交付。按之前讲的应计制会计准则，该销售收入需要到房子交付的时候才能确认收入。所以，房地产公司未来2年的收入情况实际是非常容易预测的，因为可以通过当前的销售收入来推导出。通过观察2018年的年报经营数据，对

2019、2020 年短期内的业绩就可以大致做出判断。

房地产公司当年的收入确认主要与结算面积、结算金额这两个指标有关。结算金额在 2018 年交付，并计入收入的金额。从数据上，我们可以看出，结算金额的三年复合增长率为 14%，而公司的利润复合增长率为 25%，显然利润的增速大于收入，说明这 3 年的利润率肯定增加了，也就是房子造好后价格卖得比原计划高。

已售未结金额是指已经卖出，但是房子还未交付的，从数据来看，2016、2017 年的已售未结金额高于 2017、2018 年的收入，说明房地产从销售到竣工，大概要超过 1 年，2017 年的已售未结金额还会在 2019 年的收入上有所体现。另外一个数据是 2018 年的已售未结金额还在增长，那么至少说明 2019 年的业绩增长是百分之百确定的。

前面提到的销售数据代表 2018 年销售了多少房子，对于房产公司，销售金额虽然还没有计入财务报表的收入中，但这已经是历史的成绩，而对房产公司未来业绩的判断，有一个非常重要的数据就是现在还在造多少房子？当前手里有多少土地？未来还有多少房子可以开发？这些数据，万科在 2018 年的财报中也做了详细的披露，我们同样整理成 Excel 表，如下图所示。

	2015	2016	2017	2018	增长	三年复合增长
新开工面积	2127	3136	3651	4992	36.73%	32.89%
竣工面积	1729	2237	2301	2756	19.77%	16.81%
新项目个数	105	173	216	227	5.09%	29.30%
建筑面积	1580	3157	4615	4681	1.43%	43.62%
权益规划面积	630	1892	2768	2490	-10.04%	58.11%
权益地价（亿元）			2188	1351	-38.25%	
土地均价	4941		7908	5427	-31.37%	3.18%
在建面积		5442	6852	9012	31.52%	
权益面积	3147	3622	4374	5402		
规划面积		5296	6321	5936	-6.09%	
权益面积	3976	3655	4077	3579	-12.21%	-3.45%
旧城改造	301	360	289	347	20.07%	4.85%

新开工面积是指在 2018 年开始投资盖的房子的面积，新开工面积必然会带来竣工面积的增长。可以看到 2018 年新开工面积增长了 36%，这就保证了万科在 2019、2020 年的业绩应该会有很大的增幅。

新项目个数是指公司在 2018 年新取得项目的情况，这个数据有点不容乐观，在 2018 年明显下滑，土地市值、土地均价均有所下滑，这会对 2021、2022 年的业务收入产生较大的影响。

在建面积为 9012 万平方米，增长 31%，其中万科的权益为 5402 万平方米，这个权益的意思是，在这些面积中，有 5402/9012=59.9% 比例的收益是万科的，其他则是合作公司的收益。

规划面积为 5936 万平方米，相比 2017 年减少了，这也和新项目个数减少的信息是一致的。

旧城改造的绝对值还不大，所以对其可以少关注一些。

现在我们大致知道了万科的情况，两年内的业绩增长没有问题，增速依然很高，但是公司在 2018 年明显降低了拿地的速度。

万科除了住宅地产，也涉及其他产业，其经营数据如下图所示。

	2015	2016	2017	2018	增长
物业收入		42	71.3	98	37.45%
长租间数（万间）			3	6	100.00%
商业项目个数			172	210	22.09%
建筑面积			1000	1300	30.00%
物流项目新增个数		10	44	64	45.45%
新增建筑面积		96	334	494	47.90%
物流项目累计项目		18	62	124	100.00%
累计建筑面积		147	482	971	101.45%

物业收入增长较快，对长租、商业、物流这几块业务都给出了具体的项目数据和建筑面积，但是并没有给出经营收入和利润的情况，应该不高，目前这些收入对主业的影响都非常小，只是让我们知道，万科在商业项目、长租公寓等其他业务方面也在尝试开发。

关注点 3：成本分析

房地产公司的业务模式其实特别简单，整个经营过程就是获得土地，然后盖好房子卖给购房者。显然，它的主要成本是地价，其次是建筑成本以及财务成本，对房地产公司而言，财务成本是一个重要的成本，因为在其买地、盖房子的过程中，基本要依赖外部借款。

　　地价在买入的时候就已经确定了，建筑成本的变化不会太大，所以最终决定毛利率的是商品房的售价。显然，如果公司买入地后，整个房地产市场情绪上扬，那么售价肯定可以提高。反之，如果市场情绪比较悲观，那么去化（房子销售的速度）就会慢，房地产公司就可能降价促销，毛利率就会下降，所以，房地产公司的毛利率应该受房产热度的影响比较大，其波动应该也会比较大。万科10年的毛利率变动情况如下图所示。

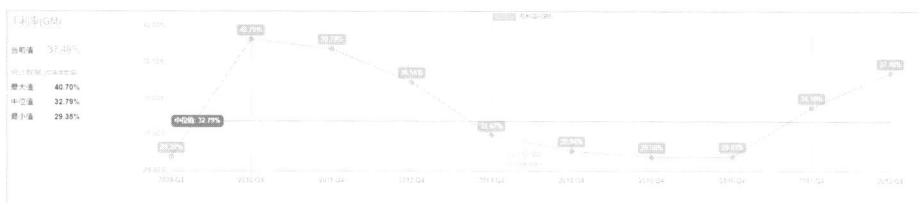

　　从2009年到2018年，万科毛利率最低为2009年的29%，最高为2010年的40%，高和低之间相差11%。与房价动不动就翻倍的情况对比，即使在房产景气期间，公司的毛利率也没有飞速增加，反之，即使在房价滞涨期，毛利率虽然下降，但是依然有29%的毛利率，该毛利率水平还是比较高的。

　　再来看万科的三项费用率的10年变动情况，如下图所示。

　　10年期间，三项费用率最高为8.73%，最低为4.79%，这个波动还是挺大的。需要继续深入下去，看看能否找到该波动的原因，先来看财务费用率，如下图所示。

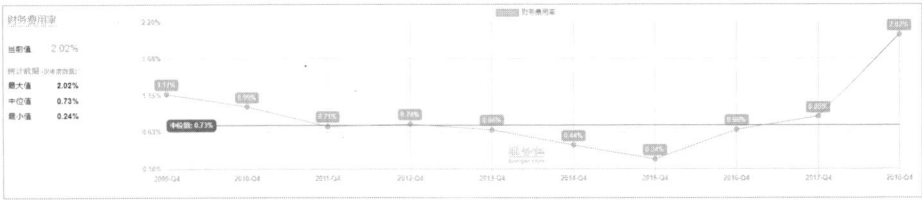

通过 10 年的比对，很容易看到，财务费用一直比较稳定，而 2018 年飙升到 2% 的比例，通过查看 2018 年的年报，发现公司在 2018 年的有息负债为 2612 亿元，比 2017 年多了 37%，负债增幅大于收入的增幅，也就是公司在 2018 年加大了杠杆，更多地采用借款。

用同样的方法，可以继续分析销售费用率和管理费用率，会发现销售费用率保持平稳，最近几年相比早先的 5 年持续下降，该数据说明万科产品的品牌形象越来越好了，因为只有好的产品品牌才更容易销售，所以销售费用率下降。

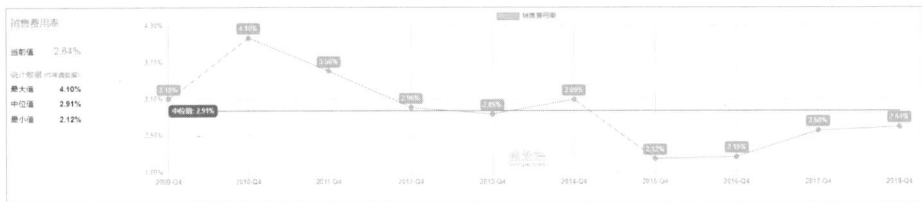

管理费用率的情况就不太好，最近几年其增速还是很高的。该部分的指标值得继续关注，因为管理费用率提高意味着经营效率下降，如果是波动性，那么可以理解，因为经营本身就是有波动的。如果是趋势性，就比较糟糕。目前还看不出是趋势性还是波动性，需要持续跟踪才行。

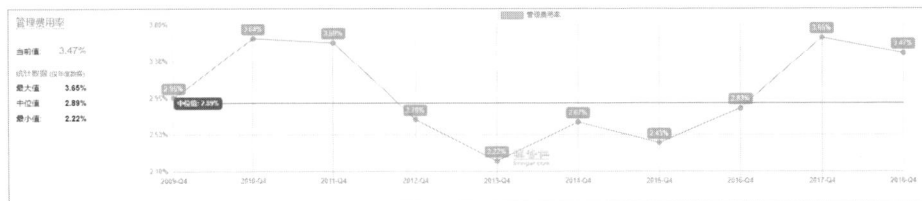

在观察万科三项费用率的时候，发现一个很有趣的规律，就是三项费用率的波动趋势居然和毛利率的波动趋势差不多，按理说，这两个指标应该不

具备关联性，对这个问题感兴趣的读者，可以深入研究财报数据，论证其有无关联性。

关注点 4：成长分析与盈利分析

根据之前的分析，万科的归母利润和经营利润差别比较大，这是因为万科的很多项目是和其他公司共同来开发的。而股东能够分享的利润是对应的归母利润，所以，这里只分析万科的归母利润 2009—2018 年的发展趋势，如下图所示。

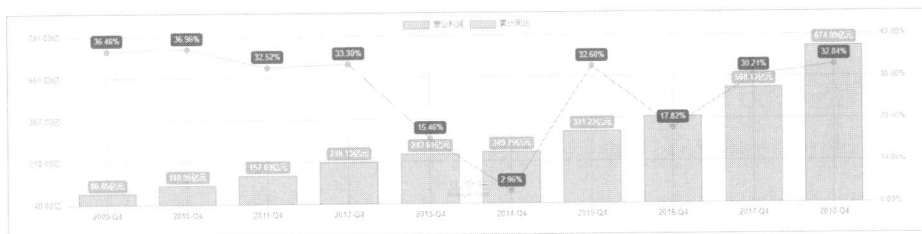

在 2009—2018 年，万科每年的利润都是正的，从来没有一年发生过亏损，而且每年的利润都是增长的，且增速不低，除了 2014 年，其他年份全部超过二位数，大部分年份的利润增速达 30%。在这样的增速下，利润从 2009 年的 86 亿元，增长到 2018 年的 674 亿元。毋庸置疑，这样的财务表现当然是好公司，又有安全性，又有成长性。

接下来从 ROE 的角度来观察，如下图所示。

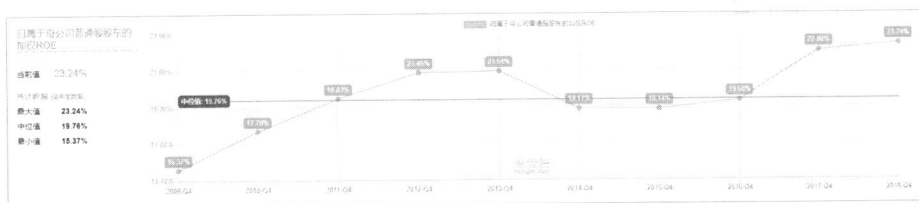

万科的净资产收益率保持在 20% 上下，总的趋势是稳中有升。对房地产公司来讲，ROE 的提升除了与房地产行业的景气度有关，还和公司的杠杆有关。

如果杠杆提高了，那么一定能促进 ROE 的提升。

从某种角度来讲，万科有这么高的 ROE，其实每年都不应分红，留在公司继续创造价值才是对股东最好的，因为股东拿到的分红，大部分情况下是做不到 20% 的增值的。

关注点 5：财务安全分析

房产公司现金流的分析和一般公司有所不同，因为房产公司当年的现金流净额肯定和当年的利润额不一致，当年的利润反映的是前 1 ～ 2 年的销售情况，所以两者不会一致。因此，对于万科就不分析其现金流状况了。当然这不代表万科的现金流不重要。恰恰相反，房产公司的现金流非常重要，因为房产公司都是高杠杆经营，所以现金流特别重要。也正是因为其特别重要，所以仅凭借年报的信息无法准确分析出现金流量的情况。在这个方面，只能完全相信公司的管理层，管理层拿着这么高的年薪，应该能够管理好现金流，万科的口号是"现金为王"，可见其对现金流的重视程度。

再观察现金和借款的情况，截至 2018 年年末，万科账面现金有 1884 亿元，有息负债为 2612 亿元，单单从账面数据来看，存在大存大贷的情况，不过，房地产公司的现金和借款与其他公司不太一样，因为资金也是房地产公司的一个生产要素，而且每个项目都是一个独立的公司，所以，这样的现金和借款比例对房地产企业是正常的。

由于借款对房地产企业的生产有比较大的影响，所以万科年报对借款的信息披露得比较仔细，我们把年报的数据整理一下，其信息如下图所示。

	2015	2016	2017	2018	增长	三年复合增长
有息负债	794	1288	1906	2612	37.04%	48.73%
其中：一年内	266	433	622	931	49.68%	51.83%
一年以上	528	855	1283	1680	30.94%	47.08%
利息支出	48	55.4	82.1	141.5	72.35%	43.39%
资本化利息支出	30	32.3	41.5	59.6	43.61%	25.71%
银行利率			最高6.765%	最高6.7%		
发行债券的利率	3.50%		4.54%	4.30%	-5.29%	7.10%

公司的有息负债三年复合增长为48%，利息支出复合增长为43%。借款渠道以银行为主，也包括国内外发行债券，总体上来讲借款的利率比较稳定，发行债券的利率也比较低。对部分借款做了资本化支出处理，即利息支出未计入当期成本，而是在房子交付时再计入成本，这个做法符合房地产公司的会计准则。

万科在2016—2018年的3年里，其借款的增速比收入的增速要高，也就是杠杆增加了，那么借钱增速快是否是好事情呢？公司借钱肯定是用于买土地、造房子，所以，大方向上是好事情，扩大了规模，但是如果在房产市场比较冷的时候扩展，就可能导致资金链紧张。至于房地产是会变冷还是变热，不必去预测，要相信万科的管理层比我们更有经验。

接下来关注的是资产负债率，从前面的分析中已经知道房地产公司都是高资产负债率的，那么对于普通公司资产负债率的75%安全线规则就不再适用万科了，所以，在观察万科的资产负债率时，加入了"保利地产"的资产负债率做参照对比，对比情况如下图所示。

2018年，万科的资产负债率为84%，而保利为77%，从趋势上看，3年来，万科相比保利更加激进，资产负债率上升得比保利快。一般来讲，资产负债率高当然是一个不好的现象，但是对于房地产公司的特殊性质，不能单一地看指标，还要看销售情况，房地产公司增加的负债就是用来买土地、盖房子，只要销售得好，当然是好事情。但是如果遇到滞销，就会影响公司的财务安全。顺驰地产就是一个典型案例，因为扩张太快，加上遇到房产冷冻期，导致公司资金量断裂，最后被低价出售。

从流动比例来看，万科的流动比例一直呈下降趋势，不过，2018年为1.15，保持在大于1的安全线上，由于流动比例接近1，同时也说明，万科的杠杆加得差不多了。

对于房地产企业的财务安全，有一个重要的行业因素，就是房子是否能够及时卖出去，因为一旦卖不动了，流动性就有可能出现问题，所以，房地产的存货量很重要，存货太多就会有资金压力，在万科的年报中都会披露存货信息以及跌价准备，对这部分信息也需要持续跟踪，2018 年的跟踪情况如下图所示。

	2015	2016	2017	2018	增长
存货		4673	5980	7503	25.47%
已竣工的存货		437	499	639	28.06%
跌价准备	7.60	13.80	16.10	23.10	43.48%

从跟踪情况来看，存货和跌价准备的增长与收入匹配，均比较正常。

关注点 6：研发投入分析

2018 年，万科有 9 亿元的研发投入，占收比非常低。那么公司相关人员在研发什么呢？在年报中提到研发的内容，如下图所示。

持续推进绿色建筑和工业化技术应用。本集团高度关注绿色环保技术的研发与应用，积极践行绿色低碳发展理念，推动人居、生活、环境的可持续发展。2018 年，本集团绿色建筑认证面积为 3502 万平方米，自 2009 年推广绿色建筑以来，绿色建筑面积已累计达到 1.47 亿平方米。为提高质量、提高效率，减少对人工依赖、节能减排，本集团持续完善"5+2"装配式建造体系，以五项建筑技术体系、主体适度预制、装配式装修等新技术、新材料、新工艺突破质量瓶颈。报告期内，本集团 77%主流产品应用工业化体系进行建造。

显然，研发对万科来说不是核心竞争力，所以对研发部分就不用仔细研究了。

关注点7：分红意愿分析

万科近年来，将40%的利润用于分红，该比例还是比高的，尽管我们知道，万科有将近20%的ROE回报，理论上不分红的收益更高，不过某些投资者还是很看中分红的。

单位：人民币元

年份	现金分红金额（含税）	母公司净利润	公司合并报表中归属于母公司股东的净利润	占母公司净利润的比例	占公司合并报表中归属于母公司股东的净利润的比例	公司合并报表的年度可分配利润
2017年度	9,935,236,800.90	13,437,215,980.28	28,051,814,882.36	73.94%	35.42%	80,531,154,604.94
2016年度	8,720,930,080.79	12,777,146,023.88	21,022,606,256.56	68.25%	41.48%	65,672,270,911.73
2015年度	7,948,189,440.72	9,949,954,678.46	18,119,406,249.27	79.88%	43.87%	54,587,845,031.57
最近三年累计现金分红金额占公司合并最近三年年均归属于母公司股东净利润的比例					118.78%	

关注点8：融资及投资回报

万科于1991年在深交所上市，多次增发后，累计融资151亿元，截至2018年，累计分红已经达到378亿元。由此可见，万科是一家标准的好公司。

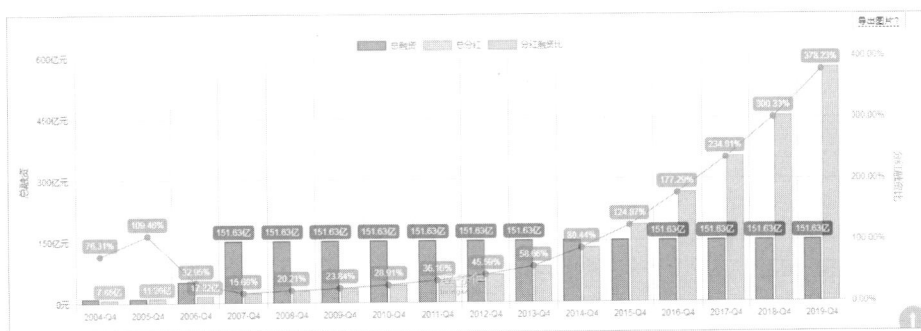

这只是分红，股价当然也涨了很多，而且，自2007年以后，万科再没有融资，完全依靠自身能力的内生增长。

关注点 9：创始人与经营团队

万科的创始人是王石，他已经是公众人物了，用了 30 年时间把万科带到这么一个高度，而且他本人只有很少的股份，这就能够说明一切了。现在是郁亮任董事长，职业经理人团队，该团队有能力阻击其他企业的收购，能量还是很强大的。

最大股东是深圳地铁，现在是混合所有制企业，这对于万科是好事情，融资成本可以更低。

看一下薪酬情况。人均薪酬支出在 2018 年是 14.34 万元，这可是包括五金支出的费用，相对于房地产公司那么高的利润而言，万科的人均薪酬支出比想象中的要低，难道万科有很多蓝领吗？

	2015	2016	2017	2018	增长
薪酬支出		78.8	103.3	149.6	44.82%
员工总数		58280	77708	104300	34.22%
人均薪酬支出		13.52	13.29	14.34	7.90%

仔细看人员构成，10 万名员工中，房地产员工仅为 12669 人，而物业服务员工为 80116 人，显然，是物业的员工拉低了公司的平均薪酬，房地产部分人员收入是不会低的。

公司最后一次股权激励计划为 2011 年，之后未实施新的股权激励计划，公司进入成熟期后，做股权激励的意义也就不大了，对于管理层做出这样的决定我是赞同的。

关注点 10：所属行业分析

房地产行业经过了二十多年的高速发展，未来确实有些隐忧，主要的核心问题如下：

（1）经过几十年的发展，中国的城镇化率已经达到 60%，发达国家的标准是 70%，也就是说，未来农民进城的买房需求会逐渐减弱。

（2）中国的人均住房面积已经有 39 平方米了，这个数字应该算是达到小康了。下图所示为各国人均住宅面积，中国的位置不算低。虽然我们的人均 GDP 还有很多上升空间，但是中国不可能拥有美国这样的资源，毕竟人均占地不多。

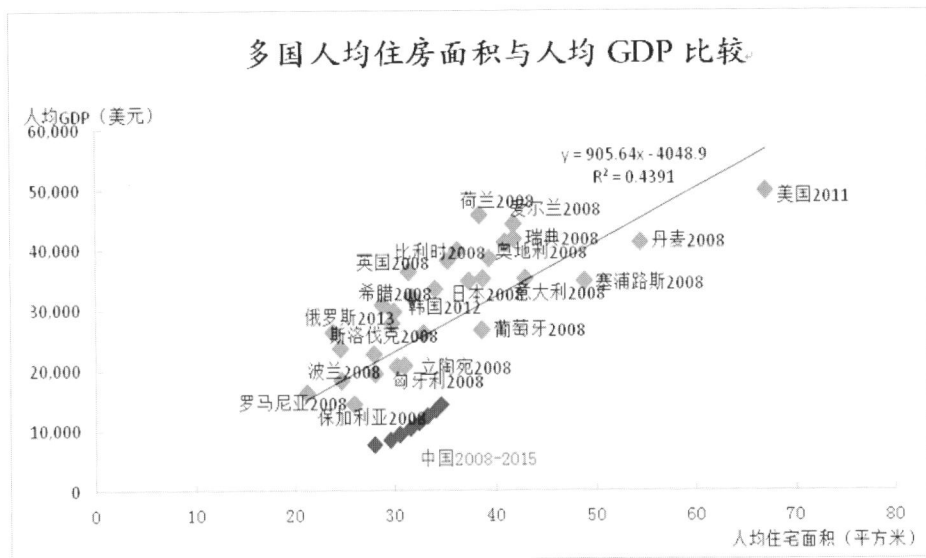

多国人均住房面积与人均 GDP 比较

（3）人口出生率逐年下降，需求增速一定是放缓的。

（4）房地产税未来会出台，对持有环节征税会打击炒房客。

对于上述大趋势其实大家都明白，这也是市场对房地产估值一直不高的原因，但是事物总是有其两面性，上述论调很多年前就有了，地产股依然发展得很好，所以，我们可以看看如下行业利好的消息：

（1）对改善住房的需求还很大。

（2）对投资住房的需求也很大。

（3）对房地产强大的调控能力，使得房价大起大落的可能性很低。

说了这么多，究竟对行业的未来怎么看呢？我认为，了解行业的特征即可，至于未来会怎么走，保持对企业的观察就好，而不需要去预测未来行业的走势。

在行业竞争分析环节，万科无疑是房地产的头部企业之一。头部企业的好处是，容错能力强，品牌有影响力，房子会好卖一些。在拿地方面，品牌就没有优势了，上游主要是土地拍卖市场，价高者得，这就要看管理层的经营能力了。

行业的下游是购房者。一般来说，相比购房者，企业拥有更多的定价权。近些年随着政府对房地产调控的深入，在价格上也做了限价，甚至可能在开始拍卖土地的时候就把售价作为一个指标了，所以，房企也没有完全独立的定价权。

关注点 11：投资者关系信息

公司在最近 3 年都没有披露投资者信息，意味着最近 3 年没有机构去万科调研。通过在网上搜索，也可以发现，2018 年没有机构调研的公司清单里面，万科确实在其中。大概是因为万科的数据实在太透明了，去公司也不能调研出更多的信息。

在深圳互动易网站上，投资者的提问还是比较多的，摘录如下图所示。

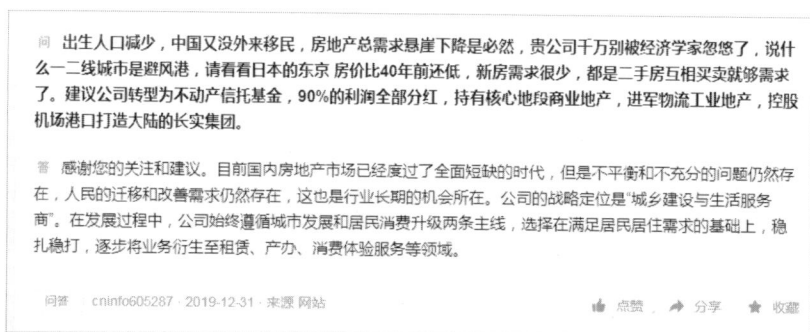

问　出生人口减少，中国又没外来移民，房地产总需求悬崖下降是必然，贵公司千万别经济学家忽悠了，说什么一二线城市是避风港，请看看日本的东京 房价比40年前还低，新房需求很少，都是二手房互买卖够需求了。建议公司转型为不动产信托基金，90%的利润全部分红，持有核心地段商业地产，进军物流工业地产，控股机场港口打造大陆的长实集团。

答　感谢您的关注和建议。目前国内房地产市场已经度过了全面短缺的时代，但是不平衡和不充分的问题仍然存在，人民的迁移和改善需求仍然存在，这也是行业长期的机会所在。公司的战略定位是"城乡建设与生活服务商"。在发展过程中，公司始终遵循城市发展和居民消费升级两条主线，选择在满足居民居住需求的基础上，稳扎稳打，逐步将业务衍生至租赁、产办、消费体验服务等领域。

问答　cninfo605287·2019-12-31·来源 网站　　　　点赞　　分享　　收藏

这一条提问和我们之前担心的行业前景中不确定的因素是相同的，公司的回答比较中肯，同时提到，现在的需求还很多，所以先满足现在的需求，对于未来不必过度杞人忧天。

面对市场波动，公司不做预判，而是做好出现各种情况时的预案，是上乘的解决方案。经营公司如此，投资股票也是这样的，无须去预测宏观经济、大盘走势，而是应对，比如在大盘下跌时去寻找被错杀的优质股，在大盘过于高涨时，如果手里的股票估值已经很高了，那么可以考虑减持。这些都是应对法，而不是预测法。

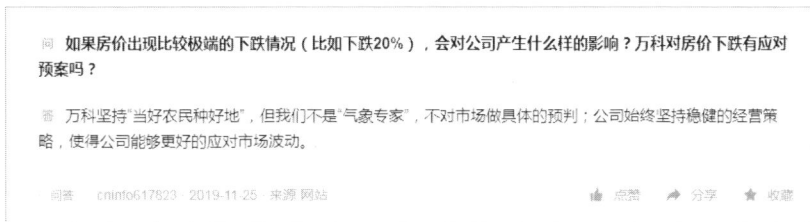

问　如果房价出现比较极端的下跌情况（比如下跌20%），会对公司产生什么样的影响？万科对房价下跌有应对预案吗？

答　万科坚持"当好农民种好地"，但我们不是"气象专家"，不对市场做具体的预判；公司始终坚持稳健的经营策略，使得公司能够更好的应对市场波动。

问答　cninfo617823 · 2019-11-25 · 来源 网站　　　　　　　👍 点赞　　➤ 分享　　★ 收藏

下图所示的提问者，显然是一名深度研究者，提出的数据比较专业。权益比例下降是公司的一个判断，而且比例下降不代表营收一定下降。

问　您好！从克尔瑞2018年全年数据看，万科房地产销售的权益金额占销售金额70.0%，从克尔瑞2019年1-8月的数据看，万科权益只占59.9%，逐月统计万科2018年月报,万科2018年全年拿地金额的权益占比只有54.6%。是否可以得出结论:万科的销售权益比还会下降,2019全年归属万科股东的权益销售金额可能比2018年是下降的？（因字数限制，数据在下个问题里）

答　拿地的权益比例和之后销售的权益比例确实存在一定联系。近年来公司积极开展合作，获取优质项目，基于合作项目比例的变化，权益比例也会出现一定波动，未来公司会将权益比例保持在合理区间内。

问答　川工 2019-09-29 · 来源 网站　　　　　　　👍 1　　➤ 分享　　★ 收藏

在互动易网站中万科的信息反映了公司的部分经营理念，投资者在闲暇时可以浏览一下。不过，要想从这里找到年报中没有的信息，其实并不太容易。总体上，万科对信息的披露还是比较清晰的。

关注点 12：护城河分析

1. 无形资产（品牌、专利、特许经营权）

万科这个品牌几乎家喻户晓，万科房子的品质确实是不错的。这有助于产品的去化，不过其他头部房企的品牌也不差。

万科的专利没有太多的门槛价值。

2. 成本优势

地价是房地产公司的主要成本，由于土地采用的是挂牌拍卖的方式，所以不管是大公司，还是小公司，在土地获取成本方面，是站在同一起跑线的。

在建筑、装修、利息等成本支出上，应该有一定优势。

3. 转换成本

万科不存在转换成本，万科的房子质量虽然有口碑，但也不是非万科不买。买房决策的核心因素更多的是地段和价格。

4. 网络效应

无网络效应，有很多人买了万科的房子，但是他们并没有因此建立一个网络关系。

5. 有效规模

万科是中国房地产的头部企业，规模当然够大。规模大的公司抵抗风险的能力更强，这也是很多地方房企生存不下去的原因。市场会继续向头部企业集中。

关注点 13：估值与长期跟踪

经过前面的分析，我们先给万科绘制一个企业画像。万科是一家全国知名的房地产开发企业，2018 年收入为 2976 亿元，归母利润为 337 亿元。万科以住宅开发和物业管理为主要核心业务，并开始涉及商业地产开发、长租公寓等业务。2009—2018 年，万科在没有增资的情况下，利润从 52 亿元增加到 337 亿元，且没有一年是亏损，分红比例也不低，给股东带来了丰厚的回报。万科由王石创建，目前王石已经退休，由以郁亮为代表的职业经理人团队经营。万科认为人民对改善房产居住的需求还比较旺盛，他们在聚焦主业的前提下，也会关注商业地产等其他项目的机会，2018 年，万科的拿地速度有所减缓。在竞争优势方面，万科的品牌有一定的优势，但是在实际竞争中其优势并不明显，对于房地产企业，拿地的价格和时机应该是最重要的竞争要素。由于先售后结的业务特性，公司在 2019、2020 年的增长是比较确定的，至于未来的增长，则需要继续密切跟踪公司披露的新开工、销售金额等数据。

了解了公司的基本情况后，首先来看万科当前的（这段文字写于 2019 年 9 月 25 日）估值情况，如下图所示。

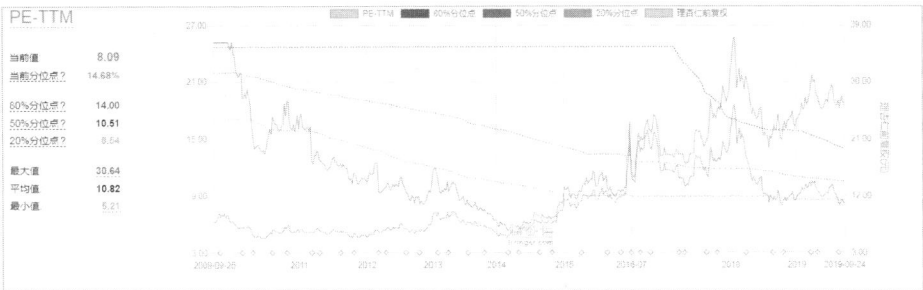

万科的最高估值为 PE=30 倍，最低估值为 5.21 倍，中位数为 10.51 倍。最低市盈率为 5.21 倍，出现在 2014 年，那一年万科的增长下滑到个位数。当前估值为 8.09 倍，该估值不算高，从历史来看，其在 20% 的范围内，属于低估区。

短期来看，房地产是先销售，交房的时候才计算收入，所以，通过 2018 年的年报经营数据，对于 2019、2020 年短期内的业绩可以大致进行判断。

	2015	2016	2017	2018	增长	三年复合增长
收入	1955	2404	2428	2976	22.57%	15.03%
利润	338	392	511	674	31.90%	25.87%
归母利润	181	210	280	337	20.36%	23.02%
净资产	1001	1134	1326	1557	17.42%	15.86%
经营现金流	160	395	823	336	-59.17%	28.06%

	2015	2016	2017	2018	增长	三年复合增长
销售面积	2067	2765	3595	4037	12.29%	25.00%
销售金额	2614	3647	5298	6069	14.55%	32.41%
市场份额	3%	3.10%	3.96%	4.05%	2.27%	10.52%
结算面积	1704	2053	1980	2191	10.66%	8.74%
结算金额	1902	2341	2330	2846	22.15%	14.38%
结算均价	11162	11403	11768	12990	10.38%	5.18%
已售未结面积	1840	2276	2962	3710	25.25%	26.33%
已售未结金额	2150	2782	4143	5307	28.10%	35.15%

已售未结金额是已经卖出，但是房子还未交付，从数据来看，2016、

2017 年的已售未结金额高于 2017、2018 年的收入，说明房地产从销售到竣工大概要超过 1 年，2017 年的已售未结金额还有一些会在 2019 年的收入中体现。另外一个数据是，2018 年的已售未结金额还在增长，那么至少说明 2019 年的业绩增长是十分确定的。

再来看新开工的数据，如下图所示。

	2015	2016	2017	2018	增长	三年复合增长
新开工面积	2127	3136	3651	4992	36.73%	32.89%
竣工面积	1729	2237	2301	2756	19.77%	16.81%
新项目个数	105	173	216	227	5.09%	29.30%
建筑面积	1580	3157	4615	4681	1.43%	43.62%
权益规划面积	630	1892	2768	2490	-10.04%	58.11%
权益地价（亿元）			2188	1351	-38.25%	
土地均价	4941		7908	5427	-31.37%	3.18%
在建面积		5442	6852	9012	31.52%	
权益面积	3147	3622	4374	5402		
规划面积		5296	6321	5936	-6.09%	
权益面积	3976	3655	4077	3579	-12.21%	-3.45%
旧城改造	301	360	289	347	20.07%	4.85%

新开工面积在 2018 年明显下滑，土地市值、土地均价都有所下滑，这对 2021 年的业务收入影响比较大。

房地产一直是一个比较有争议的行业，雪球网刚刚举办了一个会议，一群雪球专家讲房地产有这个问题、那个问题，但是被问到是否持仓时，几乎每个人都配置了房产股。这真的是又爱又恨。在风险方面，核心的讨论点有如下几个：

（1）今后是否还需要那么多房子？关于这个话题，讨论得太多了，公说公有理，婆说婆有理，还是放手吧，不要去预测，观察企业的数据就好。目前来看对房子的需求还是存在的。

（2）房子如果出现跌价，房产利润是否会减少。

房子跌价，利润肯定要减少，但是房价上涨了，利润也会比预期增加，长期来看，减少和增加会互相抵消，而且从通货膨胀的角度来看，长期房子的价格多半还是要上涨的。

再回顾一下万科的利润增长情况，如下图所示。

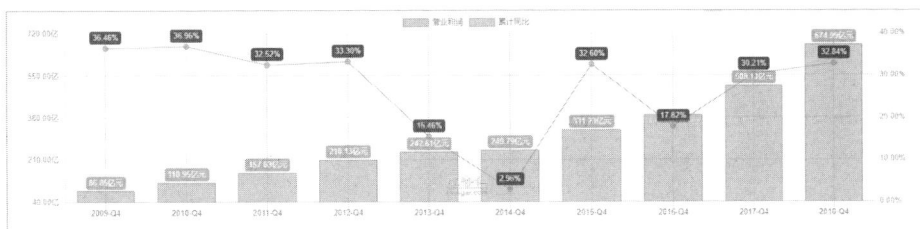

在 2009—2018 年房地产价格也下跌过，但万科的经营还是很稳健。

万科规模已经这么大了，是否还能增长？这确实是个问题，对于房地产公司，我觉得不能过多地期望增长。比如万科，现在是 8 倍的 PE，到 2020 年，下降到 6 倍 PE，即使不增长，每年的回报也还是可以的。

长期数据跟踪方面，万科每个月都会发布经营数据，不过，我认为，对于打算长期持股的投资者，跟踪企业的年报、半年报就够了。以 2019 年的上半年财报为例：

2019 年上半年财报（H1），万科收入为 1393 亿元，增长 31%，归母利润为 118 亿元，增长 29%。符合预期。已售未结金额继续上升，达到了 6215 亿元，这保证了 2019、2020 年的业绩。新项目个数为 54 个、建筑面积为 1372 万平方米，权益面积为 941 万平方米，权益土地价值为 649 亿元，均价为 6900 元。这些数字与 2018 年相比，无论是数量还是权益面积都在继续下降。不过，权益地价没有下降，因为单价上升了。总体来说，拿地的速度都在减缓。现房存货为 709 亿元，与收入增幅相比，基本正常，说明没有出现大规模的滞销。

第十五章

腾讯控股（股票代码 00700）

雪球网有无数关于腾讯的财报分析文章，估计该挖的信息都挖了，但即便如此，也必须自己看过公司年报，才会有对公司的定义。因为每个人的角度不同，不看原文，只看结论是不妥的。看过原文，再参考别人的分析是可以的。

腾讯是港股，其年度财报的组织方式和 A 股的不太一样，但财务报表的核心内容是一样的。

关注点 1：收入与利润分析

2018 年收入为 3126 亿元，增长 31%，利润为 799 亿元，增长 10%。2015—2017 年 3 年，40% 的年化增长率，这是相当高的增长速度，当然，也要注意到 2018 年的增速已经下滑，只有 10% 的增长。

	2015	2016	2017	2018	增长	三年复合增长
收入	1028	1519	2377	3126	31.51%	44.88%
利润	291	414	724	799	10.36%	40.03%
非国际会计准则的利润	288	410	715	787	10.07%	39.81%
净资产	1221	1862	2770	3562	28.59%	42.89%

2018 年收入增速为 31%，利润增速仅为 10%，远低于收入增速，原因是毛利率下降了不少。

腾讯的非经常性收入还是比较多的，腾讯的营业外收入主要就是投资收入，按会计准则，投资收入是营业外收入，但是对于腾讯，其实不能算是营业外收入，因为投资实际上是腾讯的主业之一。可以看到 2017、2018 年，投资收益对于腾讯总利润的占比还是比较大的。

	2015	2016	2017	2018	增长	三年复合增长
营业外收入（主要是投资收入）	18	10	201	167	-16.92%	110.13%

关注点 2：经营数据分析

腾讯的收入结构如下图所示。

	2015	2016	2017	2018	增长	三年复合增长
增值业务（游戏、道具、会员收入）	806	1078	1539	1766	14.75%	29.88%
其中：游戏	565	708	978	1040	6.34%	22.55%
非游戏部分	241	370	561	726	29.41%	44.42%
广告业务	174	269	404	571	41.34%	48.60%
其中：社交广告			256	397	55.08%	
媒体广告			148	183	23.65%	
其他业务（支付相关和云业务）	47	171	433	779	79.91%	154.96%
其中：云服务				91		
营业外收入（主要是投资收入）	18	10	201	167	-16.92%	110.13%

腾讯的收入比较清晰，主要包括增值业务、广告业务、支付业务、云服务和投资业务。

增值业务包括游戏和非游戏。游戏业务容易理解，游戏收入在 2018 年还是占大头，不过游戏业务在 2018 年受到政策影响其增速降低了很多，只有 6% 的增速，而且像王者荣耀这样的爆款游戏也不是每年都能出的。

非游戏部分是指音乐、视频等频道的会员收入及其他服务收入，非游戏的增长还是可以的，达到了 29% 的增幅。这个业绩增幅一方面来自网民愿意为自己喜欢的内容付费，另一方面是因为付费用户的基数还比较低，仍有较大的增长空间。

对于广告部分，社交软件的广告增长速度比媒体广告快多了。社交广告就是微信朋友圈里的广告，朋友圈都上了第二个广告位了，社交广告收入取得了 55% 的业绩增长。媒体广告主要是指在视频前面播放的广告，这部分也有 23% 的增长。

在其他业务中，首次公布腾讯云的收入为 91 亿元，相比阿里云的 213 亿元是落后了，但并没有落后太多，希望能慢慢赶上来。

支付相关业务还是非常好的，其他业务三年复合增长为 154%，主要依靠支付及金融相关收入。

其他收入主要为投资收入，投资也是腾讯公司的一个重要的业务，比如投资"拼多多"就应该盈利了很多。围绕着腾讯的流量，腾讯将会收购一系列的公司。

关注点3：成本分析

根据腾讯的业务，其各个业务的主要成本分析如下：

（1）增值服务业务的成本为直播、视频流媒体订购及网络游戏的内容成本以及智能手机游戏的渠道成本。

（2）网络广告业务的成本为内容成本、流量获取成本及广告佣金。

（3）其他业务，支付业务的成本为支付给银行的手续费，云业务的成本主要是IDC、带宽和设备。

总的来说，这些成本总体上比较可控。

再来看毛利率的变化趋势，如下图所示。

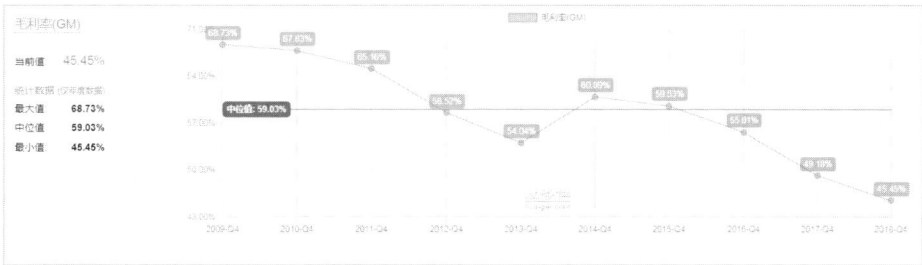

最近几年，毛利率持续下降，从2014年的60%，下降到2018年的45%。为什么毛利率会下降呢？我分析了各个模块的毛利率变化情况，如下图所示。

	2015	2016	2017	2018	增长	三年复合增长
增值业务收入	806	1078	1539	1766	14.75%	29.88%
增值业务成本	284	376	613	739	20.55%	37.54%
增值业务毛利率	64.76%	65.12%	60.17%	58.15%	-3.35%	-3.53%
广告业务收入	174	269	404	571	41.34%	48.60%
广告业务成本	89	153	255	372		
广告业务毛利率	48.85%	43.12%	36.88%	34.85%	-5.50%	-10.65%
其他业务收入	47	171	433	779	79.91%	154.96%
其他业务成本	42	144	338	593	75.44%	141.70%
其他业务毛利率	10.64%	15.79%	21.94%	23.88%	8.83%	30.93%
	59.59%	55.67%	49.24%	45.31%	-7.98%	-8.72%

增值业务、广告业务的毛利率是下滑的，而其他业务的毛利率是上升的。总体下滑8%，下滑不少，总体上看有两个原因，一个是增值业务、广告业务本身的毛利率在下降，另一个是较低毛利率的其他业务的收入占比提升很快。

尽管毛利率下降，但45%的毛利率仍然是一个超高毛利率的行业。

再来看三项费用率的发展趋势，如下图所示。

三项费用率在2014年到达27%的高峰，然后这几年三项费用率稳中有降，逐步下降到2018年的21%，说明管理效率在逐步提高。

有效税率方面，腾讯肯定是高新技术企业，不过，其税率大部分时间高于15%，有些子公司并不是高新技术企业。

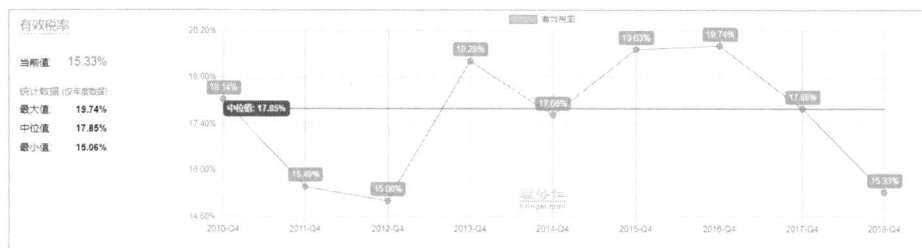

关注点4：成长分析与盈利分析

先来看腾讯在2010—2018年的收入、归母利润的增长情况，如下图所示。

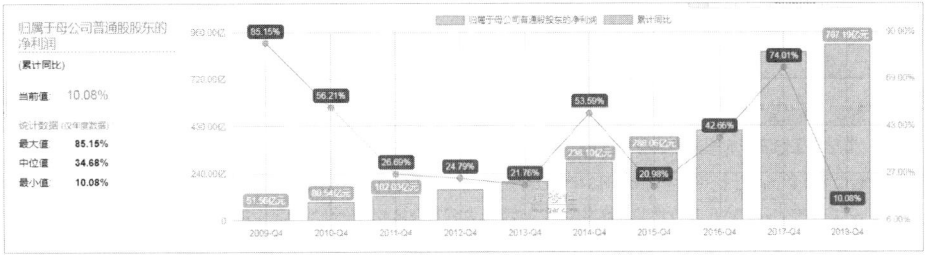

腾讯在 2009—2018 年的成长性非常好，收入从 2009 年的 196 亿元增长到 2018 年的 3100 万亿元，归母利润从 2009 年的 51 亿元，增长到 2018 年的 787 亿元。收入和利润的增幅基本相当。

不过，收入和利润的增幅并不是每年固定不变的，事实上变化还是比较大的，最低的增长速度为 2018 年的 10%，最高的增长速度为 2009 年的 85%。40% 以上的增长出现 5 次，40% 以下的增速也出现了 5 次。可以想象，业绩增速的变化必然会带来股价的波动，而实际上，如果从长期来看，其平均年增速是非常高的，所以在合适的时机介入腾讯，一定会带来回报。

接下来观察腾讯的 ROE 变化趋势，如下图所示。

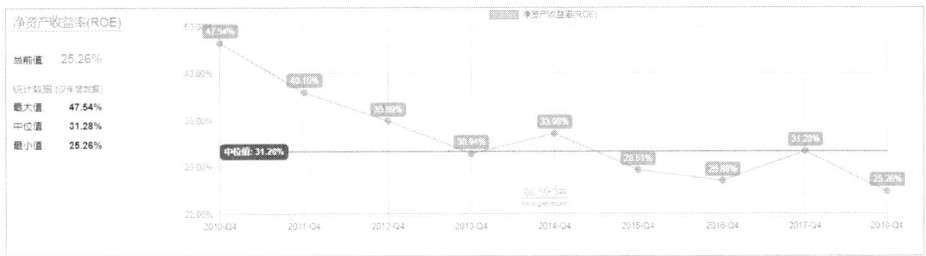

腾讯的 ROE，在 2018 年为 25%，虽然这也是非常高的数字，但是与腾讯自己的历史 ROE 数字相比，该 ROE 呈现逐年下降的趋势。从 2010 年到 2013 年，ROE 从 47% 下降到 30%，此后的 5 年则在 30% 左右徘徊，而 2018 年下降到 25%。就 2018 年的情况，公司的 ROE 下降，是因为利润增速远远低于净资产增速。以 2018 年为例，利润增速为 10%，而净资产增速为 28%，所以，ROE 出现了大幅下滑。净资产的增幅有一部分原因是公司每年赚到的现金留存到公司导致净资产增加，对腾讯来说，分红是很少的，实际上科技公司的分红都很少。手里有这么多现金对公司来说是一个挑战，如果不分红，那么要么将其投入生产，要么将其投资到相关的企业，把现金花出去才可能有盈利，但是也不能乱花钱，打水漂，这是非常考验管理层能力的，所以关于 ROE，还需要持续跟踪。

关注点 5：财务安全分析

截至 2018 年年底，腾讯账面上有现金 900 多亿元，借款有 1000 多亿元，从下图来看，大都是长期借款，为什么腾讯自己有那么多现金，却还要去借这么多钱呢？大概是因为其借到钱的利息很低，然后保留现金可以抵御各种意外情况的发生。

	1 年以下 人民幣百萬元	1 至 2 年 人民幣百萬元	2 年至 5 年 人民幣百萬元	5 年以上 人民幣百萬元	合計 人民幣百萬元
於二零一八年十二月三十一日					
非衍生工具：					
應付票據	15,780	12,010	14,629	38,305	80,724
長期應付款項		3,113	1,018	343	4,474
借款	30,402	21,309	72,626	–	124,337
其他金融負債	1,191	942	1,615		3,748
應付賬款、其他應付款項及 　預提費用(不包括已收客戶 　及其他的預付款項、 　預提僱員成本及福利)	90,310				90,310
衍生工具：					
其他金融負債	9	–	31	–	40
	137,692	37,374	89,919	38,648	303,633

所以，当前腾讯的资产负债率 50%，该数值虽然不低，但也处于良性范围。

现金流方面，腾讯公司的经营性净现金流一直处于大于 100% 的状态，非常健康，如下图所示。

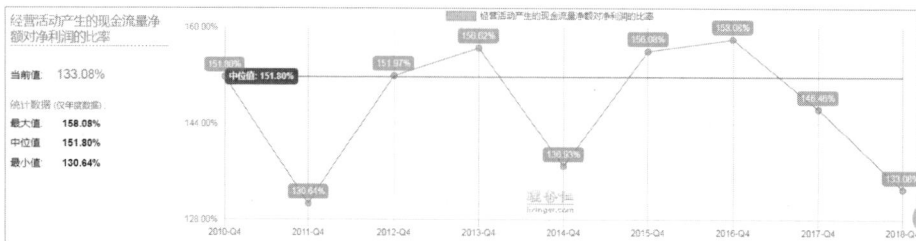

短期偿债能力方面，截至 2018 年年底，腾讯有流动资产 2170 亿元，流动负债 2024 亿元，流动比例为 1.07，杠杆已经加得差不多了，这也是腾讯必须留着这么多现金的原因。

关注点 6：研发投入分析

2018 年，腾讯研发投入为 229 亿元，相对 3126 亿元的收入，占收比为 7.3%。这看上去没有想象的高。相比 799 亿元的利润，占利润的比例为 28%，该占比还可以。

研发内容在年报中未详细披露，就要靠自己想象了，基础研究、人工智能、云计算、微信和 QQ 还要继续开发，特别是游戏开发，都需要研发。

关注点 7：分红意愿分析

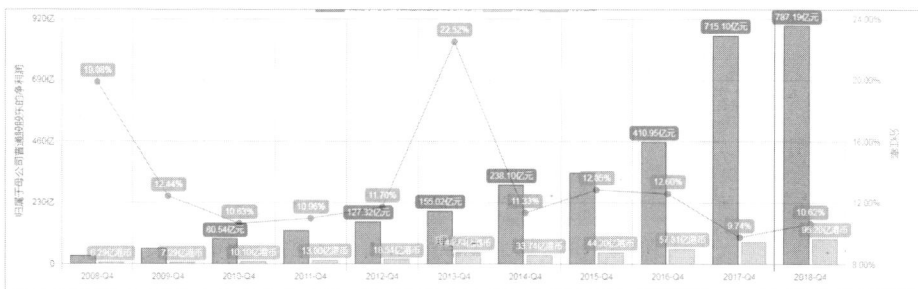

腾讯常年维持在 10% 的分红比例，分红意愿很低。不过，腾讯的股价给投资者带来了丰厚的回报，从 2009 年年底到 2018 年年底，腾讯的股价涨幅超过 10 倍，其间最高涨幅为 16 倍。

关注点 8：融资与投资回报

腾讯上市时只融了 2 亿美元，2018 年仅分红就有 95 亿港币，而且仅分了 10% 的利润，这 10 年，腾讯的增长主要依靠内生增长，而不是靠外部投资。

关注点 9：创始人与经营团队

腾讯的发展史是比较透明的，在《腾讯传》一书中详细介绍了腾讯的发展过程。从 QICQ 起步，模仿 ICQ，在窄带互联网时代腾讯就存在了，据传在 2000 年差点撑不下去，准备卖给电信而没有成功，所幸自 2001 年开始的移动增值业务平台给腾讯带来了盈利模式，接着就打败了 MSN，成为 PC 时代的即时通信工具平台的国内老大，然后在移动互联网时代，孵化出了微信，干掉了米聊等竞争对手，成为 PC、移动互联网双平台的即时通信绝对龙头。

从卓越领导人角度来看创始人马化腾：

（1）谦逊，是有的。

（2）专注，总体比较专注，也做过电商，但是最终放弃了。

（3）以公司利益优先，马化腾并不是公司的大股东，但也没有听说他做过不利于公司的事情。

整个高管团队都很年轻，高管年龄都在 45 岁左右。

在人均薪酬方面，人均年薪 77.6 万元，当然其中高管要分配得多一些，但确实是非常高的数字，必然能吸引一流的人才到公司工作。

关注点 10：所属行业分析

公司的主业是社交工具＋游戏，并围绕着社交工具推出各类增值服务，是一个基于社交的泛互联网服务公司。

在社交工具领域，腾讯当之无愧是中国的龙头企业。其他社交软件，如陌陌等，基本不走熟人社交路线了。所以，其在熟人社交工具领域的地位，无人可以撼动。连阿里也挑战失败，不过，现在阿里在潜心打造钉钉，在工作通信领域，钉钉有可能和微信（企业版）抗衡。

通过财报可以发现，QQ 的用户已经没有新增了，而微信的用户已经是 11 亿人了，相比 14 亿人的人口基数，其后续的增长必然不会太快。

即便用户数不会增长，公司的业务还是有机会增长的。以 Facebook 为例，其用户数的增长空间也不大，但是收入和利润还一直在增加，因为其广告的效率也越来越高，所以带来了收入的增长。

关注点 11：护城河分析

1. 无形资产（品牌、专利、特许经营权）

微信、QQ 当然是两个重要的品牌，但是对腾讯来说，最具价值的无形资产是微信和 QQ 中的用户以及这些用户提供的内容。

2. 成本优势

互联网公司的主要成本是人员和网络成本，在此方面，腾讯并没有成本优势，深圳人员的成本是高于其他地区的。不过，从获客成本来看，由于产品推出比较早，用非常低的获客成本就获得了用户，在这方面有优势。当然，这是一个过去的优势。对当前来讲，腾讯推出的新游戏、新产品，依托现有的流量，相比其他购买流量的公司是有优势的。据说，腾讯内部也是事业部制度，不同事业部制度之间使用流量也是要购买的。

3. 转换成本

转换成本非常高。试想，我的朋友都用微信，如果我想换一个社交工具就得说服所有人和我一起转换才行，所以转换成本是很高的。由于和阿里员工打交道的关系，我用了一年的钉钉，但也只在必要时才会用钉钉。

4. 网络效应

强大的网络效应，大家都在用微信、QQ，那么其实个人几乎没有选择余地，要和朋友即时通信，必须选用微信、QQ。

5. 有效规模

QQ 有 7 亿用户，微信有 11 亿用户，这就是腾讯的规模。

关注点 12：估值与长期跟踪

腾讯是我之前已经分析过的公司里面护城河最高的一个公司，但当前估值并不是很高（时间节点：2019 年 9 月 4 日），这要得益于其在港股市场，投资者还是相对比较理性的，先来看它的历史估值情况，如下图所示。

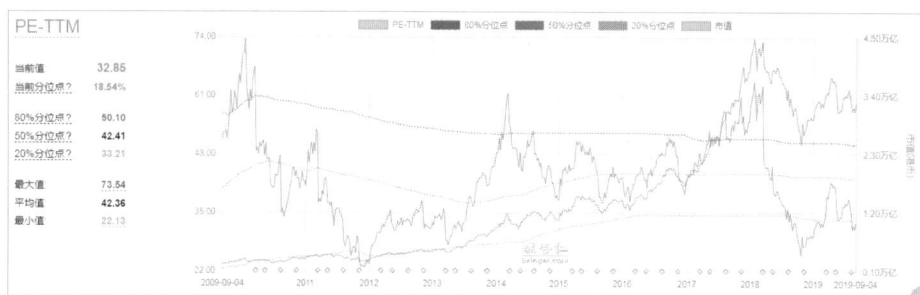

2009—2011 年年底，估值从 70PE 跌到最低的 22PE，这 2 年的股价没怎么涨，估值下降的原因是增速下降了，从 70% 的增速下降到 40% 的增速。2011 年腾讯推出微信，那时的微信还在投入期。

腾讯的平均估值为 40PE，对于最近 3 年的 40% 的增长，该估值不算高，毕竟腾讯的护城河很高，对于消费者，社交媒体软件的转换成本很高。

当前（2019 年 9 月 4 日）估值为 32 倍，处于 20% 的分位点内，属于较低估值区域。

接下来，先来研究 2019 年半年报的财报数据。

首先看用户数。

（1）2019 年上半年，QQ 用户数无增长，最近几年都是这样的情况，QQ 用户数基本上不会增长了。

（2）2019 年上半年，微信用户数也只有 7% 的增长，增速也比 2018 年下降了。现在微信用户数已达 11 亿人，今后用户数的增长肯定会越来越慢。

再看分项收入情况：

（1）游戏增长 8%，比 2018 年有所恢复，这部分应该还有潜力，游戏有点像电影，如果出几款流行的游戏，就会出现业绩的快速增长。

（2）会员收入，尤其是腾讯视频订购用户数接近 1 亿人，收入增长 23%，该部分还有机会，内容付费时代已经到来。

（3）金融科技及企业服务，开始从其他收入中单列出来了，就是支付和云服务。37% 的增长，支付还是厉害。

（4）社交网络广告增加了 28%，媒体广告减少了 7%，媒体广告减少是因为赛事相比去年上半年减少了。

基于上述官方数据，接下来要干一些拍脑袋的事情了，对企业的未来进行展望：

（1）用户数增长放缓基本是可以确定的。

（2）在用户数增长放缓的前提下，企业的增长靠什么呢？

（3）游戏收入是忽上忽下的状态，增长的确定性不高，但意外性会比较高。

（4）会员收入的增长性还是比较确定的，但是达到 40% 的增长可能性不大。

（5）支付业务的收入增速也会放缓，因为市场占有率已经很高了，很难再提高。

（6）云服务半年报没有具体披露，待观察。

（7）广告业务将来要取决于是否能够更加精准地营销，对此也可以期待。

（8）投资业务总体上问题不大，已经有成熟的管理经验，且可以依靠微信的流量。不过业绩的增长不会是稳定的，也会出现忽上忽下的情况。

腾讯当前的 PE=32.5，分别按照 15%、25%、30% 的增长来测算，如下图所示。

上年利润	当前市值	当前PE	增长率	1年后利润	2年后利润	3年后利润	3年后PE	3年后估算市值	增长率
976.8	32600	33.37	15%	1123.32	1291.82	1485.59	20.00	29711.81	0.91
976.8	32600	33.37	25%	1221.00	1526.25	1907.81	40.00	76312.50	2.34
976.8	32600	33.37	30%	1269.84	1650.79	2146.03	50.00	107301.48	3.29

比较糟糕的情况是，只有 15% 的增长，市场最终给出 20 PE 的估值，持有 3 年亏损 9%。

比较好的情况是，恢复到 30% 的增长，市场给出 50 PE 的估值，该估值在腾讯历史上并不少见，这就是 3 年 3 倍的收益。

腾讯的国际对标企业为 Facebook，Facebook 的收入几乎全是广告收入，用户数为 20 亿人，2018 利润为 389 亿美元。从这个角度来看，腾讯的广告收入还有机会提升。

投资腾讯就是典型的模糊正确，大方向上腾讯有了微信和 QQ 两大社交网络软件，在国内社交网络的地位无人能撼动，市场给溢价是正常的。所以我也就模糊地给出个结论，基于合理溢价，腾讯当前的估值合理。

至于未来的增长率，只能是模糊的正确，大概率是增长，但对于增长率是多少是无法评估的，只要到 25% 就达到我的预期。

第十六章
健康元（股票代码：600380）

　　健康元的分析最早出现在2019年5月雪球发布的分析文章中，相比现在成体系的研究框架，当初写的内容就显得比较粗糙，所以本次重新梳理了内容细节，做了很多补充，不过对核心的投资逻辑等思路未做大的变动。

关注点 1：收入与利润分析

公司 2015—2018 年 4 年的收入与利润情况整理如下图所示。

	2015	2016	2017	2018	增长	三年复合增长
收入	86	97	108	112	3.70%	9.20%
利润	4.1	4.5	21	7	-66.67%	19.52%
扣非净利润	3.5	3.1	5	6.3	26.00%	21.64%
净资产	47	54	74	96	29.73%	26.88%

2018 年收入为 112 亿元，增长 3.7%，三年复合增长率为 9.2%。利润有异常表现，2018 年的利润大幅低于 2017 年，下降 66%，应该是有非经常性收入的影响。所以，我们重点分析扣非净利润，2018 年扣非净利润为 6.3 亿元，相比 2017 年增长 26%，三年复合增长率为 21%。

再来看年报中的非经常性收入，如下图所示。

单独进行减值测试的应收款项、合同资产减值准备转回	0.00	/	/
对外委托贷款取得的损益	0.00	1,324,811.35	2,715,722.70
除上述各项之外的其他营业外收入和支出	-36,867,412.68	-3,700,246.39	-4,644,314.04
所得税影响额	-28,656,008.26	-1,052,967,859.95	-43,681,043.32
少数股东权益影响额	-102,127,301.10	-1,981,881,247.06	-57,500,129.89
合计	68,141,823.48	1,633,426,891.36	135,982,543.74

2017 年扣非收入达到了 16 亿元，而 2018 年只有 0.68 亿元。关于扣非收入，公司在 2018 年的年报中有如下解释：

由于 2017 年度转让珠海维星实业有限公司 100% 的股权，此次股权转让事项增加归属于上市公司股东的净利润人民币 14.85 亿元，导致本年度净利润出现下降。若剔除非经常性损益项目收益，实现归属于上市公司股东扣除非经常性损益的净利润为 6.31 亿元，则同比增长约为 26.35%。

关注点 2：经营数据分析

健康元主要从事医药行业，其业务主要分成如下表所示的几块。

			2017			2018			
			持股比例	收入	归属上市公司利润	持股比例	收入	归属上市公司利润	趋势
丽珠集团			44.80%	85.31亿	20.26亿	0.4481	88.61亿	5.29亿	
丽珠单抗		抗体类高端药	71.85%		-0.85	0.6045	0	-1.2	
健康元	海滨制药			12.83亿	2.06亿		11.96亿	2.15亿	14%
	焦作健康元	原料药7-ACA		10.18亿	0.90亿		12.70亿	2.12亿	136%
	保健品及OTC			3.3亿	0.64亿		3.27亿	0.51亿	

（1）公司拥有丽珠集团 44% 的股份，健康元整合丽珠集团这件事在当初也是一个传奇的故事。丽珠集团的扣非增长率是很稳定的，目前已经是健康元的利润第一贡献单位了。

（2）丽珠单抗是健康元和丽珠集团一起投资的从事单抗的企业，企业还在研发期，单抗名称听上去很高级，但是难以理解，不过，既然上市公司愿意投入，那么就相信他们是有行业眼光的，丽珠单抗已经研发很多年了，这么长的研发期，一旦出成果就可能不得了。

（3）滨海制药的主要产品是仿制药，成长性也非常稳定，有 14%。

（4）焦作健康元从事原料药，由于产品像化学原料，所以价格波动比较大，2018 年增长 136%。显然这种增长率是不可持续的。

（5）保健品就是曾经的太太口服液。目前业绩已经不行了，利润规模也小，也没有成长性。

关注点 3：成本分析

公司并未披露具体的原材料，不过披露了各个产品线的毛利率，如下表所示。

分产品	营业收入	营业成本	毛利率（%）	毛利	毛利率增减
化学原料药及中间体	34	24	29.90%	10	增加 4.55%
化学制剂	52	10	80.15	42	减少 1.30%
中药	15	3.7	76.08	11.3	减少 2.79%
保健品	2	0.8	60.99	1.2	增加 2.30%
诊断试剂及设备	6.9	2.7	60.58	4.2	增加 2.50%

看起来化学制剂、中药的毛利率都不错，可以达到 80%，保健品和诊断试剂的毛利率稍低，但也有 60%，都挺高的，原料药的毛利率偏低，这也正常，其不是直接面向医院的产品。总体毛利率这么高，为什么 ROE 还这么低呢？答案有两种可能性，一种是资产太多，没有发挥作用，另一种是管理费用、财务费用、营销费用太高，导致净利润下降。整体毛利的发展趋势如下图所示。

可以看出，几年来毛利率非常稳定，保持在 60% 以上。

2018 年，公司净资产为 96 亿元，产生了 112 亿元的销售收入，毛利为 70 亿元，这个数据还可以。结合前面的成本表，发现销售费用近 40 亿元，这就是 ROE 不高的根源。说明公司的仿制药产品应该有比较多的竞品，更多地依赖市场销售能力，所以，先来看销售费用率的发展趋势，如下图所示。

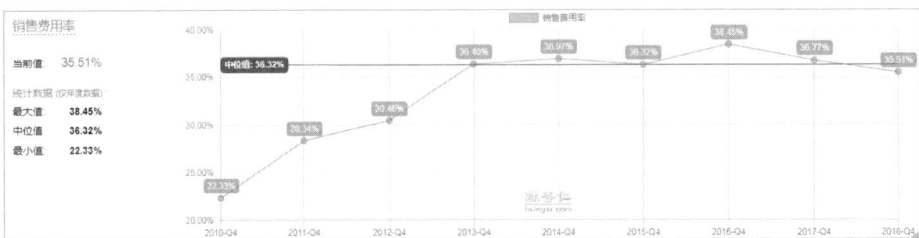

营销费用一直在 36% 左右，处于稳定期。

再观察三项费用率，也非常稳定，在48%左右。

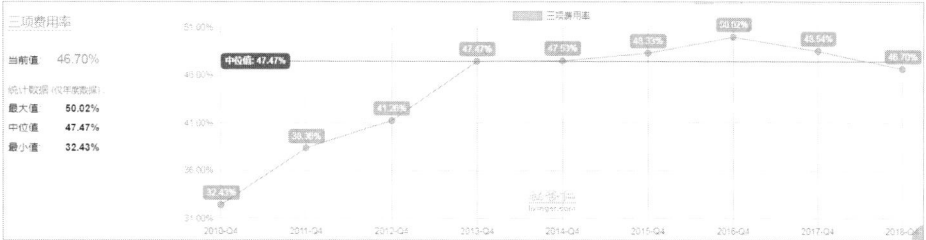

在税率方面，健康元和其子公司都是标准的25%所得税，而其他公司都有些优惠，最低能优惠到15%。总体上税率比较稳定。

本公司之子公司深圳太太药业有限公司(太太药业)、深圳市海滨制药有限公司(海滨制药)、新乡海滨药业有限公司(新乡海滨)、焦作健康元生物制品有限公司(焦作健康元)、上海方予健康医药科技有限公司（上海方予）、丽珠集团及丽珠集团之子公司丽珠集团利民制药有限公司、丽珠集团丽珠制药厂、珠海保税区丽珠合成制药有限公司、上海丽珠制药有限公司、丽珠集团新北江制药股份有限公司、四川光大制药有限公司、珠海丽珠试剂股份有限公司、丽珠集团福州福兴医药有限公司、上海丽珠生物科技有限公司	15%	丽珠集团新北江制药股份有限公司、珠海丽珠试剂股份有限公司于2016年被认定为高新技术企业；太太药业、海滨制药、新乡海滨、焦作健康元、上海方予、丽珠集团、上海丽珠制药有限公司、四川光大制药有限公司、丽珠集团福州福兴医药有限公司、丽珠集团利民制药厂、丽珠集团丽珠制药厂、珠海保税区丽珠合成制药有限公司于2017年被认定为高新技术企业，有效期三年；上海丽珠生物科技有限公司于2018年被认定为高新技术企业，有效期三年。
丽珠集团（宁夏）制药有限公司	15%	本年享受西部地区的鼓励类产业企业税收优惠
丽珠单抗生物技术（美国）有限公司	21%	
Livzon International Limited、Livzon Biologics Limited、Health Investment Holdings Ltd、Joincare Pharmaceutical Group Industry Co., Ltd.、Joincare Pharmaceutical Group Industry Co., Ltd.	0%	在英属维尔京群岛及开曼群岛注册的公司，不征收企业所得税
本公司及其他子公司	25%	

实际的税率波动还是有一些的，有效税率最高为21%，最低为14%。

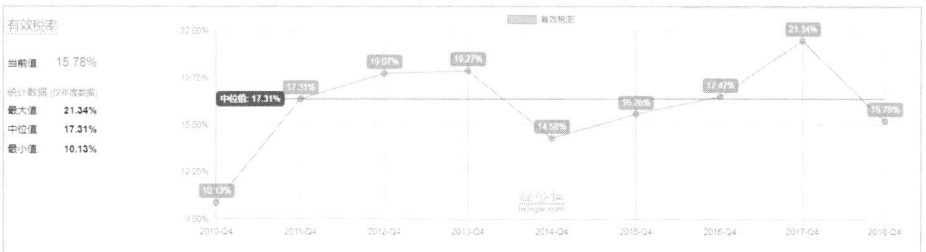

关注点 4：成长分析与盈利分析

先来看 2009—2018 年收入的增长情况，如下图所示。

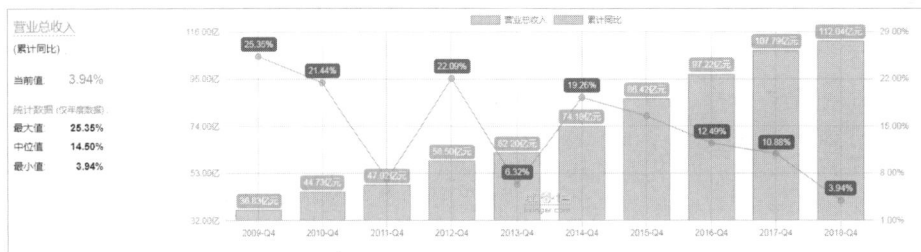

收入从 2009 年的 36 亿元，增长到 2018 年的 112 亿元，10 年增长 3.1 倍，难能可贵的是，每年都是正增长，没有一年出现倒退的情况。

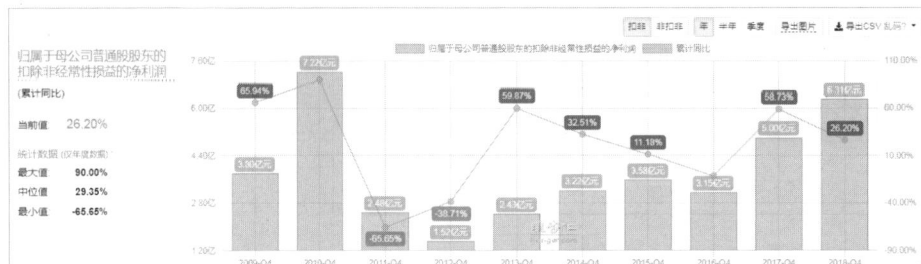

归母利润从 2009 年的 3.8 亿元增长到 2018 年的 6.3 亿元，仅增长 1 倍不到，远远低于收入的增幅，而且归母利润的增幅不稳定，2011、2012 年为负增长。估计与太太口服液的经营情况有关。

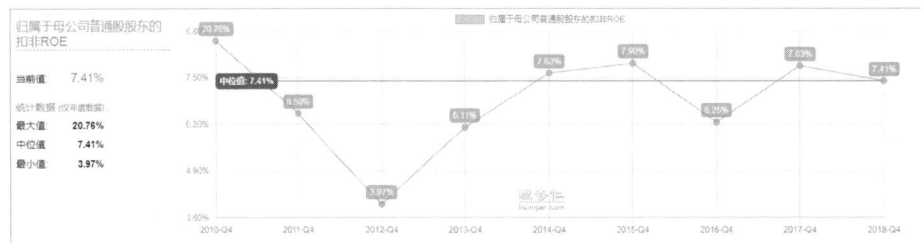

扣非后的 ROE 确实不高，只有个位数，徘徊在 7% 左右。

关注点 5：财务安全分析

截至 2018 年年底，公司拥有货币资金 114 亿元，其中现金存款为 96 亿元，有息负债累计 36.9 亿元。114 亿元的货币资金中，包括了并表丽珠集团的，而丽珠集团的货币资金为 85 亿元，丽珠集团在 2018 年发生借款 25 亿元。丽珠集团需要那么多现金究竟做什么无从得知。在此对丽珠集团就不展开分析了。

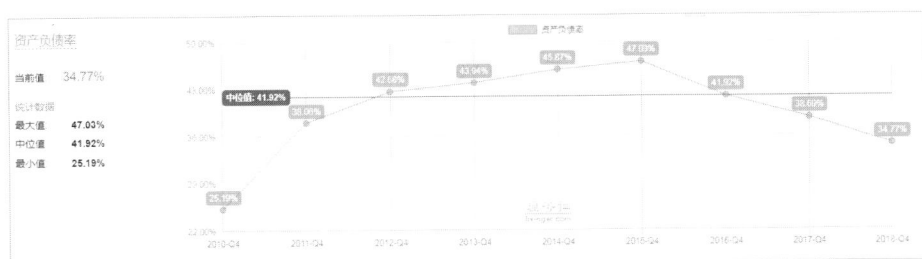

健康元的资产负债率呈下降趋势，从最高的 47%，逐年下降，到 2018 年资产负债率下降到 34%，持续好转。

从下图所示的表格中可以看到经营活动的现金流净额正常，投资活动现金流下降没有问题，是因为去年卖了一家公司。经营现金流净额为 18 亿元，超过利润的 15.9 亿元的营业利润，处于健康状态。

5. 现金流

√适用 □不适用

项目	2018 年	2017 年	增减	变动分析
经营活动产生的现金流量净额	1,825,535,799.06	1,870,376,097.49	-2.40%	无重大变化。
投资活动产生的现金流量净额	-2,909,712,209.12	4,721,825,666.42	-161.62%	主要系本公司之子公司丽珠集团上年收到处置子公司股权款项所致
筹资活动产生的现金流量净额	1,404,688,817.13	-335,632,054.42	-	主要系本公司之子公司丽珠集团本年公司信用借款增加以及吸收少数股东投资综合所致；

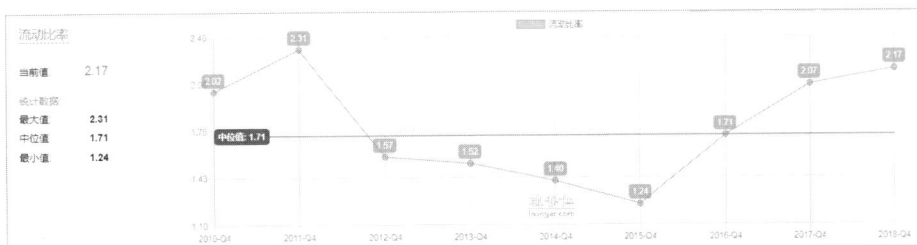

在短期偿债能力方面，流动比例超过 2，即流动资产超过流动负债一倍还多，所以，处于非常安全的状态。

关注点 6：研发投入分析

公司在 2018 年的研发投入为 8.53 亿元，占收比为 7.62%，和利润相比，占利润的比例超过 100% 了，这确实是比较高的比例。其中 0.99 亿元做了资本化支出。

4. 研发投入
研发投入情况表
√适用 □不适用

单位：元

本期费用化研发投入	754,190,946.78
本期资本化研发投入	99,390,136.70
研发投入合计	853,581,083.48
研发投入总额占营业收入比例（%）	7.62
公司研发人员的数量	1,160
研发人员数量占公司总人数的比例（%）	10.97
研发投入资本化的比重（%）	11.64

公司研发人员数量为 1160 名，看上去不少，研发人员总薪酬为 2.35 亿元，研发人员的人均薪酬支出为 20 万元，不算特别高，但是还可以。

44、研发费用
√适用 □不适用

单位：元 币种：人民币

项目	本期发生额	上期发生额
材料费	169,929,063.28	121,956,376.72
员工薪酬	235,592,638.48	130,432,722.21
股权激励	283,432.50	0.00
试验费	146,452,115.83	149,543,161.36
折旧及摊销	75,446,479.53	64,722,218.24
外购技术	13,281,538.89	23,636,102.30
其他	67,458,851.24	37,871,157.84
合计	708,444,119.75	528,161,738.67

公司研发的药品的内容如下图所示。

主要药（产）品研发投入情况

√适用　□不适用

单位：万元　币种：人民币

药（产）品	研发投入金额	研发投入费用化金额	研发投入资本化金额	研发投入占营业收入比例（%）	研发投入占营业成本比例（%）	本期金额较上年同期变动比例（%）
LZM009(PD-1)	6,346.52	3,347.27	2,999.26	0.57	1.51	91.83
LZM003(rhCG)	3,726.00	1,816.47	1,909.53	0.33	0.88	56.16
LZM001(AT132)(TNFα)	2,849.87	1,605.02	1,244.85	0.25	0.68	33.63
注射用丹曲林钠	2,172.08	2,172.08	-	0.19	0.52	689.30
LZM012-IL-17	2,085.62	2,085.62	-	0.19	0.49	121.58
布地奈德吸入混悬液	666.52	176.33	490.19	0.06	0.16	144.12
注射用艾普拉唑钠	649.70	649.70	-	0.06	0.15	-81.95
艾普拉唑肠溶片	455.31	455.31	-	0.04	0.11	-12.41
注射用美罗培南	347.67	174.65	173.02	0.03	0.08	100.00
阿格列汀片	219.63	37.72	181.91	0.02	0.05	22.44
复方异丙托溴铵吸入溶液	211.93	211.93	-	0.02	0.05	-4.40
ω-3鱼油中长链脂肪乳注射液	182.09	121.56	60.53	0.02	0.04	-63.52
左旋沙丁胺醇吸入溶液	138.77	135.72	3.06	0.01	0.03	-2.57
沙美特罗氟替卡松粉吸入剂	117.00	1.37	115.62	0.01	0.03	-30.78
布地奈德气雾剂	97.51	11.86	85.65	0.01	0.02	-83.63
异丙托溴铵气雾剂	88.21	19.15	69.06	0.01	0.02	-82.10

注：1.以上为公司主要研发项目，其中注射用丹曲林钠、左旋沙丁胺醇吸入溶液、沙美特罗氟替卡松粉雾剂为优

这些药是干什么用的呢？公司对此也有解释，并说明研发管线中这些产品的研发进展程度，如下图所示。

研发项目（含一致性评价项目）	药（产）品基本信息	研发（注册）所处阶段	进展情况	累计研发投入	已申报的厂家数量	已批准的国产仿制厂家数量
LZM009(PD-1)	治疗用生物制品：癌症用药	获得美国临床试验许可；取得国内临床批件	完成美国I期临床；国内I期临床研究中	15,358.23	19	2
LZM003(rhCG)	治疗用生物制品：辅助生殖用药	申报生产	申报生产	10,356.54	0	0
LZM001(AT132)(TNFα)	治疗用生物制品：适用于类风湿性关节炎	取得国内临床批件	完成II期临床	16,140.23	38	0
注射用丹曲林钠	化药3类：适应症：恶性高热	取得临床批件	完成临床试验	2,584.44	0	0
LZM012-IL-17	治疗用生物制品：自身免疫系统用药	临床前研究	IND申报资料准备中	3,026.87	0	0
布地奈德气雾剂	化学药品4类：呼吸系统用药	申报生产	报产补充资料审评中	1,340.15	4	2
注射用艾普拉唑钠	化学药品2类：消化道用	取得药品注册批件	取得药品注册批件	12,804.38	1	0

艾普拉唑肠溶片	化学药品 1.6 类;消化道用药	取得药品注册批件	取得药品注册批件	9,955.17	0	0
注射用美罗培南(一致性评价)	化学药品 4 类;重症感染用药	补充申请	CDE 审评中	347.67	2	12
阿格列汀片	化学药品 4 类;Ⅱ型糖尿病用药	取得临床批件	完成临床试验	517.43	21	0
复方异丙托溴铵吸入溶液	化学药品 4 类;呼吸系统用药	申报生产	报产补充资料审评中	577.61	1	0
ω-3鱼油中长链脂肪乳注射液	化学药品 4 类;术后营养用药	发补研究	发补研究中	1,863.94	0	0
左旋沙丁铵醇吸入溶液	化学药品 3 类;呼吸系统用药	申报生产	报产补充资料审评中	517.01	0	0
沙美特罗氟替卡松粉雾剂	化学药品 4 类;呼吸系统用药	取得临床批件	临床研究中	624.12	11	0
布地奈德吸入混悬液	化学药品 4 类;呼吸系统用药	取得临床通知书	临床研究中	1,382.41	4	0
异丙托溴铵气雾剂	化学药品 4 类;呼吸系统用药	申报生产	报产补充资料审评中	1,095.31	3	2

看上去难以理解,很高端,尤其是单抗药品和呼吸类药品。单抗药品应该是自主研发产品,而呼吸类药物虽然是仿制药,但也是国内第一个仿制药,会有不少市场。

虽然对于专业不是很懂,不过可以比较其他制药公司,在年报中披露了对比信息,如下图所示。

同行业可比公司	研发投入金额	研发投入占营业收入比例(%)	研发投入占净资产比例(%)
华北制药	17,414	2.26	3.28

健康元药业集团   2018 年年度报告

华润双鹤	24,634	3.83	3.14
华润三九	32,603	2.93	3.22
人福医药	60,252	3.90	4.46
上海医药	83,606	5.58	4.28
同行业平均研发投入金额			43,702
公司报告期内研发投入金额			85,358
公司报告期内研发投入占营业收入比例(%)			7.62
公司报告期内研发投入占净资产比例(%)			5.24

与上述公司相比，公司的研发投入占收比为 7.6%，比其他公司 4% 左右的研发投入占收比高出不少，这也显示在产品研发方面的进取心。

关注点 7：分红意愿分析

除了 2017 年，分红比例常年维持在 40%～50%，算是良心企业，分红意愿比较强烈，其中 2017 年是因为卖出了一家公司，所得利润并没有全部分配，所以比例下降。

单位：元　币种：人民币

分红年度	每 10 股送红股数（股）	每 10 股派息数（元）（含税）	每 10 股转增数（股）	现金分红的数额（含税）	分红年度合并报表中归属于上市公司普通股股东的净利润	占合并报表中归属于上市公司普通股股东的净利润的比率(%)
2018 年	0	1.6	0	310,085,334.08	699,410,855.54	44.34
2017 年	0	1.8	0	283,127,088.96	2,133,040,434.17	13.27
2016 年	0	1.6	0	251,804,523.52	451,415,199.84	55.78

在 2010—2018 年，从 2012 年开始每年分红，比例从 22% 到 55% 不等，平均有 35% 以上的利润用于分红。

关注点 8：融资与投资回报

先看历史的融资和分红情况，如下图所示。

总共发生两次融资，分别是 IPO 时融资 17 亿元以及在 2018 年配股增发 17 亿元，并没有频繁融资。从分红角度来看，截至 2018 年已经累计分红 20 亿元，应该仅是分红，已经将第一次融资的金额全部回报了。

股价方面，从上市以来到 2018 年仅增长 1 倍，看来市场对其业绩的增幅不是特别认可。

关注点 9：创始人与经营团队

董事长朱保国，57 岁，是公司的创始人。曾经的太太口服液是大众耳熟能详的品牌，当年是在中央电视台打广告的，盈利能力极强。该公司是由朱保国一手创办的。2001 年，依靠保健品的业绩，公司成功上市，融资 17 亿元并收购健康元，进军药业，并在 2003 年控股丽珠集团，成为两个上市公司的实际控制人。

朱保国和马云、马化腾都是好朋友，他曾入股蚂蚁金服，腾讯也间接入股了健康元。从某种程度来讲，朋友圈也能反映一个人的人品和人格魅力。

2015年4月，马云联合沈国军、朱保国等企业家发起成立"桃花源生态保护基金会"。

在接下来的一年，马云做了另一个大动作。2015年4月，他与沈国军、朱保国、虞锋等一众企业家在宁波的那张合影火速传遍网络。他侧倚在栏杆上，神态松弛，面带微笑。一个名叫桃花源生态保护基金会的公益机构的诞生，令公众再度看到中国企业家集体介入社会公共领域参与社会改造的理想和决心。

自此，商业领袖与公益的紧密连接开始深深定格于公众印象。

公司主要高管都是多年来跟着他干的，均有一定的股权，队伍稳定。

邱庆丰	男，1971 年生，大学专科学历，中欧国际工商学院高级管理人员工商管理硕士，中国注册会计师非执业会员。曾于天津第一机床厂总厂工作人员，于 1996 年起历任本公司财务工作人员，财务主管、财务部经理、副总经理及本公司总经理兼董事会秘书，现任本公司董事、总裁，及丽珠集团非执行董事。
曹平伟	男，1959 年生，大学本科学历，Royal Roads University 工商管理硕士。曾任河南新乡机床厂财务部会计、财务处副处长，于 1993 年起历任本公司副总经理、董事，现任本公司董事、副总裁兼财务负责人。

余孝云	男，1968 年生，大学本科学历，高级工程师，澳洲格林威治大学工商管理硕士，高级工程师。曾于河南中医药研究院工作，1992 年 12 月至今于本公司历任技术部经理、中药研究所政府事务经理、研究所副所长，本公司第五届监事会主席，现为本公司研究所副所长及本公司监事会主席。
彭金花	女，1962 年生，大学专科学历，曾任核工业部国营二七二厂资料员及其职工医院会计、衡阳市广播电视大学教师、深圳市新时代工业城实业有限公司财务经理，于 1994 年 3 月进入本公司历任财务主管、计财部经理、财务部经理，现任本公司总经理助理及本公司监事。
谢友国	男，1957 年生，大学本科学历，于 2003 年历任本公司全资子公司深圳太太药业有限公司药厂总监，本公司全资子公司深圳市海滨制药有限公司常务副总经理、总经理，现任深圳市海滨制药有限公司巡视员及本公司监事。

职工人数为 1 万余人，分布情况如下图所示，按学历划分，本科以上占比为 30%，博士和硕士都有合理梯队。按专业划分，生产人员最多有 5518 名。职工薪酬为 10.9 亿元，人均薪酬为 19.7 万元，收入还可以。利润为 7 亿元，人均创利为 12.6 万元。

（一）员工情况

母公司在职员工的数量	260
主要子公司在职员工的数量	10,314
在职员工的数量合计	10,574
母公司及主要子公司需承担费用的离退休职工人数	628
专业构成	
专业构成类别	专业构成人数
生产人员	5,518
销售人员	1,481
技术人员	2,015
财务人员	257
行政人员	1,303
合计	10,574
教育程度	
教育程度类别	数量（人）
博士	77
硕士	488
本科	2,592
大专	2,688
大专以下	4,729
合计	10,574

公司在 2018 年实施了股权激励制度，核心要点如下。

（1）实施对象比较普遍。高层、中层、核心骨干都有涉及。

姓名	职务	获授的股票期权数量(万份)	占授予股票期权总数的比例	占目前总股本的比例
邱庆丰	董事、总裁	60	1.33%	0.03%
曹平伟	董事、副总裁、财务负责人	60	1.33%	0.03%
俞雄	副总裁	80	1.78%	0.04%
林楠棋	副总裁	80	1.78%	0.04%
赵凤光	副总裁、董事会秘书	60	1.33%	0.03%
中级管理人员、核心技术（业务）人员（326人）		3256	72.44%	1.68%
预留		899	20.00%	0.46%
合计（331人）		4495	100%	2.32%

本激励计划授予的股票期权在各激励对象间的分配情况如下表所示：

（2）期权价格和当期价格一致，期权持有人必须通过公司业务增长从而带动股价上涨来获益。

一、首次授予的股票期权的行权价格

首次授予的股票期权的行权价格为每股 8.21 元。

即在满足行权条件的情况下，激励对象获授的每一份股票期权拥有在其行权期内以每股 8.21 元购买 1 股公司股票的权利。

二、首次授予的股票期权的行权价格的确定方法

首次授予的股票期权行权价格不低于股票票面金额，且不低于下列价格较高者：

（一）本激励计划草案公告前 1 个交易日公司股票交易均价（前 1 个交易日股票交易总额/前 1 个交易日股票交易总量），为每股 8.21 元；

（二）本激励计划草案公告前 20 个交易日（前 20 个交易日股票交易总额/前 20 个交易日股票交易总量）的公司股票交易均价，为每股 8.02 元。

（3）期权的兑换条件为，利润复合增长率为 15%。

（三）公司层面业绩考核要求

本激励计划授予的股票期权，分年度进行绩效考核并行权，以达到绩效考核目标作为激励对象的行权条件，首次授予部分各年度业绩考核目标如下表所示：

行权期	业绩考核目标
第一个行权期	以 2017 年净利润为基数，2018 年净利润复合增长率不低于 15%；
第二个行权期	以 2017 年净利润为基数，2019 年净利润复合增长率不低于 15%；
第三个行权期	以 2017 年净利润为基数，2020 年净利润复合增长率不低于 15%。

由于 2017 年公司有一个 10 亿多元的非经常性收入，如果按净利润算，那么是完不成的。继续搜索股权激励文件，其中明确考核目标的利润是指扣非收入，如下图所示。

> 公司层面业绩指标为扣除非经常性损益后的净利润复合增长率，该指标能反映企业经营的最终成果，能够树立较好的资本市场形象；经过合理预测并兼顾本激励计划的激励作用，公司为本次股票期权激励计划设定了以 2017 扣除非经常性损益后的净利润为基数，2018-2020 年净利润复合增长率分别不低于 15% 的业绩考核目标。

按扣非收入算，2018 年已经完成目标，2019 年加上 2018 年的利润，已经超额完成任务，甚至把 2020 年的任务也完成了。

该股权激励方案总体比较合理，对行权条件的业务目标稍微低了一些。

关注点 10：所属行业分析

医药行业肯定是一个增长的行业，因为人口基数众多，随着人均可支配收入的增加，一般会选择更好的治疗方案。同时也应注意到，国家医保对控费越来越严格，带量采购就是其中最严厉的措施。另外，随着医保外的商业保险的增加，比如现在的百万医疗险，对于有疗效的药，即便是自费药也会有很大市场。

所以，对于医药行业，那些同质化竞争的产品可能会面临比较激烈的竞争，而对于那些有疗效的产品，其产品应用会得到市场的认可。

医药行业有很多细分领域，排名起来比较复杂，先来看公司自己的描述，在 2018 年年报中，公司对行业地位的描述如下图所示。

> **（四）公司行业地位**
>
> 经过多年的发展，公司已经成为涵盖生物药、处方药制剂、原料药、保健品、OTC、诊断试剂及设备等多重领域的综合性制药企业，产业链完整，生产的中西药制剂等产品长期稳占全国药品制剂市场前列，其中，消化道用药、抗肿瘤用药和抗微生物用药为三大优势品种，促性激素用药近年也成为主要的利润来源之一。
>
> 公司在中华全国工商业联合会公布的"2018年中国民营企业制造业500强"中排第389位；在广东省工商业联合会公布的"2018年广东省百强民营企业"中排第84位。在工信部2018年公布的"2017年度中国医药工业百强企业榜单"中，公司控股子公司丽珠集团名列26位。

再从另外两个角度来观察公司的情况：

1. 销售费用率

因为医药的销售比较特殊，所以通过销售费用率可以看出药企需要在销售上花多少费用。我特意选取了一个比较对象，以国内医药上市公司的龙头企业恒瑞医药来做对比，健康元的销售费用率为36%左右，和恒瑞差不多。

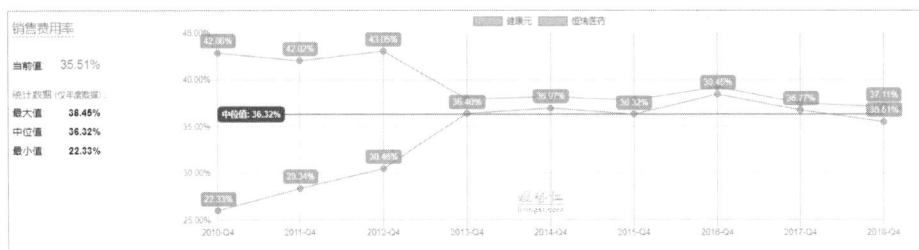

2. 估值状态

健康元的估值为二十多倍，而恒瑞医药的估值高达80倍。可见市场对这两个公司的欢迎程度是不同的。市场总是有一定道理的，应该是市场对健康元未来新药的研发成果没有恒瑞医药那么乐观。

产业的上下游分析，化学药的上游是化学制品，中药的上游是原材料，公司应该有一定采购话语权，单抗的上游不是很清晰，看上去单抗面临的主要困难是研发的过程。

下游方面，一个面向医保的集采，一个面向医院的销售。面向医院的销售，这么多年来，应该比较成熟了。面向医保的集采，公司也有不少产品中标，公司在年报中对此有描述，如下图所示。

(3). 在药品集中招标采购中的中标情况

√适用　□不适用

主要药（产）品名称	中标价格区间	医疗机构的合计实际采购量	单位
注射用醋酸亮丙瑞林微球	1295.9-1479.75	60.56	万盒
参芪扶正注射液	113.2-144.54	842.27	万瓶
尿促卵泡素	123.03-155	464.21	万盒
艾普拉唑肠溶 6 片	78.34-99.58	762.59	万盒
艾普拉唑肠溶 10 片	156.3-162.9	12.32	万盒
注射用艾普拉唑钠	256-282	4.12	万瓶
鼠神经生长因子	194.33-270	159.37	万瓶
注射用美罗培南 0.25g	54.25-63.39	551.30	万支
注射用美罗培南 0.5g	86.4-107.83	821.93	万支
注射用美罗培南 1g	161.2-187.7	48.86	万支

关注点 11：投资者关系信息

公司没有投资者关系信息披露，看来近期没有机构去公司调研。

在上海的互动e网站上，公司回复了股东的问题，不过，有质量的问题不多，摘录几条，如下图所示。

阿拉图

:健康元(600380) 董秘，您好：
18年年报摘要P10中的研发费用一项，上一期应该是704,577,277.53元（17年年报摘要P8），而不是528,161,738.67元吧，　请核实原因并答复！谢谢

健康元

您好，2017年年报摘要P9披露的研发支出为704,577,277.53元，而非研发费用，从财务会计角度对研发支出做出了费用化处理和资本化处理，研发费用是指费用化的研发支出，在会计处理上，采用期末结转管理费用科目，二者是不同的概念，谢谢。

关于研发费用和研发投入，在这本书中也有介绍，自从有了资本化的方法后，费用和支出就有可能是不同的。

与民同乐哈哈

:健康元(600380) 近期，贵公司「吸入用复方异丙托溴铵溶液」以新4类注册申请获批上市，可谓开启了健康元吸入制剂布局收获期，市场对这一重磅利好亦十分关注，请问公司接下来在吸入制剂上有何后续动作？

04月17日 11:43 来自 网站

健康元

感谢您对公司的关注！吸入制剂是我公司重点打造的研发平台，未来一方面我们会继续推进该平台其他产品的研发进度，加快成果转化；另一方面将按计划推进各产能建设及GMP认证，为新品种的生产上市做好准备。

呼吸药是公司重点布局的产品，上海方予是呼吸药的研发平台，和广州呼吸研究院有合作。所以，我对该呼吸药对健康元的未来有所憧憬，但对于该呼吸药究竟能带来具体多少收益，要仔细算的话，需要花费不少时间，有兴趣的读者可以尝试去分析一下。

关注点 12：护城河分析

1. 无形资产（品牌、专利、特许经营权）

健康元的太太口服液曾经的品牌效应很强，但是现在很弱了。丽珠得乐品牌效应还是不错的。

专利肯定有，但是其核心还是疗效。

2. 成本优势

未知，相比其他药企，其成本优势应该不明显。

3. 转换成本

较高，人们对于已经使用习惯的药，如果要更换会比较慎重。

4. 网络效应

无。

5. 有效规模

丽珠集团在全国医药工业企业排名第 26 名，有一定规模，但不是行业龙头。

关注点 13：估值与长期跟踪

基于上述分析，我们可以给健康元绘制一个企业画像。健康元是从太太口服液的保健品起家的，但当前的重点业务不是保健品，而是医药行业，核心业务包括控股丽珠集团、原料药、化学药，目前重点投入的是单抗和呼吸类仿制药。

公司在 2018 年的收入为 112 亿元，利润为 7 亿元，扣非利润为 6.3 亿元，扣非利润的三年复合增长率为 21%，增长比较稳定。公司药品部分的毛利率高达 70% ～ 80%，销售费用率也高达 35%，差不多一半的毛利用于市场费用。公司历年分红比较慷慨，分红回报还不错，但是公司股价的上涨情况一般，从 10 年周期来看，涨幅不高。公司创始人熟知互联网圈，人际关系好，管理层基本稳定，股权激励制度得当。身处医药行业，应该算是比较积极进取，投入力量研发的单抗和呼吸类药物，有望成为公司未来的增长点。

另外，机构对其关注点较低，大概是因为业务复杂，或者机构更关注丽珠集团。公司的护城河不是特别明显，主要还是依靠药品的疗效，公司现有的产品，尤其是仿制药，估计也会面临比较多的竞争对手。

有了画像后，先来看健康元的估值情况和股价情况，如下图所示。

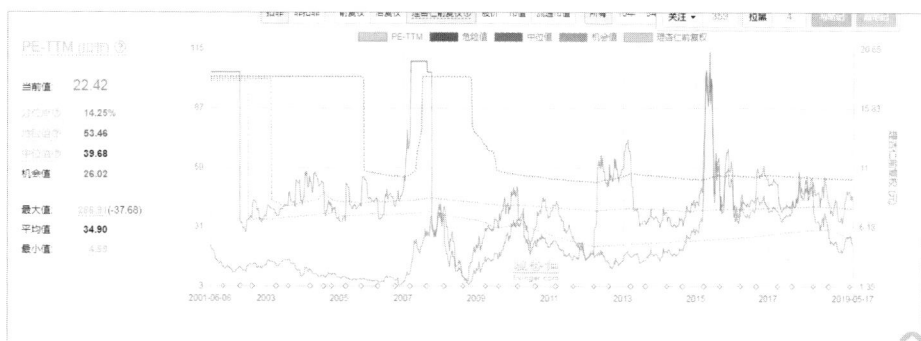

健康元的 PE 估值最低为 4.99 倍，最高为 200 多倍，当前 PE=22 倍（时间点：2019 年 5 月 17 日），处于机会值以下，分位点为 14%，估值相对较低。

接着来跟踪 2019 年上半年的数据：

2019 年上半年年报收入增长 9%，营业利润增长 27%。利润增幅远大于收入，应该是成本下降了，从财报来看，收入增加 9.34%，而营业成本仅增加 1.81%。就是收入增加了，但是成本基本没有增加，这也就是利润增长快于收入的原因。这种情况不是很理想，因为产品价格提升或成本下降都是短期的，不具有长期成长因素。

再来看各个分项：

（1）丽珠集团利润增加了 17%，是本次利润增加的主力担当。

（2）丽珠单抗的亏损为 0.58 亿元，和去年基本相当。

（3）海滨制药是负增长，看来今年的集采对仿制药的利润还是有影响的。

（4）焦作的中间体增长 14%，这和我们估计的一样，不会再有去年那么高的成长性，因为去年的成长性主要是靠价格上升获得的。

（5）保健品维持现状。

（6）第一款呼吸药已经开始销售，但是没有公布销量，应该是才刚刚开始的缘故。

总体上，维持原来的观点，除去单抗和呼吸制品，当前股价的估值已经不算高了，耐心等待呼吸药和单抗的机会。

对于健康元未来的预期，当前健康元市值为 159 亿元，2018 年盈利为 6.9 亿元，6.9 亿元主要包括丽珠集团、滨海制药、焦作、保健品和 OTC，这些统称为现有业务，在 2015—2017 年，扣非利润从 3.58 亿元增长到 6.31 亿元，年均增长 20%，假设公司保持这个增长速度，那么 3 年后，现有业务的利润为 11.9 亿元。

2018 年配股投入的项目，对公司的预计是产生 10 亿元的净利润，这是估算，肯定有变化，为保守起见，我们计算这两个项目将产出 5.1 亿元的净利润，合计为 11.9+5.1=17 亿元，如果该目标得以实现，市场估值下杀的概率不大，我们还是按 22PE 估值，合理的市值估算是 374 亿元，是现在的 2.35 倍。

在上述计算中，还不包含如下潜在的收益：

（1）丽珠单抗，公司有 60% 的权益，2018 年 A 轮融资估值 5.3 亿美元，未来会产出多少呢？

（2）2018 年利润减掉了单抗 1 亿多元的研发费用，如果单抗盈利，那么原业务利润最少会增加 1 亿元。

（3）有蚂蚁金服 0.03% 的股权，上市将价值 3 亿元，对此可以炒作一下。

（4）腾讯间接入股健康元，在互联网医疗方面是否会有所作为？

（5）有大量的厂房、土地，还有住宅，都是按原始买入价格计价的，位于深圳和珠海的，应该升值不少。

讲了这么多优势，如果一切发展顺利，那么公司股票价值10年后可能会增加10倍，但是，不着急，也来看看存在的风险：

（1）大盘下行，比如各种因素会拖累大盘。对此其实可以忽略，因为如果能知道大盘的高低点，那么早赚钱了。长期来看，大盘有高有低，只要投资时间长，该风险就可以被平衡掉。

（2）医药行业整体下滑，这个短期有可能，长期也不可能，但是集中采购对现有产品的利润空间和市场空间还是有较大的影响。

（3）现有业务萎缩或增长大幅下降，尤其是焦作，其原料药的价格涨跌会经常发生。

（4）募投项目失败，效益不高。

（5）丽珠单抗研发失败，这其实也是有可能发生。有两个迹象可以看到。一个是A轮融资的投资方为健康元和云峰基金，健康元自己给自己投资，有点拉高估值的意思，而且云峰基金投的是优先股，风险不大。不过，如果该研发失败，就会对公司发展失去想象力，10年增加10倍做不到了，不过，现有的利润还是可以支撑公司的股价的。

第十七章

中材科技（股票代码：002080）

中材科技是一个从事玻璃纤维材料及其相关应用的国有控股企业，下面通过财报来了解该公司和该行业。

关注点 1：收入与利润分析

公司 2015—2018 年 4 年的业务和利润情况整理如下图所示。

▼	2015 ▼	2016 ▼	2017 ▼	2018 ▼	增长 ▼	三年复合增长 ▼
收入	91	89	102	114	11.76%	7.80%
利润	6.3	4	7.6	9.3	22.37%	13.86%
扣非净利润	5.86	2.65	7.44	9.3	25.00%	16.64%
净资产	57.5	79	87	106	21.84%	22.62%
经营现金流	13.9	10.8	7.7	15.78	104.94%	4.32%

中材科技 2018 年收入为 114 亿元，利润为 9.3 亿元，利润相比 2017 年增长 22%，三年复合增长为 13%，2016 年利润是下降的，而在 2017、2018 年的收入和利润的增幅都比较大。

非经常性的损益很少，但是仔细看非经常性损益表，发现收入和支出金额都比较大，导致总额比较少，如下图所示。

单位：元

项目	2018 年金额	2017 年金额	2016 年金额	说明
非流动资产处置损益（包括已计提资产减值准备的冲销部分）	31,115,587.33	13,975,453.74	-10,782,960.87	见本附注七、49、50
计入当期损益的政府补助（与企业业务密切相关，按照国家统一标准额或定量享受的政府补助除外）	155,810,302.76	76,009,761.65	78,290,551.60	见本附注七、48、51
非货币性资产交换损益	8,771,085.14			见本附注七、51
债务重组损益	3,182,722.95	-141,999.92	112,600.00	见本附注七、51、52
企业重组费用，如安置职工的支出、整合费用等		-10,645,873.26	-5,716,238.58	
同一控制下企业合并产生的子公司期初至合并日的当期净损益			85,539,876.95	

7

除同公司正常经营业务相关的有效套期保值业务外，持有交易性金融资产、交易性金融负债产生的公允价值变动损益，以及处置交易性金融资产、交易性金融负债和可供出售金融资产取得的投资收益	676,648.00			见本附注七、49
单独进行减值测试的应收款项减值准备转回	44,500,000.00			见本附注七、4（2）
除上述各项之外的其他营业外收入和支出	-224,373,262.32	-59,353,440.66	8,646,875.87	见本附注七、51、52
减：所得税影响额	12,831,839.67	-329,463.71	13,283,201.55	
少数股东权益影响额（税后）	7,989,960.81	-2,883,214.85	6,430,987.19	
合计	-1,138,716.62	23,056,580.11	136,376,516.23	--

　　2018 年的营业外支出有 2.2 亿元，相比公司 9.3 亿元的利润，这显然不是一个小数目，根据提示，找到附注七中的营业外支出的具体内容，如下图所示。

52、营业外支出

单位：元

项目	本期发生额	上期发生额	计入当期非经常性损益的金额
债务重组损失	1,096,732.00	1,891,562.10	1,096,732.00
对外捐赠	11,000.00	630,000.00	11,000.00

167

罚款滞纳金支出及赔偿支出	221,274,469.45	59,015,164.01	221,274,469.45
资产报废、毁损损失	7,022,871.31	8,792,155.76	7,022,871.31
盘亏损失	116,609.92	275,953.46	116,609.92
其他	10,001,076.91	2,674,460.00	10,001,076.91
合计	239,522,759.59	73,279,295.33	239,522,759.59

其他主要系本年支付"三供一业"过渡期物业补贴 8,816,812.48 元，详见本附注十四、4；本年赔偿支出详见本附注十四、4。

　　对于罚款滞纳金支出和赔偿支出，公司年报未解释具体的赔偿原因，于是到深交所互动易上提问，得到的答复如下图所示。

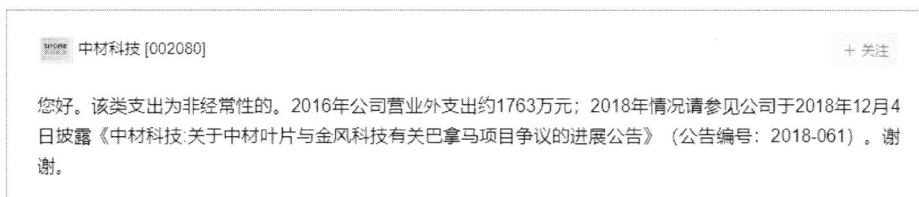

SHCORE 中材科技 [002080]　　　　　　　　　　　　　　　　　　　　+ 关注

您好。该类支出为非经常性的。2016年公司营业外支出约1763万元；2018年情况请参见公司于2018年12月4日披露《中材科技:关于中材叶片与金风科技有关巴拿马项目争议的进展公告》（公告编号：2018-061）。谢谢。

公司的答复还是很明确的，找到该公告，如下图所示。

2015 年 10 月，巴拿马项目业主 UEP PENONOMEII,S.A.（以下简称"UEP II"）与金风科技及其关联公司因巴拿马项目货款和产品质量发生纠纷，并产生仲裁。继向金风科技向中材叶片提出索赔。2018 年上半年，美国仲裁协会裁决，金风科技支付 UEPII 合计 71,313,350 美元（以下简称"仲裁金额"）。

金风科技是总承包方，中材提供叶片，叶片的质量看来有问题，中材科技是风电叶片的龙头，怎么会存在质量问题呢？幸好金风科技也是上市公司，从金风科技的报告中可以看出具体的问题，如下图所示。

项目供货完毕后，UEPII 拒绝按照协议规定向金风支付基础竣工款、工程变更令款、提前完工奖励款、运维设施款等费用。经协商未果，金风于 2015 年 10 月向美国仲裁协会提起仲裁申请。同时，UEPII 提出风机叶片质量存在问题（主要问题为中材叶片提供的叶片铝叶尖材质与中材叶片提供的技术文件不符），UEPII 认为将会给项目运行

带来安全隐患，并以此向美国仲裁协会提出仲裁申请。

按照上述描述，应该是技术文件出了问题，被对方抓了漏洞。不过，可以确认，该笔费用不是长期的，是一次性的。

关注点 2：经营数据分析

公司的业务内容比较多，在年报中公司重点描述玻璃纤维、风电叶片和锂电池隔膜，下面逐一来看。

玻璃纤维板块，是公司这几年的利润增长担当，2018 年产生了 9.6 亿元的利润，其中很大一个因素是公司合并泰山玻纤。所以，该并购对于公司还是很合算的。玻璃纤维的销售量一直呈增加趋势，2018 年累计产能 90 万吨，销售 84.5 万吨，产能利用率很高，可以说是产销两旺，销售量三年复合增长率为 16%，而收入的复合增长率为 20%，说明产品销售价格在上升，而且2018 年的利润增长为 38%，远远超过收入的增幅。

玻璃纤维	2015	2016	2017	2018	增长	三年复合增长
销售量（万吨	53.23	59.47	73.8	84.5	14.50%	16.65%
收入	33.4	37.9	53.1	58.8	10.73%	20.75%
利润	—	4.49	6.95	9.6	38.13%	
新增产能	—	—	20	12	-40.00%	
总产能			80	90		

风电叶片板块，通过数据可以清晰地看到，2016—2018 年 3 年销售数量、收入、利润都不如 2015 年，尤其是利润，下降得最厉害，说明公司拿价格换市场。下图中 2017 年的市场占有率，在公司年报中只是说稳步增长，并没有披露具体数据。这里根据前后的市场占有率数据猜测为 24%。市场容量下降，市场占有率提升，说明一些小的公司已经被淘汰，也说明风电建设是一个周期性板块。

风电叶片	2015	2016	2017	2018	增长	三年复合增长
收入	39.93	32.33	29.5	33.8	14.58%	-5.40%
利润	5	2.9	1.43	1.9	32.87%	-27.57%
市场占有率	—	23%	24%	25%	4.17%	
销售量	6.965	5.557	4.859	5.587	14.98%	-7.08%

锂电池隔膜，公司每年在年报中说明这将是公司未来的利润增长点，但是实际上，截至 2018 年，该业务对公司的利润贡献非常有限。

锂电池隔膜	2015	2016	2017	2018	增长	三年复合增长
收入	0.09	0.29	0.29	0.54	86.21%	81.71%
销售量	0.03	0.16	0.159	0.29	82.39%	113.02%

除了上述这些公司重点描述的业务，公司还有很多其他的业务，如下图所示。

	2015	2016	2017	2018	增长	三年复合增长
高压气瓶	3.91	4.21	4.13	5.2	25.91%	9.97%
玻璃纤维纸	2.64	3.13	3.13	2.94	-6.07%	3.65%
高温过滤材料	3.14	2.54	3.22	3.46	7.45%	3.29%
先进复合材料	3.42	3.58	4.36	5.01	14.91%	13.57%
技术装备	2.76	3.69	4.06	4.52	11.33%	17.87%

除了先进复合材料、技术装备板块，其他版本的三年复合增长率都低于个位数。其中，高压气瓶板块，曾经被公司判断为产能过剩而缩减产能，但是 2018 年的增长还可以，比风电叶片好。由此可见，公司的资深专家对行业的未来也是很难评估准确的，这个状况印证了我一直以来的观点，能够看清楚公司未来的发展真的很难，对投资者来说就更难。

关注点 3：成本分析

特种纤维的原材料成本占了 59%，人工和能源各占 12%，典型的制造业。

单位：元

行业分类	项目	2018 年		2017 年		同比增减
		金额	占营业成本比重	金额	占营业成本比重	
特种纤维复合材料	能源	1,054,302,165.42	12.88%	972,386,593.13	13.31%	8.42%
特种纤维复合材料	原材料	4,844,581,438.13	59.18%	4,158,471,641.36	56.92%	16.50%
特种纤维复合材料	人工	1,012,216,623.65	12.37%	801,180,815.64	10.97%	26.34%
特种纤维复合材料	折旧费用	556,114,246.90	6.79%	580,742,736.99	7.95%	-4.24%
特种纤维复合材料	其他制造费用	718,935,368.19	8.78%	792,860,268.61	10.85%	-9.32%
特种纤维复合材料	合计	8,186,149,842.29	100.00%	7,305,642,055.73	100.00%	12.05%

玻璃纤维的原材料如下图所示，目前来看相对丰富。

> 玻纤上游原料包括叶腊石、石英砂、石灰石、白云石、硼钙石、硼镁石等主要矿物原料和硼酸、纯碱等化工原料。目前上游原材料产量供应相对丰富，如石英砂保有储量为 13.5 亿吨，叶蜡石已探明储量 5500 万吨。

风电叶片的主要原材料就是玻璃纤维，中材科技属于自产自用。

再来看毛利率的情况，如下图所示。

风电叶片	3,328,688,898.48	2,861,232,106.98	14.04%
玻璃纤维及制品	5,723,742,001.58	3,690,049,379.15	35.53%

叶片的毛利率较低，只有 14%，说明该行业的竞争还是很激烈的。玻璃纤维还能保持正常的毛利率，35% 还是不错的值。

看 2009—2018 年总体的毛利率变化趋势，如下图所示。

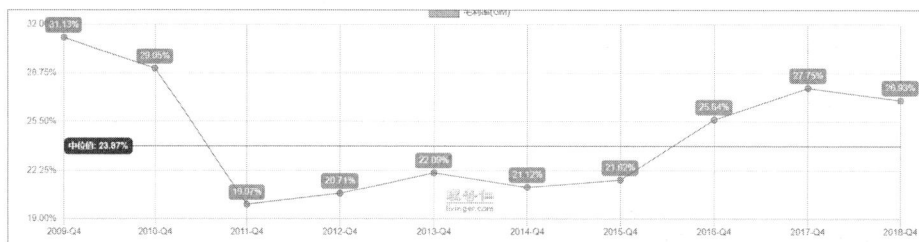

从历史上看，2015 年前，公司的主要收入构成为风电叶片，毛利率下降到 20% 左右，自 2016 年开始合并玻璃纤维材料后，整体毛利率有所提升，整体毛利率在 26% 左右。

三项费用率围绕着 16% 的中位值波动，变化趋势不明显，波动也不大。

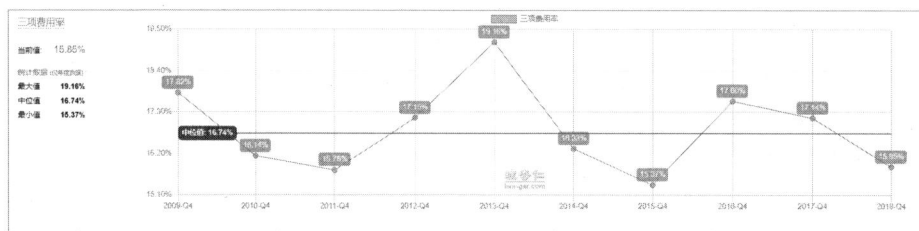

税率方面，从年度趋势来看，有下降的趋势，年度税率从之前的 22% 左右下降到 16% 左右。公司是高新技术企业，按理说 15% 多一点的税率是正常的，不知道为什么前几年税率这么高。

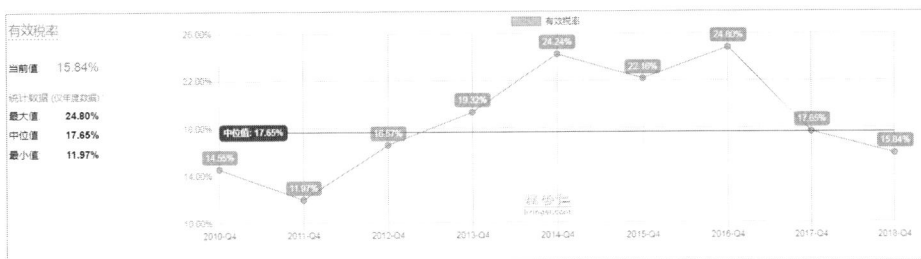

关注点 4：成长性与 ROE

下图所示为从 2003 年开始公司归母利润的历史趋势图。公司于 2006 年 IPO 上市，上市时中材集团把南玻院、北玻院以及一些玻璃纤维的特种材料的公司整合到上市公司，剥离了一些军工相关的公司。上市以来，公司每年利润都是正的，没有一年亏损，而且总体增长幅度不小，应该说是表现良好。2011、2012 年公司的业绩出现比较大的倒退，2012 年的收入下降不多，单利润下降很多，究竟在 2012 年发生了什么事情，通过查阅公司 2012 年年报，获得的信息如下。

报告期内，公司实现营业收入 253,144.58 万元，较上年同期下降 1.63%；实现营业利润 6,656.55 万元，较上年同期下降 76%；实现利润总额 15,320.12 万元，较上年同期下降 57.92%；实现归属于上市公司股东的净利润 12,147.11 万元，较上年同期下降 31.37%；归属于上市公司股东的扣除非经常性损益后的净利润较上年同期下降 48.27%。业绩下滑主要由于市场环境变化导致主导产业风电叶片的销售价格和销量下降。

2012 年业绩下滑的主要原因是风电叶片下滑，公司是什么时候把业务重点转到风电叶片的呢？最早表示风电叶片为公司主导产业的是在 2008 年的年报中，如下图所示。

> 　　2008 年，在全体股东的支持下，在公司董事会、监事会的领导下，公司经营管理团队带领全体员工以"打造龙头产业、推进机制创新、强化运营管理、塑造知名品牌"为基本工作原则，努力克服全球金融危机带来的影响，在公司全体员工的共同努力下，较好的完成了 2008 年的各项工作任务；集中资源，重点建设高压复合气瓶、高温过滤材料和风电叶片三大主导产业；整合科技创新资源，打造国家创新型企业；强化内部管理能力，提升运营水平；推进人力资源改革计划，创新人力资源管理体系；加速优秀企业文化建设，塑造上市公司品牌形象。

2008 年年报中的三大主导产业，风电叶片还排在第三位，说明风电叶片在公司的地位还不突出，而在 2009 年年报中，其描述如下图所示。

> 　　报告期内，公司实现营业收入 161,284.34 万元，较上年同期增长 49.77%；实现营业利润 19,160.22 万元，较上年同期增长 140.26%；实现利润总额 24,217.56 万元，较上年同期增 78.33%；实现净利润 10,838.55 万元，较上年同期增长 15.19%；归属于上市公司股东的扣除非经常性损益后的净利润较上年同期增长 14.98%。实现较好业绩增长得益于公司抓住市场需求旺盛的有利时机，合理确定了产业布局和战略，迅速扩大了产业规模且积极推进与大客户长期战略合作，实现了风电叶片产业销售规模的扩大。

公司已经将风电叶片的业绩增长描述为公司当年业绩大幅增长的主要因素。因此我们可以看出，公司的决策也是依据市场的反馈来的，而不是盲目拍脑袋的。这是好现象。

2012 年后，公司摆脱负增长，重启增长之路，2014、2015 年公司的增长主要依赖风电叶片，如下图所示。

> 　　2014 年公司主营业务收入较上年同期增长 29.03%，主营业务成本较上年同期增长 30.19%，主要是由于公司风电叶片、气瓶、膜材料等产业产品市场份额持续扩大，销售收入稳步增长，其中：风电叶片主营业务收入同比增长 52.00%、膜材料产业主营业务收入同比增长 24.32%。

> 　　2015 年公司营业收入较上年同期增长 31.71%，营业成本较上年同期增长 30.89%，主要是由于风电叶片市场需求旺盛，销量增加，营业收入与营业成本较上年增幅较大。

2016 年风电装机容量下降，公司业绩再次失去增长态势，不过，2016 年公司资产重组，将泰山玻纤注入上市公司。

泰山玻纤的装入价格为 38.5 亿元，配套融资 21.6 亿元，累计约 60 亿元，泰山玻纤在 2018 年的利润为 9.6 亿元，该投资从目前来看还是非常值得的，以 2018 年利润为基数，泰山玻纤收购估值为 PE=6.25，该估值比较便宜。

上述为对公司财报的分析，可以帮助投资者了解公司业绩增长和波动的情况以及原因，通过分析，发现公司的业务是跟着市场在变化的，业绩增长非常不错，接下来再来看 ROE 的情况，如下图所示。

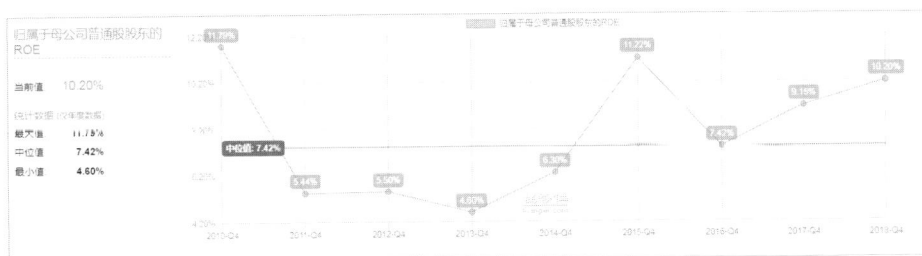

显然 ROE 一直不高，装入泰山玻纤后，ROE 提升到了 10% 左右，勉强合格。说明公司所在的行业是一个重资产的企业。

关注点 5：财务安全分析

公司在 2018 年年底拥有货币资金 12 亿元，短期借款加长期借款共 57 亿元，资产负债率为 54.7%，还是有点高的。

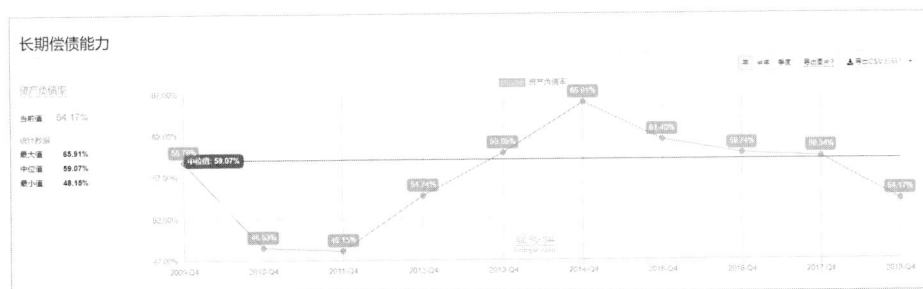

看历史上的资产负债率变化趋势，公司的资产负债率一直比较高，2018 年算是改善了。因为净资产收益率相对比较低，所以，只能是加杠杆运行，

才能取得更高的利润率。

公司的经营性现金流净额要比利润高很多。以 2018 年为例，公司收入为 114 亿元，现金流入为 100 亿元。净利润总额为 9.9 亿元，净现金流为 15 亿元，考虑公司的资产比较重，所以猜测公司净现金流大于利润总额的原因，可能是公司的固定资产折旧比较大，因为折旧部分没有现金支出，查询年报，2018 年固定资产折旧为 7.4 亿元，确实对现金流有较大影响。下图所示为公司 2018 年财报中对现金流净额组成部分的解释，公司的现金流处于比较好的状态。

1. 将净利润调节为经营活动现金流量：	--	--
净利润	991,621,589.99	810,516,863.27
加：资产减值准备	24,701,581.80	72,554,526.78
固定资产折旧、油气资产折耗、生产性生物资产折旧	740,395,646.36	811,156,335.13
无形资产摊销	68,945,273.32	70,509,618.23
长期待摊费用摊销	24,090,201.93	18,835,450.98
处置固定资产、无形资产和其他长期资产的损失（收益以"－"号填列）	-3,054,992.36	-949,769.32
固定资产报废损失（收益以"－"号填列）	7,022,871.31	8,792,155.76
财务费用（收益以"－"号填列）	344,339,613.62	322,105,381.13
投资损失（收益以"－"号填列）	-29,362,188.26	-15,838,657.31
递延所得税资产减少（增加以"－"号填列）	6,290,612.52	-24,054,442.51
递延所得税负债增加（减少以"－"号填列）	4,949,809.68	-1,258,671.95
存货的减少（增加以"－"号填列）	140,831,972.92	-304,449,523.72
经营性应收项目的减少（增加以"－"号填列）	-451,166,977.42	-648,540,045.54
经营性应付项目的增加（减少以"－"号填列）	-290,935,384.16	-531,415,444.64
其他		182,270,724.05
经营活动产生的现金流量净额	1,578,669,631.25	770,234,500.34

再来看短期偿债能力，流动比率的变化趋势如下图所示。

流动比率接近 1，流动资产和流动负债相当，而且在 2016、2017 年出现过低于 1 的情况，说明目前公司的杠杆加得差不多了，不宜再增加杠杆，考虑公司是国企，控股股东也比较有实力，出现流动性危机的概率不高。

关注点 6：研发投入分析

2018 年研发人员 2136 名，相比 2017 年略有下降，研发投入 5 亿元，相比 2017 年略有增加，总体保持平稳。研发投入占收比为 4.45%。

公司研发投入情况

	2018 年	2017 年	变动比例
研发人员数量（人）	2,136	2,150	-0.65%
研发人员数量占比	13.02%	12.39%	0.63%
研发投入金额（元）	509,810,826.20	494,699,240.42	3.05%
研发投入占营业收入比例	4.45%	4.82%	-0.37%
研发投入资本化的金额（元）	128,443,768.57	146,444,666.72	-12.29%
资本化研发投入占研发投入的比例	25.19%	29.60%	-4.41%

45、研发费用

单位：元

项目	本期发生额	上期发生额
人员人工费用	114,194,896.17	107,365,975.92
直接投入费用	192,325,546.63	186,318,447.14
折旧摊销费用	20,360,773.89	19,747,521.34
新产品设计费等	2,134,193.91	2,594,895.44
其他相关费用	13,477,811.59	19,171,001.32
委托外部机构或个人进行研发活动所发生的费用	13,480,404.37	13,056,732.54
合计	355,973,626.56	348,254,573.70

研发费用仅列出了费用化的部分，没有列出资本化部分的开支。从比例上，可以看到直接投入费用是研发费用中最大的，而人员人工费用排在第二

位。说明公司的研发需要比较大的材料、装备等投入。

研发的内容都围绕着特种纤维，研发的团队是原来的国家研究院，如下
图所示。

> 报告期内，公司围绕主导产业，以三个转制科研所为核心进一步加强自主研发能力，围绕特种纤维复合材料开展产品应用基础研究、技术升级、新产品开发、产业化技术开发、产品标准与规范等不同类型项目162项，其中产品应用基础研究项目15项，技术升级项目56项，新产品开发项目82项，产业化技术开发项目6项，产品标准与规范等其他类研发项目3项。

关注点 7：分红意愿分析

除了个别年份，分红比例基本保持在 30% 以上，分红比例极有规律，且
处于合理范围。

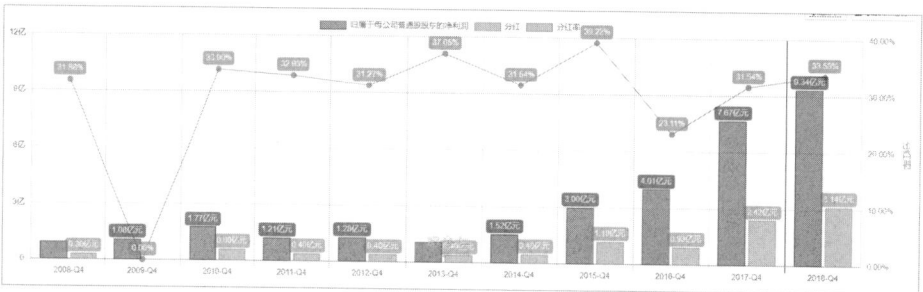

关注点 8：融资与投资回报

该公司到目前为止，从市场汲取的要比回报给市场的多。当然，实际融
资并没有那么多，其中 38.5 亿元融资是换了泰山玻纤的股权。

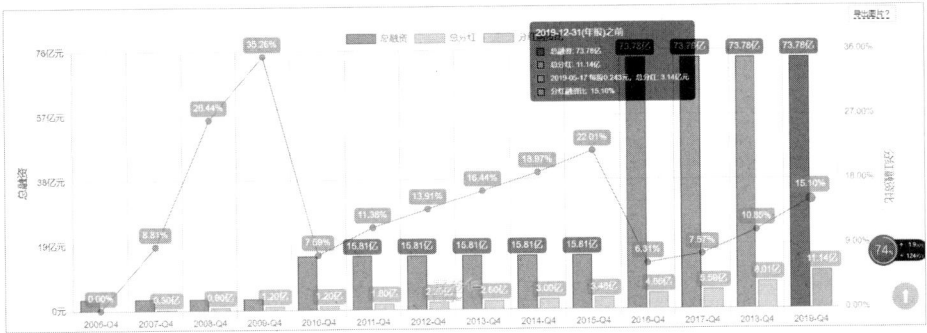

　　公司的股价的波动也呈现出周期性的形态。

关注点9：创始人与经营团队

　　中材科技是原来的南玻院、北玻院整合，剥离部分产业融合成的新公司，属于典型的国企。薛忠民自2013年开始担任公司董事长，之前一直在中材工作，博士、教授，享受国务院津贴，是一个技术型复合人才。

教育程度类别	数量（人）
博士	28
硕士	486
本科	2,184
大专	3,507
高中及以下	10,198
合计	16,403

总员工数为 16403 人，公司 2018 年营业利润为 12.9 亿元，人均创利为 7 万元。薪酬为 16 亿元，人均薪酬为 9.7 万元。人均生产力不高，人均薪酬支出也不高。

公司上市后未实施股权激励计划，不过，公司改制前就已经引入了职工持股，如下图所示。

> 截至 2005 年 12 月 31 日，南京彤天实际出资人为 2,527 名自然人，其中中材科技职工 1,315 名，其余为中材总公司下属单位职工。中材科技及南京中材院 1,085 人，苏菲有限为 79 人，北玻有限为 151 人。2,527 名自然人通过信托关系由 49 名股东代表其行使出资权。发行人律师对此发表意见为：2,527 名自然人通过 49 名股东代表行使其在南京彤天的出资权符合国家有关法律法规。

在公司上市前，职工持股占公司 23% 的股权，占比还是不小的，只是这种持股方式会相对固定，无法激励后来公司的骨干员工。下图所示的表格中，南京彤天就是职工持股平台。

本次发行前本公司共有五名股东，持股情况如下：

发起人名称	认购股份数（万股）	占股份比例（%）
中国非金属材料总公司（SLS）	7,150.68	63.79
南京彤天科技实业有限责任公司	2,659.56	23.73
北京华明电光源工业有限责任公司（SLS）	699.88	6.24
深圳市创新投资集团有限公司（SLS）	349.94	3.12
北京华恒创业投资有限公司	349.94	3.12
合　计	11,210.00	100

关注点 10：所属行业分析

风电叶片行业，公司说其在国内是行业领先，资料如下图所示。

国内的整机生产企业中，新疆金风、浙江运达、大连重工集团、东方汽轮机厂等几家的市场前景被业界看好，占据了市场较多的份额。而在风电行业中，叶片市场的情况很大程度上决定着整机市场的情况。目前单是丹麦LM Glasfiber公司一家就占据了国际市场40%以上的份额，其产品被GE WIND、西门子（原丹麦BONUS）、SUZLON、Repower、Nordex等公司全部或部分采用；另外Vestas和Enercon公司也拥有各自的叶片生产部门。国内的叶片生产企业主要有中航保定惠腾、连云港中复连众复合材料集团等。

国际上 LM 公司是龙头，LM 公司在丹麦，丹麦是全球风电安装比例最高的国家，风电占比为 37.6%。

中航惠腾是中航重机的参股公司，不过，在中航重机的年报中未找到中航惠腾的相关信息。

玻璃纤维行业的国外和国内市场的主要参与者如下图所示。

梳理中外玻纤行业的发展史，玻纤产业的每一次进步都离不开龙头企业的推动。目前，玻纤制品及复合材料领域的大型生产企业有 OC、PPG、Johns-Manville、Ahlstrom 等，其中前三家均在美国，后者来自荷兰，而前两大玻纤巨头 OC（中文名欧文斯科宁）和 PPG 均已在纽交所上市。而从国内来看，上游玻纤纱基本被中国玻纤、泰山玻纤以及重庆国际三家垄断；而下游制品和复合材料则相对分散，除中国玻纤等三家外，还有长海股份、河北金牛、常州天马、中材金晶等众多中小厂商。为了便于比较，我们选取了中国玻纤和长海股份作为国内玻纤龙头的代表，与国际巨头 OC 和 PPG 进行产品结构、全球化程度、财务管理以及市场估值四个维度的对比，为未来中国玻纤企业的发展指明方向。而之所以选择这四家公司，基

下图所示为 OC 的财报，公司发展得不错，业绩有波动，总体向上。2018 年利润为 5.45 亿美元，折合人民币 38 亿元，是泰山玻纤的 4 倍多。

PPG 已经退出玻璃纤维行业。

【财经】PPG退出玻璃纤维业务，以5.45亿美元出售给日本企业

2017-05-27 11:59

5月26日，美国PPG正式宣布，已经达成一项最终协议，将其剩余的玻璃纤维业务出售给日本电玻璃有限公司（Nippon Electric Glass），该公司是玻璃纤维的领先制造商。该交易预计将于2017年下半年完成，但须遵守惯例结束条件。出售所得税前利润约为5.45亿美元，并按惯例完成调整。

国内市场的情况，中国玻纤改名为中国巨石（600176），2018 年收入为100 亿元，利润为 23 亿元，是泰山玻纤的 2 ～ 3 倍之间。长海股份（300196）2018 年利润为 2.2 亿元，是泰山玻纤的 1/4。所以，在玻璃纤维行业，公司在国内处于第二的位置，前两名都是国企。

公司涉及的产品比较多，我们重点分析公司当前重要的两个产品的前景，玻璃纤维和风电叶片。玻纤产品比较专业，普通投资者一般接触不到，所以，其实也谈不上分析，不过，看国际、国内的公司的情况，该行业最近几年的业务不错，所以，应该有市场需要。

相比起来，风电叶片比较容易理解，该产品和风电产业紧密相连。前几年由于弃风率比较高，导致整个风电行业滑坡。由于风电行业在发展初期成本较高，需要国家补贴上网，而现在已经在推动风电平价上网，就意味着该产业已经发展到一定程度了，其发电成本已经可以和火电一起竞争。风电和水电一样，是一种清洁能源，应该说长期的发展趋势还是不错的，随着技术进步，其发电成本还有下降趋势。

当然，也有反面声音，主要是担忧噪音和对野生动物的影响，尤其是鸟类，会导致鸟类死亡。但是任何一种能源都有其问题，只要人类还需要能源，该问题并不会阻碍产业发展，只是不同能源的一个平衡而已。

上下游方面，前面的成本分析已经提到，上游是矿，目前探明的储量足够使用。玻纤的产能利用率很足，应该是下游有足够需求。风机的下游是金风科技这样的整机企业，从前面与金风科技的和解函中，可以看到是共同承

担损失，议价能力看上去应该比较平等。

关注点 11：投资者关系信息

2018 年 8 月 8 日，公司在半年报发布后，以电话会议方式召开了投资者关系会议，回答了投资者的提问，其回复内容还是比较到位的，我们来摘录几条，如下图所示。

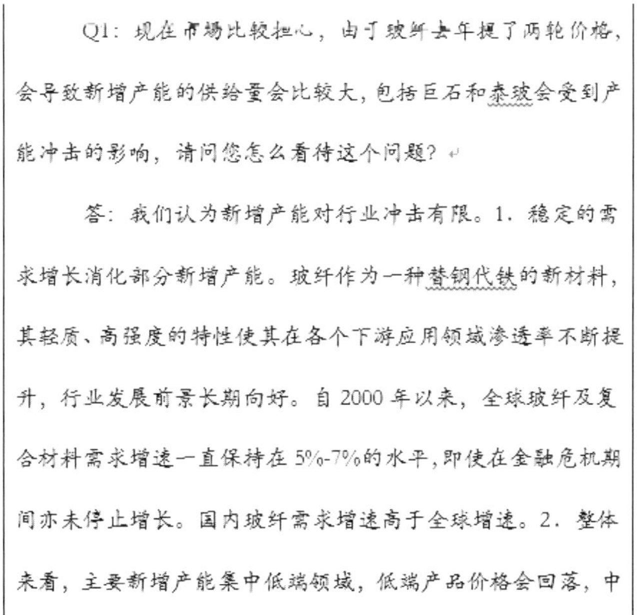

> Q1：现在市场比较担心，由于玻纤去年提了两轮价格，会导致新增产能的供给量会比较大，包括巨石和泰玻会受到产能冲击的影响，请问您怎么看待这个问题？
>
> 答：我们认为新增产能对行业冲击有限。1. 稳定的需求增长消化部分新增产能。玻纤作为一种替钢代铁的新材料，其轻质、高强度的特性使其在各个下游应用领域渗透率不断提升，行业发展前景长期向好。自 2000 年以来，全球玻纤及复合材料需求增速一直保持在 5%-7% 的水平，即使在金融危机期间亦未停止增长。国内玻纤需求增速高于全球增速。2. 整体来看，主要新增产能集中低端领域，低端产品价格会回落，中高端产品需求较好且进入壁垒较高，价格较为稳定。

公司很好地回复了产业的发展问题，行业大概每年有 5% ～ 7% 的增长。

Q6：玻纤产业价格策略？

答：公司不会主动打价格战来抢占市场，未来坚持专注于开发新应用，不断进行产品转型升级来推动公司成长。

公司的经营策略是做高端市场。

Q3：玻纤行业产品认证情况，是否有壁垒？

答：公司交通运输、风电、电子电器等中高端产品都需要通过严格的产品认证，玻纤需要和树脂配方联合研发以确保性能达标，认证周期较长，一旦进入供应商名单以及配方确认后较难替换。

Q8：叶片上半年出货下滑主要原因？

答：主要是因为产品迭代加快，部分市场亟需新叶型产能尚处于爬坡期，产销量下降；产品结构调整、同型号产品价格下降；大宗材料价格上涨等因素叠加影响。下半年中材叶片将加快新叶型产能释放，加大国内外市场开拓力度，进一步加强协同，通过技术创新、工艺优化、材料替代等多种方式降本增效。预计三季度环比将会有较大改善。

对于 2018 年上半年出现的问题也没有回避。

公司在互动易平台的答复也比较认真，前面提到的一个非经常性支出的问题，公司就给予了精确的回复，这里再摘录一条其他人提的问题，如下图所示。

在金风科技2018年报中提到：2020年后的下个10年中国将迎来光伏与风电大规模建设高峰，新增风电装机约70-140 GW/年。公司怎么看未来中国及全球的风电市场？作为叶片龙头，如何看待未来风电叶片的发展？准备扩产吗？毕竟公司叶片产能只有8.3GW。谢谢。

U　ULJK · 2019-05-31　来源 网站

中材科技 [002080]　　　　　　　　　　　　　　　　　+ 关注

您好。公司坚定看好全球范围内新能源发展，随着政策落地，风电将全面进入竞价和平价时代，整个行业由政策驱动转变为市场驱动，必将进一步加快风电行业技术进步以及产业升级，具备技术、规模和服务等综合竞争能力的企业将脱颖而出，市场份额进一步扩大，行业集中度进一步提高。同时，中国风电设备企业技术进步以及低成本优势，将吸引国际整机企业更多的寻求和深化与中国零部件供应商的合作伙伴关系，具备设计能力和综合竞争优势的独立零部件厂商将会迎来更大的发展空间。中材叶片作为行业龙头，有望持续保持在国内市场的竞争优势，全面拓展海上、海外市场，进一步提升市场份额和国际品牌形象。现阶段，公司产能将会随着结构升级扩张，公司以领先行业2-3年的技术优势，引领主流大叶型大功率叶片发展，带动行业技术进步，以更优质的产品和服务以降低全生命周期度电成本为核心目标，推动风电行业发展。谢谢。

这是公司对风电行业的看法，行业将从政策驱动转变为市场驱动，风电价格全面进入竞价和平价时代，公司能够持续保持在国内市场的竞争优势。

关注点 12：护城河分析

1. 无形资产（品牌、专利、特许经营权）

中材科技的品牌也是有的，不过，由于是工业品，品牌的影响力不大。投入那么多研发力量，一定会有专利，只是对于市场竞争用途并不大。公司无特许经营权。

2. 成本优势

叶片的原材料是自产自用，有一定的优势。特种纤维应该没有太多的成本优势。

3. 转换成本

公司在投资者关系中已经有答复，高端的特种纤维材料是和客户一起定制的，所以，这部分的转换成本较高。低端产品的转换成本就会低很多。

4. 网络效应

无。

5. 有效规模

纤维部分的产业是国内第二，但是和第一名中国巨石的控股方是相同的，所以不会有太激烈的竞争。

风电叶片板块是国内行业第一，有一定规模优势。

关注点 13：估值与长期跟踪

经过前面的分析，我们先来给企业绘制一个画像，中材科技是在原来国家研究院的基础上整合组建的公司，控股股东是大型国企，公司围绕着玻璃纤维材料从事相关产业，公司产品线较多，目前主力产品为特种纤维、风电叶片和锂电池隔膜。

公司在 2018 年的收入为 114 亿元，利润为 9.3 亿元，3 年利润的复合增长率为 13%。公司属于重资产结构，ROE 低于 10%，在经营上加了适当的杠杆，资产负债率为 54%，公司每年将利润的 30% 用于分红，分红比较稳定，公司股价呈波动性趋势。公司在风电叶片领域是国内老大，玻璃纤维是国内第二名，锂电池隔膜处于起步期。其中，风电叶片板块得益于国内海上风电项目的复苏，在 2019 年上半年增速很快。

完成画像后，先来看历史的估值情况，如下图所示。

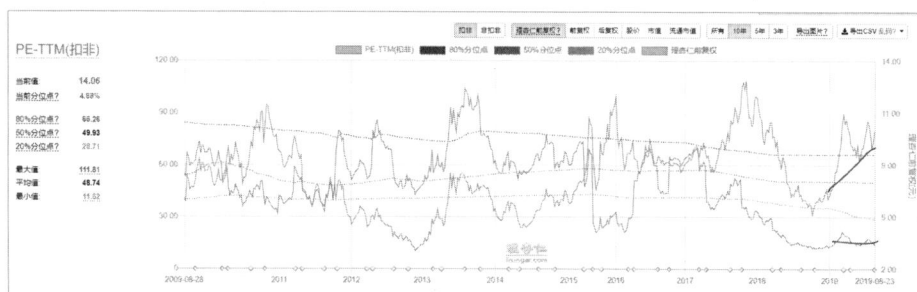

依据该图，从 2019 年年初到 2019 年 8 月 23 日，市场给予公司的估值没有太多的变化，市盈率在 14 倍左右，而从 2019 年到 2019 年 8 月 23 日，股价上涨了 30% 多，那么可以推断，该股价上涨主要是依据公司业绩的增长而

上涨。具体表现为2018年增长25%，2019年上半年增长73%。根据2019年中报，业绩增长的主要动力是风电叶片和玻璃纤维。

展望未来：

1. 风电叶片行业

风电叶片会是一个周期行业，但是长期来看，核电、火电、风电、潮汐电、太阳能、水电等发电形式，对环境影响最小的是潮汐和风电。风电的主要问题是噪声大，影响周边动物。相比其他的，已经算很好了。长期来看，风电会是一个好行业。风电的不稳定问题终会得到改善，而且风电开始平价上网了，说明生产成本已经降低到了一定程度，不再依靠补贴生存。

2. 玻璃纤维行业

行业竞争比较大，公司目前还不是行业龙头，不过站稳脚跟应该是可以的。

3. 锂电池隔膜

公司投入锂电池隔膜总规模有40多亿元，目前累计的收入不到1亿元。不过，该行业是没有问题的。公司这么决策总是有其道理的，投资者应该重点关注该业务的成长性。

4. 其他业务

其他业务，例如气瓶，估计业绩成长性不会太大，因为公司不再有新的大投入了。

公司目前在投的项目有：

泰安新区年产5万吨无碱玻璃纤维池窑拉丝生产线及配套工程项目（F05）

粉料加工项目

新区年产12万吨池窑拉丝生产线项目（F06）

年产2.4亿平方米锂电池隔膜生产线建设项目

年产5000吨超细电子纱玻璃纤维生产线

年产6700万米电子布生产线项目

泰玻2号经编车间建设项目

越南同奈年产4800吨隔板生产基地建设项目

作为持续跟踪，公司的 2019 年中报有如下几个情况可以关注：

（1）风电板块，上半年利润为 1.8 亿元，已经接近 2018 年全部的利润，增长很快，应该是海上风电的建设规模增加了。

（2）玻璃纤维板块上半年利润为 3.9 亿元，为 2018 年的 40%，同期负增长，20×0 年的增长应该要降速了。

（3）锂电池隔膜 2.4 亿元产能建成，上半年收入为 0.47 亿元，增长 300%，看来锂电池隔膜有可能在 20×0 年启动爆发，公司将 15.5 亿元资金投入二期，9.97 亿元用来增资湖南中锂。

（4）气瓶板块被公司重新提起，说明业务转好了，不过气瓶业务应该只是一小部分，未来的持续增长性还是不强。

公司几个板块之间互相补充，可以平抑业绩的波动，2018 年 2.2 亿元的罚款支出拉低了基数，这也是公司 20×0 年增速比较快的理由之一。当前公司的扣非 PE-TTM 为 14 倍，对于这样一个有增长潜力的公司，投资者还是有所心动的。该公司是国企，其人均劳动效率还是有点低。

公司的发展风险在于：

（1）风电叶片的发展取决于风电整个行业的趋势，如果风电行业整体下滑，像 2015 年后几年的情况，那么风电叶片就会失去成长性。

（2）锂电池隔膜公司投入很大，市场需求的问题不大，就是作为市场的后来者，公司如何拓展客户，确立其市场地位。

（3）玻璃纤维也是一个周期性板块，受需求周期影响较大。

第十八章

凯利泰（股票代码：300326）

凯利泰是一家从事医疗器械的公司，属于创业板，21倍的市盈率，无论是在创业板还是医疗板块，该市盈率都是偏低的，当前股价真的便宜吗？下面通过财报来对凯利泰进行了解。

关注点 1：收入与利润分析

凯利泰 2018 年收入为 9.3 亿元，相比 2017 年增长 13%，三年复合增长为 26%，很不错的增长率。2018 年利润为 4.62 亿元，相比 2017 年增长 138%，是因为卖出易生科技获利 3 亿多元，当然这不是持续性的经营行为，所以该数字的参考意义不大。扣非利润减少 20%，是因为易生科技卖出了，调整经营方向，导致业务减少，所以也是非常态。

	2015	2016	2017	2018	增长	三年复合增长	2019Q2	增长率
收入	4.6	5.5	8.2	9.3	13.41%	26.45%	5.6	24%
利润	1.2	1.58	1.94	4.62	138.14%	56.73%	1.5	38%
扣非净利润	0.9	1.47	1.82	1.45	-20.33%	17.23%	1.45	50.37%
净资产	11.67	18.3	20.2	24.9	23.27%	28.74%	25.97	
经营现金流	1.1	1.3	1.46	0.95	-34.93%	-4.77%	-0.63	

来看 2019 年上半年的情况，收入为 5.6 亿元，增长 24%，利润为 1.5 亿元，增长 38%。2018 年，公司卖出了易生科技，买入了 Elliquence 公司，这两家公司收支算是抵消，但还是取得了这样的增长，说明公司的主业在增长。

公司在 2019 年上半年的现金流为负值，需要在"财务安全分析"一节关注现金流。

关注点 2：经营数据分析

公司有三大块业务，骨科器械是凯利泰自有品牌，后来收购了爱迪尔、Elliquence，合资成立了意久泰等业务，该业务的增长很不错。

	2015	2016	2017	2018	增长	三年复合增长	2019Q2	增长率
骨科医疗器械			4	5.76	44.00%	#DIV/0!	3.95	56%
新血管器械			1.38	0.53	-61.59%	#DIV/0!	0	0%
贸易类			2.59	2.94	13.51%	#DIV/0!	1.69	23.00%

新血管器械的业务属于易生科技，由于 2018 年出售了易生科技，易生科技主动将业务规模缩小，导致此类业务减少，明年就没有该业务了，所以无须分析它。

贸易类是和国药集团合作的，做配送服务，贸易业务也有一定的增长。

公司在 2015、2016 年的年报中，披露了更加详细的产品信息，和 2017、2018 年的报告无法匹配，所以就不再比对 2015 年、2016 年的数据。

出售易生科技后，公司的业务只剩下骨科类的，应该说是更聚焦了，这是好事情，在 2019 年上半年，骨科类器械上升了 56%，说明公司在 2018 年进行的整合动作是富有成效的。

关注点 3：成本分析

先来看公司产品的毛利率，如下图所示。

单位：元

	营业收入	营业成本	毛利率	营业收入比上年同期增减	营业成本比上年同期增减	毛利率比上年同期增减
分行业						
医疗器械制造业	630,717,415.38	136,079,262.24	78.42%	16.90%	13.03%	0.73%
医疗器械贸易	294,038,768.94	231,688,484.73	21.20%	13.20%	29.53%	-9.93%
分产品						
骨科类医疗器械产品	576,949,033.42	118,530,801.62	79.46%	43.96%	26.84%	2.78%
其他医疗器械	294,038,768.94	231,688,484.73	21.20%	13.20%	29.53%	-9.93%

显然，医疗器械领域的毛利率非常高，达到了 78%，贸易类就要小很多，只有 21%。

再来看 2014—2018 年毛利率的变化趋势，如下图所示。

毛利率的波动还是比较大的，可能不同时期卖的东西不同，导致毛利率变化较大。

那么，其主要的成本是哪些内容呢？答案如下图所示。

(5) 营业成本构成

行业分类

单位：元

行业分类	项目	2018 年		2017 年		同比增减
		金额	占营业成本比重	金额	占营业成本比重	
医疗器械制造业	原材料	66,517,426.56	18.04%	54,670,113.98	18.24%	21.67%
医疗器械制造业	人工工资	26,061,462.93	7.07%	24,731,783.50	8.25%	5.38%
医疗器械制造业	折旧及摊销	16,647,122.59	4.51%	11,176,617.56	3.73%	48.95%
医疗器械制造业	能源	4,637,565.73	1.26%	3,271,811.58	1.09%	41.74%
医疗器械制造业	其他制造费用	22,215,684.42	6.03%	26,545,237.42	8.86%	-16.31%
医疗器械贸易	原材料	231,688,484.73	62.84%	178,875,099.57	59.67%	29.53%
其他服务业	其他	942,479.43	0.26%	500,101.45	0.17%	88.46%

公司需遵守《深圳证券交易所创业板行业信息披露指引第 10 号--上市公司从事医疗器械业务》的披露要求
生产和采购模式分类

医疗器械部分，毛利率已经很高了，所以原材料对于公司经营的影响比较小，医疗器械的主要营业成本为原材料、工资和制造费用。

再来看三项费用率，2014—2018 年的三项费用率横向对比如下图所示。

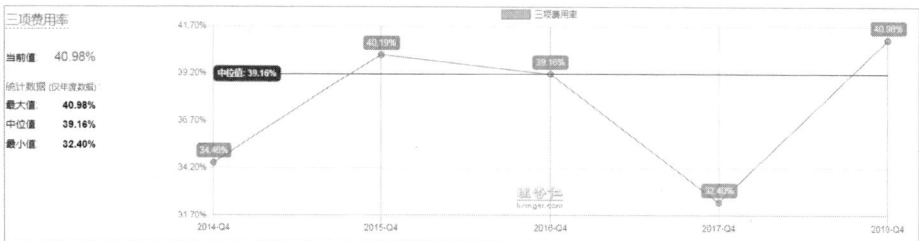

2017 年的费用率下降很快，在 2018 年恢复到 40% 的状态，下面逐项来分析。

销售费用率在 2018 年快速上升了 4 个点，公司在加大市场的投入力度，在医药行业，20% 的销售费用率不是特别高，也说明公司这个骨科器械在医疗领域的竞争并不是特别激烈。

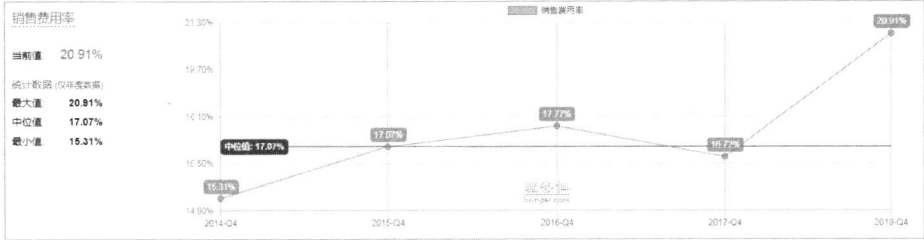

管理费用率在 2017 年下降到 5 个点，这是 2017 年三项费用下降的主要原因。而 2018 年，管理费用 + 研发费用，差不多占 20%，和历年接近了。那么为什么 2017 年的管理费用可以这么低呢？在 2017 年的年报中，公司披露了营业收入增长导致管理费用率下降，并没有其他特殊的原因。

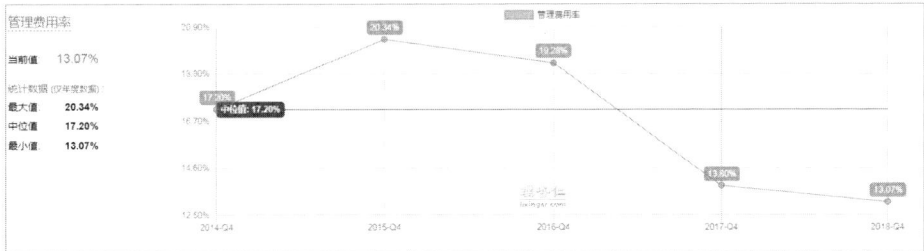

管理费用	110,741,895.55	106,172,128.05	4.30%	报告期管理费用为 11,074.19 万元，较上年同期增加 456.98 万元，增幅为 4.30%，变动不大。管理费用占营业收入的比例为 13.73%，较上年同期减少 5.55 个百分点，主要系报告期营业收入增长所致。

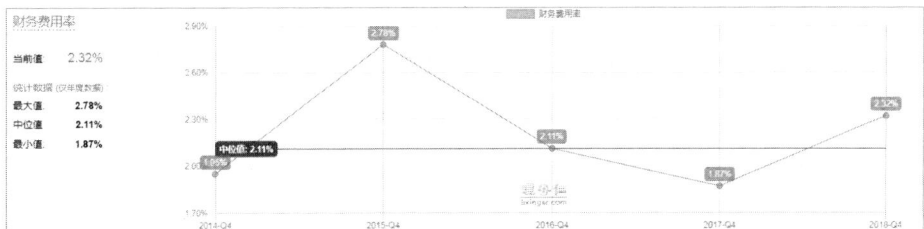

财务费用率还是比较稳定的，没有太多的波动。

在税率方面，2018 年的税率比较低，如下图所示。

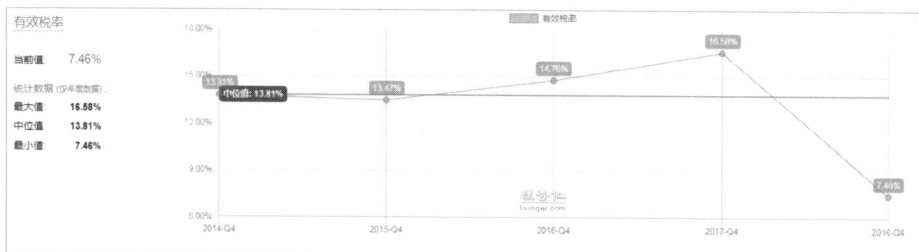

2018 年税率只有 7%，公司为高新企业，所得税税率为 15%，波动不至于太大，怀疑是由于出售易生科技造成的，应该不会是常态。不过，公司主体和艾迪尔被认证为高新企业，这个大概率还是会延续下去的。所以，长期应该保持 15% 的所得税税率。

关注点 4：成长性与 ROE

先来看凯利泰 2009—2018 年的收入趋势，如下图所示。

看上去增长得非常不错，公司于 2012 年上市，在上市前，公司的收入增速很快，但是逐年下降，上市后，2014 年收购了艾迪尔、易生科技，所以收入增长很快，也可以说，除了自身业务增长，更多的是依靠收购增长的。

扣非净利润的增幅大致和收入增长差不多。唯一不同的就是 2018 年出现负增长，主要是因为易生科技在交易期间，营业收入、净利润较上年度有较大幅度下降。

再来看 ROE 的情况，如下图所示。

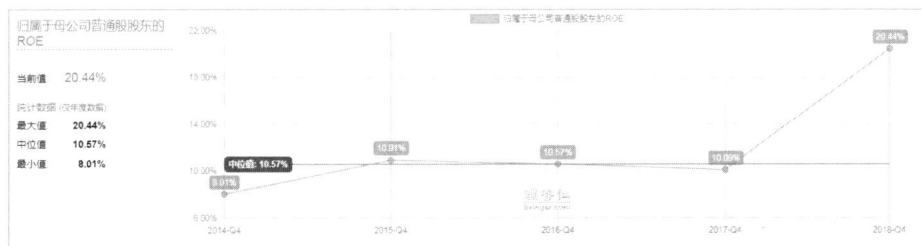

2018 年 ROE 突然上升到 20%，是因为 2018 年有一个出售股权的收益，那么可以推导 2017 年之前的 ROE 是常态，ROE=10%，这里就有了一个疑问，为什么毛利率这么高，而 ROE 这么低呢？再仔细看，公司在 2018 年有 24.9 亿元的净资产，收入只有 9.3 亿元。那么要这么多净资产干什么用呢？都有哪些净资产？仔细查看公司的净资产，发现有 12.26 亿元是商誉，差不多有一半的净资产是商誉，这是造成公司 ROE 较低的原因。

商誉多是因为公司发生了比较多的收购行为，并非商誉多就一定有问题，下面来看看收购的公司的盈利情况，公司的商誉组成如下图所示。

> 1、事项描述
> 请参阅财务报表附注六·注释 15、商誉，截至 2018 年 12 月 31 日止，凯利泰合并财务报表中商誉的账面价值为人民币 1,225,692,174.78 元，占资产总额的 34.34%。其中，于 2014 年收购江苏艾迪尔医疗科技股份有限公司产生商誉人民币 347,256,428.42 元、于 2017 年收购宁波深策胜博科技有限公司产生商誉人民币 385,089,999.15 元、于 2018 年收购上海赛技医疗有限公司产生商誉人民币 9,276,056.89 元、于 2018 年收购 Elliquence,LLC 产生商誉美元 70,531,193.95 元（年末折算人民币金额 484,069,690.32 元）。

根据年报信息，整理了每个子公司在 2018 年的利润情况，如下图所示。

	购买价格	股权比例	2017	2018年利润	
爱迪尔	6.69	100%	0.67	0.34	
易生科技	6.63	100%	0.37		出售价格为8.79亿+业绩对赌
Elliquence	0.77亿美元	100%		0.24	
深策胜博	3.9	100%		0.46	
上海赛技	0.08	56%		-0.01	

爱迪尔两次收购累计支出 6.69 亿元，2018 年利润为 0.34 亿元，2018 年 PE=19.6 倍，相比自身的 PE，该收益还算可以。

Elliquence 公司按 2018 年的利润计算，估值 PE=22 倍（美元按 6.9 汇率折算成人民币）。

深策胜博的 PE=8.4 倍，因为公司是从事贸易业务的，所以在收购时给予的估值较低。

上海赛技是亏损的，不过，公司的规模小，暂时可以忽略。

总体上，按照 2018 年的子公司表现，暂时不存在商誉减值的风险。

易生科技已经售出，所以公司没有在 2018 年年报中单独披露其利润情况。

关注点 5：财务安全分析

截至 2018 年年底，公司有货币资金 10 亿元，短期借款 3 亿元，长期借款 2.85 亿元，之所以有这么多现金，是因为公司卖出易生科技后获得了现金。公司将这么多现金用来做什么了呢？我们继续跟踪 2019Q3 的财报，如下图所示。

单位：万元

项目	2019年9月30日	2018年12月31日	变动金额	变动幅度%
货币资金	60,371.17	104,579.29	-44,208.12	-42.27%
应收账款	51,384.04	38,172.87	13,211.17	34.61%
预付款项	4,816.27	3,170.93	1,645.34	51.89%
其他流动资产	16,757.88	3,897.71	12,860.17	329.94%
其他权益工具投资	7,583.50	5,215.00	2,368.50	45.42%
在建工程	2,126.44	1,479.35	647.09	43.74%
其他非流动资产	1,310.36	482.57	827.79	171.54%
应付账款	4,892.14	8,421.07	-3,528.93	-41.91%
预收款项	1,025.89	2,003.18	-977.29	-48.79%
应付职工薪酬	483.62	1,419.26	-935.64	-65.92%
其他应付款	10,371.75	4,669.77	5,701.98	122.10%
长期应付款	8,747.91	15,327.73	-6,579.82	-42.93%

分析：

1、货币资金期末余额60,371.17万元，较期初减少-44,208.12万元，降幅42.27%，主要原因系报告期内经营活动、投资活动、筹资活动现金流的变动导致，其中经营活动、投资活动、筹资活动产生的现金流量净额分别为6,310.22万元、-30,993.19万元和-19,858.35万元。

在 2019 年 Q3 财报中，货币资金下降了，其中投资活动用了 3 亿元，筹资用了 2 亿元，筹资部分应该用于归还借款了，投资活动的主要部分用于购买了理财。由此推断，公司的有息负债率在 2019 年应该呈下降趋势，如下图所示。

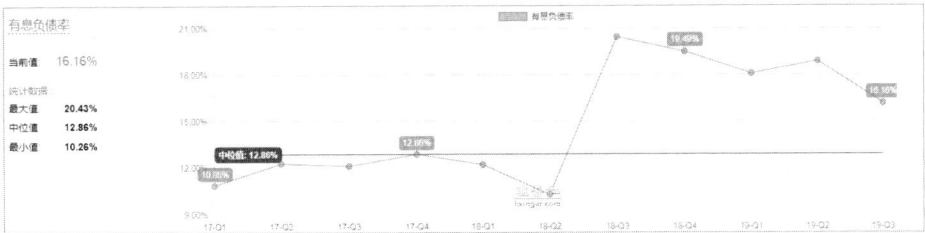

在有息负债率的季度趋势图中，有息负债率已经从 2018 年年底的 19% 下降到 2019 年 Q3 的 16%。

相应的，资产负债率也下降了。2019 年 Q3 的资产负债率下降到 25%，考虑到公司的商誉较高，所以，其实资产负债率应该翻倍，应为 50%，公司适当运用了杠杆，从目前来看，杠杆的效果还可以。

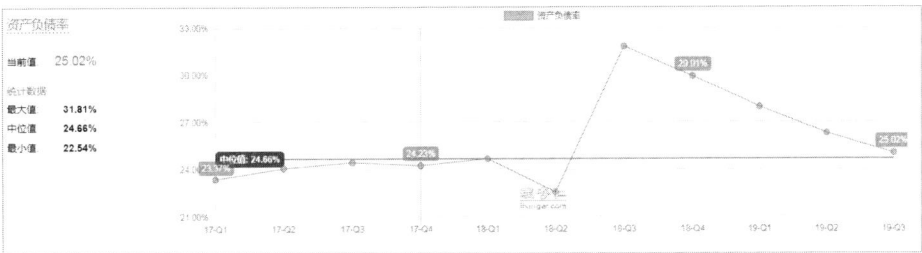

公司的流动比率很高，达到 3.25。所以，适当用一些杠杆，从财务角度来看问题不大，主要看投入后的产出是否能达到预期目的。

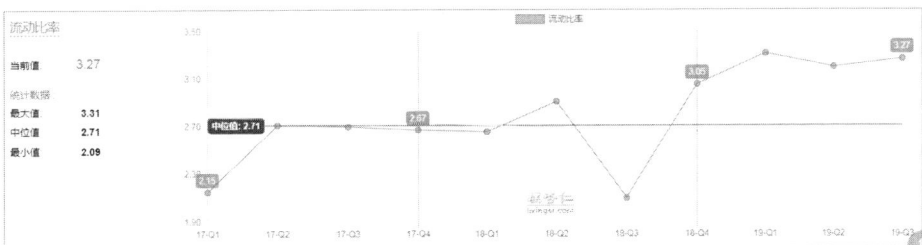

2019 年半年报中描述了现金流的情况：

报告期经营活动产生的现金流量净额为 -639.88 万元，较上年同期增加 597.27 万元，增幅为 48.28%。

虽然现金流是负值，但是对公司来讲还比去年多了，说明这种情况比较正常，回款大概有点慢，再加上备货，导致现金流为负，公司目前现金充足，不存在资金困难的情况。

关注点 6：研发投入分析

公司在 2018 年投入研发费用为 0.55 亿元，从数值来看不高，从研发占收比看，是 6%，也还好，不过，从该比例来看，该企业算不上高科技企业。

（3）近三年公司研发投入金额及占营业收入的比例

	2018 年	2017 年	2016 年
研发人员数量（人）	57	84	83
研发人员数量占比	8.02%	9.87%	9.85%
研发投入金额（元）	55,842,785.91	51,344,664.25	46,168,730.41
研发投入占营业收入比例	6.00%	6.40%	8.39%
研发支出资本化的金额（元）	12,374,069.76	12,740,856.87	14,265,234.04
资本化研发支出占研发投入的比例	22.16%	24.81%	30.90%
资本化研发支出占当期净利润的比重	2.69%	6.57%	8.64%

研发人员数量为 57 人，够少的，研发人员比 2017 年少了，应该是出售易生科技的原因。研发人员占比为 8%，该比例也比较小。从研发人员的数量和研发资金投入的情况来看，该医疗器械在研发上的门槛不高。

再看研发内容，2018 年总共授权 19 个专利，其中发明专利有 6 个，截取部分专利信息，如下图所示。

（2）报告期内，公司从国家产权局新获得专利证书19项，其中发明专利6项，分别为：

序号	专利名称	专利类型	专利号	申请日期	授权日期	保护年限至	取得方式
1	股骨近端关节外万向锁定板	实用新型	第7270609号	2016-6-29	2018-5-1	2026-6-29	自主研发
2	腔内测量装置及测量方法	发明专利	CN201510559893.8	2015-9-6	2018-1-12	2035-9-6	自主研发
3	一种微型围关节损伤修复系统及其锁定接骨板	发明专利	CN201510615203.6	2015-9-24	2018-1-2	2035-9-24	自主研发
4	一种椎体扩张球囊导管	实用新型	CN201621088705.4	2016-9-28	2018-5-15	2026-9-28	自主研发
5	一种一体化关节镜装置	发明专利	CN201610938421.8	2016-10-25	2018-7-31	2036-10-25	自主研发
6	万向横向连接器	实用新型	CN201621458702.5	2016-12-28	2018-3-27	2026-12-28	自主研发
7	胸骨固定器	实用新型	CN201720026293.X	2017-1-10	2018-1-2	2027-1-10	自主研发
8	一种腰椎融合器及其使用工具	实用新型	CN201720132860.X	2017-2-14	2018-5-8	2027-2-14	自主研发
9	组合式颈椎融合器	实用新型	CN201720134058.4	2017-2-15	2018-4-3	2027-2-15	自主研发
10	医用内窥镜LED冷光源装置及模块	实用新型	CN201720619450.8	2017-5-31	2018-9-4	2027-5-31	自主研发

显然不容易理解，我们不做评价，从另外一个角度来看研发人员的工资情况，如下图所示。

56、研发费用

单位：元

项目	本期发生额	上期发生额
职工薪酬	25,081,735.49	22,593,789.40
直接投入	8,700,497.47	7,411,061.21
咨询服务费	1,971,617.10	1,896,516.62
折旧与摊销费用	4,875,707.69	4,604,100.39
其他	2,839,158.40	2,098,339.76
合计	43,468,716.15	38,603,807.38

由于 2018 年公司有变动，在计算研发人员人均薪酬支出时，采用 2017 年的数据，薪酬支付为 2259 万元，人员为 84 人，人均 26.8 万元的薪酬支出，还算可以。

关注点 7：分红意愿分析

公司 2016—2018 年一直保持 10% 的分红率，这是较低的分红率。公司的杠杆率比较低，且账面上有很多现金，有分红能力，但是不太愿意分红。下面来看资金在公司手上是否产生更多的回报。从2019年的半年报来看，公司动用部分现金去购买理财，这显然得不到更多的回报。

单位：元

分红年度	现金分红金额（含税）	分红年度合并报表中归	现金分红金额占合并报	以其他方式（如回购股	以其他方式现金分红金	现金分红总额（含其他	现金分红总额（含其他

58

上海凯利泰医疗科技股份有限公司 2018 年年度报告

		属于上市公司普通股股东的净利润	表中归属于上市公司普通股股东的净利润的比率	份）现金分红的金额	额占合并报表中归属于上市公司普通股股东的净利润的比例	方式）	方式）占合并报表中归属于上市公司普通股股东的净利润的比率
2018 年	50,552,602.03	462,567,219.32	10.93%			50,552,602.03	10.93%
2017 年	21,475,523.19	194,981,405.19	11.01%	0.00	0.00%	21,475,523.19	11.01%
2016 年	17,873,007.92	158,840,872.13	11.25%	0.00	0.00%	17,873,007.92	11.25%

关注点 8：融资与投资回报

公司于 2012 年上市，累计融资 16 亿元，累计分红 1.77 亿元。当然，公司很多增发都是为了购买资产，购买了那么多的资产，给予的回报却没有增加太多。结合公司的分红意愿，看来这家公司的老板认为钱交给他才是好的，且观察吧。

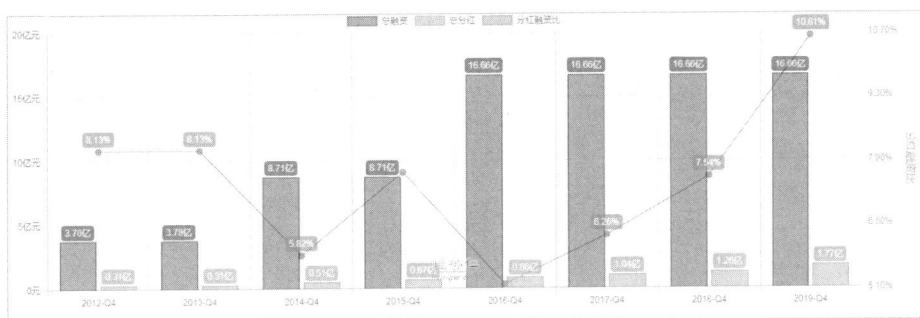

关注点 9：创始人与经营团队

凯利泰没有实际控制人，我在公司的 IPO 文件中找到 2012 年的高管情况，如下图所示。

韩寿彭是当时的董事长，美国国籍，是上海市引进的高级人才，但奇怪的是，韩寿彭并不是大股东。2012 年年报显示，韩寿彭控股的 Maxus Holding Limited 持有 6.77% 的公司股权，在股东中仅排名第七，而秦杰全资控股的 Ultra Tempo 持有 12.76% 的公司股权，位居第一。韩寿彭在公司上市后辞任了董事长，秦杰担任董事长，2018 年，袁征担任董事长。

所以，根据上述信息，可以推测出韩寿彭、秦杰、袁征共同创办了公司，公司无实际控制人，在 2018 年年报中，韩寿彭、秦杰的股权还在前 5 位股东名单中。

持股 5%以上的股东或前 10 名股东持股情况								
股东名称	股东性质	持股比例	报告期末持股数量	报告期内增减变动情况	持有有限售条件的股份数量	持有无限售条件的股份数量	质押或冻结情况	
							股份状态	数量
涌金投资控股有限公司	境内非国有法人	6.96%	50,100,000	50,100,000	0	50,100,000		
ULTRA TEMPO LIMITED	境外法人	6.50%	46,736,511	-14300000	0	46,736,511		
上海欣诚意投资有限公司	境内非国有法人	5.93%	42,637,067	0	0	42,637,067	质押	34,784,996
上海高毅资产管理合伙企业（有限合伙）－高毅邻山1号远望基金	其他	4.71%	33,880,000	0	0	33,880,000		
李广新	境外法人	4.60%	33,092,939	-68000	0	33,092,939		

在公司的其他高级管理人员中，有 3 人是老兵，在 2012 年之前加入公司，有一人是新兵，财务总监于 2017 年加入公司，管理队伍基本稳定。

3、高级管理人员

JAY QIN（秦杰）先生，公司董事长（详见董事简历）。

袁征先生，公司总经理（详见董事简历）。

王正民先生，公司副总经理，中国国籍，无永久境外居留权，1968年5月出生，临床医学本科学历，2007年2月进入本公司工作。

卫青梅女士，公司副总经理，中国国籍，无永久境外居留权，1973年7月出生，本科学历，2005年至今在本公司工作。

丁魁先生，公司副总经理、董事会秘书，无永久境外居留权，1982年6月出生，本科学历，2003年6月至2005年8月就职于云南国际信托投资有限公司资产管理部，2005年8月至2012年7月就职于国金证券股份有限公司投资银行部，2012年8月至今在本公司工作。

李元平先生，公司副总经理、财务总监，1979年8月出生，中国国籍，无境外居留权，本科学历，中国注册会计师。2003年7月至2005年1月任职于中国石油天然气第一建设公司；2005年2月至2005年12月任职于佛山市吴正会计师事务所；2006年1月至2017年2月任职于立信会计师事务所，历任审计员、项目经理、业务经理、高级经理等职务。2017年2月加入上海凯利泰医疗科技股份有限公司任财务总监。2018年3月至今兼任上海盛本智能科技股份有限公司独立董事。

公司现有员工 711 人，员工组成结构如下图所示。

专业构成	
专业构成类别	专业构成人数（人）
生产人员	360
销售人员	96
技术人员	57
财务人员	22
行政人员	36
其他人员	140
合计	711
教育程度	
教育程度类别	数量（人）
硕士及以上	26
本科	155
其他	530
合计	711

占比最大的是生产人员，有 360 人，学历水平普遍不高。先不算人均薪酬，因为 2018 年的薪酬总支出包含了易生科技的，而这里人员的数量并没有包含易生科技的，所以数据一定是不准的，对此数据留待 2019 年年报跟踪时再计算。

在股权激励方面，公司刚出了一份最新的 2020 年的股权激励。其股权激励对象只有总经理袁征一人，行权价格为 15.22 元，和当前价格相当，行权份额为 3300 万股，如果要行权，需要 5 亿元资金。这也只有老外管理的公司能做出如此大手笔的股权激励方案。当然，其行权条件也是很苛刻的。

2022 年，公司的业绩，扣非利润增加 95%，能行权 50%，到 2023 年，如果业绩增长 144%，那么行权 25.76%，如果超额完成，达到 168%，那么可以行权全部期权。

考核指标：净利润增长率					
以2019年扣非后净利润为基数，2022、2023年当年扣非后净利润较2019年扣非净利润增长率（A_{2022}，A_{2023}）	考核年度	2020年	2021年	2022年	2023年
	常规期权行权指标	—	—	95.31%	144.14%
	超额期权行权指标	-	-		168.43%

按照该业绩推算，如果完成任务，假设估值不变，公司股价要上升168%，也就意味着袁征此次行权可以获得8.4亿元。虽然比不上雷军100亿元的股权激励，但是3年赚8.4亿元也是很刺激人心了。

大致估算，要达到这样的业绩目标，意味着从2020年开始，年均利润增长率都要达到28%，这还是在2019年已经相比2018年增长100%的基础上设定的目标。

关注点10：所属行业分析

医疗器械行业的发展问题是不大的，尤其在发展中国家，随着可支配收入的增加，其消费能力一定是增强的，会选择更好的治疗方案。当然对于具体的公司产品，由于其太专业，投资者恐怕分析不清楚。索性放弃，我们直接参考公司自身的描述，在公司IPO文件中，公司提到了竞争对手，如下图所示。

> **1、科丰公司（Kyphon Inc.）**
>
> 科丰公司成立于1994年，是全球最大的椎体成形介入手术产品研发和生产的企业，2002年成为NASDAQ上市公司，2007年被美敦力公司（Medtronic, Inc.）以42.03亿美元全资收购并从NASDAQ退市。
>
> 科丰公司是发行人的主要优势竞争对手，发行人与该公司在生产和销售渠道、研发和工艺、产品性能及质量等方面的对比如下：

显然，科丰公司是该类产品的原创发明人和领导厂商，和科丰公司相比，公司竞争的优势和劣势是什么呢？

> 　　发行人报告期内产品销售至境外多个国家和地区，虽然和境外优势企业相比，发行人在生产销售规模以及国际市场营销网络等方面处于劣势，但是在国内市场，发行人已经确立了市场领导地位及品牌知名度优势：公司已与 100 多家经销商建立了长期稳定的合作关系，产品覆盖的二级以上医院已到达 500 多家，几乎覆盖了全国的所有省份，公司经销商数量、终端销售医院数量和销售区域覆盖

　　在市场覆盖方面，公司在境外显然不如科丰，而在国内已经成为领导地位。因为公司几乎是和科丰同时进入国内市场的。

　　在产品质量方面，下图所示为公司在年报中宣称的内容，已经和科丰公司的产品质量接近了。不过，看上去国外的客户并没有接受公司的产品，2011 年公司还有出口德国的产品，但是在 2018 年年报中，公司并没有海外地区的收入。

> 　　（3）产品性能和质量
>
> 　　根据本公司产品的注册检验报告和实验结果，并与科丰公司同类产品的公开数据比较，本公司椎体扩张球囊导管产品的耐压能力、膨胀性能、疲劳强度等指标与科丰公司产品指标接近，最大膨胀直径等部分指标略优于科丰公司同类产品。

关注点 11：投资者关系信息

　　2018 年下半年，机构对公司的调研比较密集，我们来摘录几条信息，如下图所示。

> **9、宁波深策贸易主要代理的是什么产品？也是骨科耗材么？**
>
> 　　宁波深策代理销售的主要还是心血管产品，原来就是配套易生科技的，短期内不会把这一块业务剥离出去，不仅仅代理销售心脏支架，也代理销售起搏器等心血管科室的其他产品。大约有一半是代理销售的美敦力的产品，算是体量比较大的一个经销商。

　　关于深策具体做什么贸易，在年报中确实没有提到，这里提到的是配套

易生科技,做心血管的代理,但是公司为什么将易生科技卖了,还留着深策呢?而且宁波深策的利润还不少,为什么易生科技利润下降了,而深策主要代理易生的产品,反而保持了不少的利润呢?

> **7、公司未来的战略与发展预期?**
>
> 公司未来3-5年内,主要还是立足骨科,围绕脊柱微创、运动医学,保持公司在技术领先性,打造中国一流的骨科平台。

在未来发展方向上,确定了骨科加运动医学的方向。

> **8、能否简单介绍下运动医学这一块的布局?**
>
> 目前主要是关节镜系统、带线锚钉、螺纹套管和其他一些运动医学产品,未来还会推出新产品,有合适的并购标的也不排除收进来。运动医学产品主要是治疗骨和骨之间的软组织,比如跟腱,韧带,半月板,肌腱。这些病例数量是非常大的且目前很多病人没有得到有效的治疗,未来随着全民运动的开展,我们预计需要运动医学类产品的人群会越来越庞大。绝大部分运动医学类的手术是在关节镜下进行的,需要动力系统,刨削系统,植入物,修复材料等。我们希望未来能够提供这类手术一揽子产品包。这一块是我们最重视也是未来会投入大量资金的
>
> 领域。

从这个角度来看,运动医学还是值得投入的,其不仅出于治病的需要,还因为骨和骨之间的软组织确实比较容易出问题。

> **6、请问高值耗材领域的集采降价政策对公司产品的影响情况?**
>
> 高值耗材集采对公司影响的问题不大,对渠道商的影响相对比较大。对生产厂商来讲,只要是稳定的降价策略,影响都比较有限。同时,我们认为,集采降价将加大行业快速整合,这对于我们来说是机会,有实力的公司是希望降价的,传统的骨科领域集中度比较低,国家的集采降价政策有利于提高这一领域的集中度。
>
> 公司未来也将继续做新的手术术式研发、推广,只要公司有持续不断的新产品导入,降价政策对我们的影响总体都是利大于弊的。

关于集采问题，对很多医疗企业都有影响，所以，该问题也是投资者关心的问题，公司对此也做了答复，看上去比较乐观。那么公司的市场地位到底如何呢？

> **1、能否介绍下公司脊柱微创类医疗器械类产品的护城河主要体现在哪些方面？**
>
> 首先，以 PKP 产品为例，2005 年脊柱微创产品在国内开始发展，2006 年公司正式取得注册证，基本与外资同期进行市场培育。公司与外资同步进场，产品没有很大的差异，因此国产市场份额随着时间的推广与医生的培育，已经拿到了大部分的市场份额。这其中凯利泰占据了这一细分市场的绝对龙头。其次，再以 Elliquence 主营的经皮椎间孔镜椎间盘摘除手术耗材为例，中国有椎间孔镜技术储备的医院 2000 多家，但是能做经皮椎间孔镜椎间盘摘除手术仅几百家左右，所以未来，如果 Elliquence 产品一旦推广开来受到医生的认可，形成了医生手术粘性，那么这也将成为公司的壁垒之一。
>
> 另外一方面，公司在运动医学方面也在作大量储备（现在已经拿到三四张证，后续还会有一系列产品）。未来公司将构筑骨科和运动医学两大引擎，同时在生物科技方面做一些前沿性的布局，比如在骨科影像、运动影像方面我们都非常关注。

凯利泰是脊椎微创领域的绝对龙头，这是公司的描述，也应该是一个公司的护城河。

显然，在机构调研时，公司给出的回答还是比较详细的，也解决了不少我想问的问题。在互动易网站上，公司对投资者的态度就淡了很多，对大部分问题没有答案。我好不容易找到一条记录，也是回答关于集采的问题。

凯利泰 [300326]　互动问答　　　　　　　　　　　　　　　　　2019-09-02

问　董秘你好，近日国务院印发《治理高值医用耗材改革方案》，安徽等省份骨科脊柱类材料国产品类平均降价50%以上，请问该《方案》对公司业务有什么影响？

答　您好，感谢您对公司的关注与支持，公司未来将积极参与高值医用耗材的带量采购，公司预计未来骨科市场份额将进一步向行业头部企业集中，公司目前骨科类产品梯队丰富，脊柱微创类产品具有较高的创新性，长远来看，国家相关改革方案对公司业务有积极影响。谢谢。

关注点 12：护城河分析

1. 无形资产（品牌、专利、特许经营权）

公司品牌肯定有用，主要是建立医生的使用习惯和历史经验。公司的专利也有不少，但是其对护城河起到的作用有限。公司无特许经营权。

2. 成本优势

骨科产品的毛利率较高，所以在成本上没有优势。公司在研发人员的成本上，相比国外的科丰公司有优势，但是并没有凭借此打败对手，在海外市场，并没有对科丰公司形成威胁。

3. 转换成本

医疗行业的转换成本都比较高，尤其是涉及手术的行业，应该是安全第一。

4. 网络效应

消费者之间不会有网络效应，不过，医生之间会有一定的网络效应，医生之间互相介绍经验和使用体验。

5. 有效规模

因为公司是某个细分领域的绝对龙头，所以其算是在该领域有一定规模。

关注点 13：估值与发展前景预测

基于前面的分析，我们先给凯利泰绘制一个企业画像。凯利泰是一家由海外华人专家领衔的技术团队，融合国内的管理、市场人员共同创办的一家从事医疗器械领域的公司，公司初期的产品就是脊椎微创手术相关的器械和材料，竞争对手为美国科丰公司，由于和科丰公司同步进入中国市场，凯利泰在中国占据了该领域的主要市场地位，在国际上，还是科丰公司主导市场。公司上市后，除了自身的业务，通过整合并购，买入了一些公司，也卖出了一些公司，目前聚焦在骨科相关的产品上。公司在 2019 年上半年实现扣非利润 50% 的增长，在 2019 年业绩预告中，预期利润增长 100% 左右。公司目前的董事长为袁征，创业三大元老之一，其他两位元老已经不在公司任职，公司给予袁征接近 5 亿元的市值的期权，条件是袁征带领公司在未来 4 年实现年化 28% 的增长。公司本身不太愿意分红，每年的分红率为 10%，即使手里有很多现金，也是在寻找新的收购对象，而不是分红。

完成画像后，先来看当前估值，如下图所示。

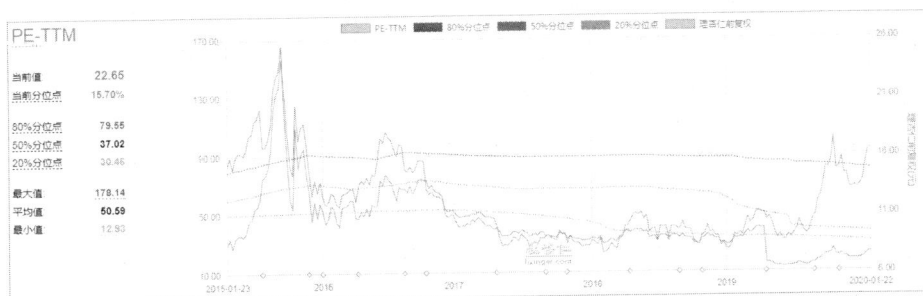

当前估值为 22 倍，看上去估值并不高，但实际上，这是被干扰的值，干扰源是去年出售易生科技产生的一次性收入，去掉一次性收入后，需要查看扣非后收入的估值才有意义，去掉扣非收益后，公司的估值状态如下图所示。

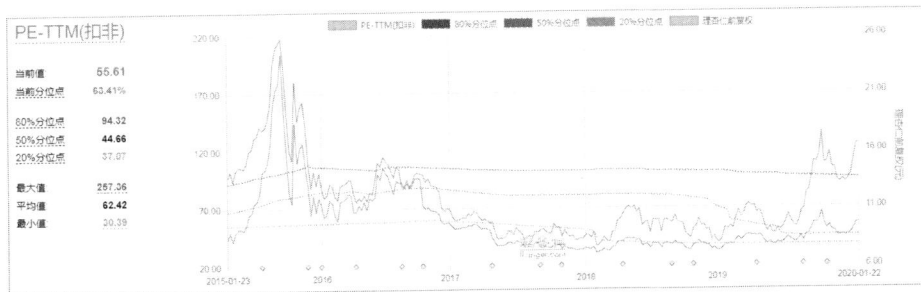

扣非后，PE 为 55 倍，而过去的中位值估值为 44 倍，超过中位数。公司 2016—2018 年的扣非复合增长率为 17%，而在 2019 年，公司的业绩预告为增长 100%，所以，当前估值谈不上高估。未来公司给董事长的任务是 28% 的平均年化增长率，相对于该 28% 的增长目标，55 倍的估值有点高。

对于公司的未来，在该细分领域已经做到第一，公司将继续围绕着该领域进行一些收购，行业的方向上是比较好的，而且其进入的运动领域也是一个需求旺盛的领域。董事会对目前的董事长是信任的，给予了一个高增长的目标值，奖励也很丰厚。

公司的风险如下：

（1）公司对小股东不太友好，分红很少，回答问题也不认真，一旦业绩未达预期则可能出现杀估值的情况。

（2）公司未来的业绩增长，非专业人士不好评估，靠猜。

（3）带量采购对公司的影响还不好讲，是不是如公司所说反而是好的事情。公司已经在该领域是绝对的龙头，价格下降后，就要考虑用数量来弥补业绩，数量是否能够弥补价格，就要继续观察。

所以，这是一个比较矛盾的选择，对于公司的目标在未来实现28%的平均年化增长率，普通投资者无法对其有所把握，只能由公司自己来展现业绩。公司在2019年的业绩预告中，已经提到2019年扣非收入增长100%左右，目前来看发展态势不错。

第十九章
小米集团（股票代码：01810）

———○———————————————○———

　　小米集团这篇财报分析最初发布于 2019 年 7 月 17 日，小米集团上市后，股价相比上市价格跌了将近 50%，究竟是什么原因导致小米下跌这么多，这是本次财报之旅想弄清楚的问题。

关注点 1：收入与利润分析

小米是港股，其报表呈现的收入和利润的方式如下图所示。

为了能够更清晰地看到收入和利润的变化趋势，我们选取的重点指标为收入、毛利、经营利润、年度利润和非国际会计准则的净利润，如下图所示。

	2015	2016	2017	2018	增长
收入	668	684	1146	1749	52.62%
毛利	27	72	151	222	47.02%
经营利润	13.7	37.8	122	11.9	-90.25%
利润	-76	4.9	-438.89	134.77	-130.71%
非国际会计准则	-3	18.95	53.61	85.54	59.56%

首先从收入来看，2018 年收入为 1749 亿元，增加 52%，毛利为 222 亿元，增长 47%，都是非常好的增长率。

经营利润只有 11.9 亿元，相比 2017 年的 122 亿元少了 90%，这很异常，小米 2018 年并没有发生大的变故，收入和毛利都在增长，为何经营利润少了这么多？看财报中关于利润的详细计算，其表述得比较清楚，如下图所示。

	截至12月31日止年度	
	2018年	2017年
	（人民币百萬元）	
收入	174,915.4	114,624.7
銷售成本	(152,723.5)	(99,470.5)
毛利	22,191.9	15,154.2
銷售及推廣開支	(7,993.1)	(5,231.5)
行政開支	(12,099.1)	(1,216.1)
研發開支	(5,776.8)	(3,151.4)
按公允價值計入損益之投資公允價值變動	4,430.4	6,371.1
按權益法入賬之投資虧損	(614.9)	(231.5)
其他收入	844.8	448.7
其他收益淨額	213.3	72.0
經營利潤	1,196.5	12,215.5
財務收入淨額	216.3	26.7
可轉換可贖回優先股公允價值變動	12,514.3	(54,071.6)
除所得稅前利潤／（虧損）	13,927.1	(41,829.4)
所得稅費用	(449.4)	(2,059.7)
年內利潤／（虧損）	13,477.7	(43,889.1)
非國際財務報告準則計量：經調整淨利潤	8,554.5	5,361.9

报表中的经营利润确实低至 11.96 亿元，主要原因是 2018 年行政费用增加了 100 多亿元，这个 100 多亿元其实是授出期权的账面成本，并非实际支出，后面还会详细讲到这笔期权支出。

2018 年的利润为 134.77 亿元，而 2017 年的最终利润为负 438 亿元，为什么会发生这么大的波动呢？这是因为，按照国际会计准则，优先股和期权授予都会计算相应的损失额到成本中，在第一部分已经对国际会计准则一些内容做了解释，比如优先股，优先股的转股价格和当前价格之间的价差都被要求计算为成本，而实际上，这边差额并没有任何现金支出，只是一个账面计算的问题。

所以，2017 年亏损 438 亿元，并不是实际的亏损，只是账面的亏损。为了能够更清晰地看到公司的实际利润，小米 2018 年的财报中还给出一个非国际会计准则的数字，去掉优先股和期权这两个因素的影响后，年报给出的非国际会计准则的利润数据为 85.54 亿元，使用该利润数据就清晰多了，利润增长 59%，也是很不错的。

关注点 2：经营数据分析

小米的业务主要分为 3 个模块，手机、IoT 和互联网服务，如下图所示。

	截至 12 月 31 日止年度			
	2018 年		2017 年	
	金额	占總收入百分比	金额	占總收入百分比
	（人民幣百萬元，除非另有說明）			
智能手機	113,800.4	65.1%	80,563.6	70.3%
IoT 與生活消費產品	43,816.9	25.1%	23,447.8	20.5%
互聯網服務	15,955.6	9.1%	9,896.4	8.6%
其他	1,342.5	0.7%	716.9	0.6%
總收入	174,915.4	100.0%	114,624.7	100.0%

手机部分的收入是增长的，从 2017 年的 805 亿元，增长到 1138 亿元，收入突破千亿元关口。手机业务的收入和销量有密切的关系，在年报中也披露了手机销量，从下图所示的表格中可以看到，2015—2016 年公司确实遇到困难，销量从 2015 年的 6600 多万台，下滑到 5500 多万台，2017 年以后，手机销量开始恢复增长，到 2018 年增长到 1.1 亿台手机。

	2015	2016	2017	2018
手机销量（万）	6654	5541	9141	11870

IoT 主要是生态链产品，年报中对 IoT 的描述如下：

IoT 主要是由于智能电视和小米手环、米家电动滑板车及米家扫地机器人等若干热销生态链产品需求的快速增长。智能电视及笔记本计算机的收入由截至 2017 年 12 月 31 日止年度的人民币 83 亿元增加 118.4% 至截至 2018 年 12 月 31 日止年度的人民币 182 亿元。

整个 IoT 领域，小米的收入为 438 亿元，占原来的主业手机销售收入的 38.4%，IoT 业务迅速崛起，看来公司"智能手机 +IoT"的战略目标不是仅仅喊口号，而是战略执行得很好。其中，智能电视和笔记本是主要产品，所以公司单独披露其销售收入和增长率，增长了118%。

互联网服务的收入主要分为广告及其他互联网增值服务。在小米电视上面做的开机广告，我的理解是应该被算到互联网收入。这部分收入从98亿元增加到159亿元，增长得也很快。

其他业务占比非常小，分析时可以暂时忽略，等规模大了再关注。

小米的财报中披露了每个产品线的收入和成本，那么可以计算每个产品线对公司整体毛利的贡献，整理如下图所示。

	2015			2016			2017			2018		
	收入	毛利	利润增长	收入	毛利	利润增长	收入	毛利	利润增长	收入	毛利	利润增长
手机	537	-1		487	17		805	71	317.65%	1138	71	0.00%
IoT	86.9	0.9		124	10	1011.11%	234	19	90.00%	438	45	136.84%
互联网	32.4	20.8		65.4	42.1	102.40%	99	60	42.52%	159	102.2	70.33%
其他	11.6	7.6		7.16	3.46	-54.47%	7	1.25	-63.87%	13	3.24	159.20%

手机业务在2015年毛利为负，2016年转正，2017年为71亿元，2018年依然是71亿元，2018年收入增长了很多，但是利润没有增加，增量不增收，应该是产品降价促销。

IoT的毛利增长非常迅速，从2017年的19亿元增长到2018年的45亿元，增长了136%。其主要原因是生态链企业的产品在不停地增加，这些产品都是需要资本投入的。

互联网业务是重点，其增长也必须是迅速的，现在的毛利为102亿元，占所有产品的第一。从某种程度上，也可以将其理解为硬件业务对软件业务收入的反哺。

关注点3：成本分析

依照各个产品线的收入和成本，各产品的毛利率如下图所示。

	2015			2016			2017			2018		
	收入	成本	毛利率	收入	成本	毛利率	收入	成本	毛利率	收入	成本	毛利率
手机	537	538	-0.19%	487	470	3.49%	805	734	8.82%	1138	1067	6.24%
IoT	86.9	86	1.04%	124	114	8.06%	234	215	8.12%	438	393	10.27%
互联网	32.4	11.6	64.20%	65.4	23.3	64.37%	99	39	60.61%	159	56.8	64.28%
其他	11.6	4	65.52%	7.16	3.7	48.32%	7	5.75	17.86%	13	9.76	24.92%

手机业务毛利率为 6%，IoT 部分为 10%，互联网为 64%，小米一直想把自己打造成一家互联网公司，所以把重点利润全部倾注在互联网上面。

小米的整体毛利率确实不高，只有 12%，且最近几年波动不大。

销售费用率保持在 4.5% 左右，比较稳定。

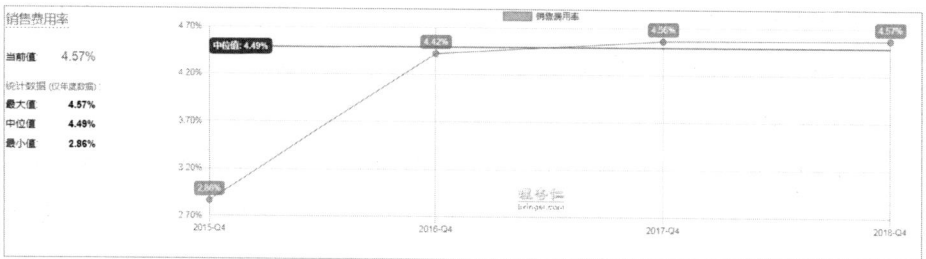

管理费用率激增，是期权授权的缘故。

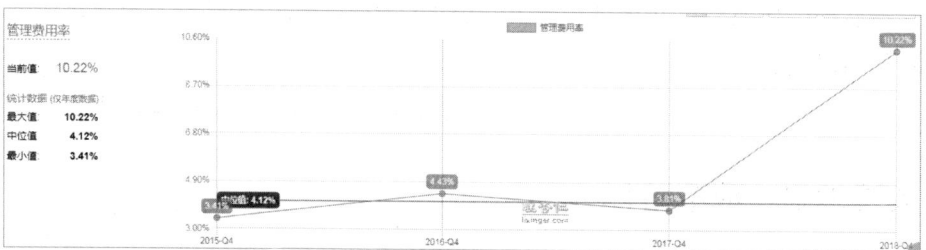

关注点 4：成长分析与盈利分析

2017—2018 年，小米的收入增幅达到 50% 以上，很快，照此速度，收入很快就可以超过格力了。2018 年，格力收入为 2000 亿元，小米收入为 1566 亿元，小米收入约是格力的 75%。到 2019 年 Q3，格力收入为 1749 亿元，小米为 1493 亿元，小米收入约是格力的 85%。

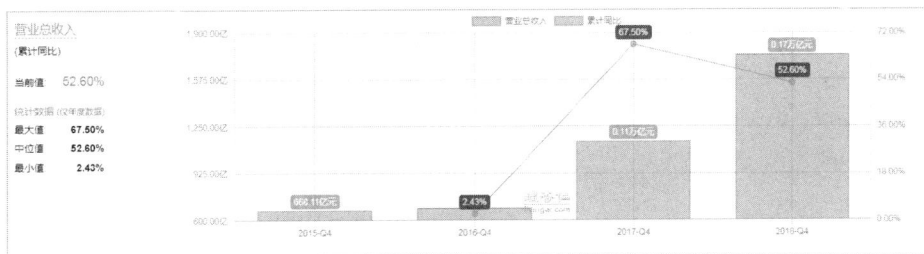

按照非国际会计准则来观察利润，从 2016 年的 18.95 亿元，增长到 2018 年的 85 亿元，两年的复合年化增长率超过 100%，非常不错，这么好的增长，为什么市场给予的估值就是不高呢？让我们且往下看。

小米 2018 年非国际会计准则的利润为 85 亿元，全部净资产为 712 亿元，ROE=11.9%，如果按互联网公司来衡量，那么该净资产收益率确实不高。

关注点 5：财务安全分析

公司现在拥有货币资金 302 亿元，借款为人民币 109 亿元，2018 年的资产负债率为 50%，2015—2018 年的资产负债率趋势如下图所示。

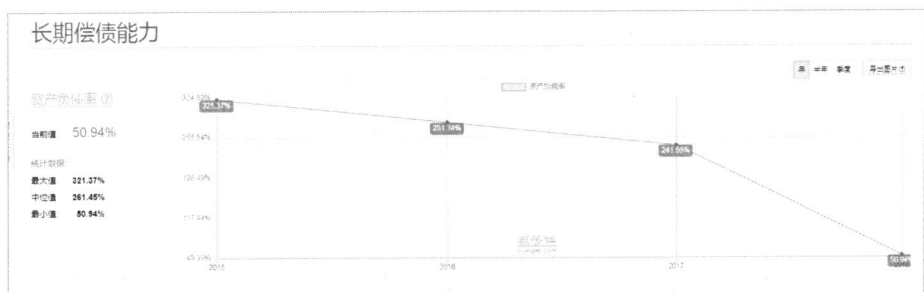

资产负债率在 2018 年之前达到 240%，2018 年才大幅下降到 50%，该数据有点异常，在财报中找原因，如下图所示。

产	...	-100.0%		188.57	52.70%
四、负债合计	739.78	-65.92%		2,170.8	51.99%
资产负债率 ⑦	50.94%	-190.6%		241.55%	-39.79%
五、流动负债合计	619.40	31.42%		471.33	80.84%
流动负债占比 ⑦	83.73%	62.02%		21.71%	3.46%
应付账款	462.87	36.13%		340.03	93.45%
应交税费	6.62	57.16%		4.21	40.64%
短期借款		-100.0%		8.89	-76.40%
六、非流动负债合计	120.38	-92.92%		1,699.4	45.55%
非流动负债占比 ⑦	16.27%	-62.02%		78.29%	-3.46%
长期借款		-100.0%		37.37	--

非流动负债从 2017 年的 1699 亿元降低到 120 亿元，然而并没有实际的借款，这也是由于优先股的会计记账造成的，所以，2018 年的资产负债率是比较正常的。

再来看现金流的情况，如下图所示。

	2018-12-31		2017-12-31		2016-12-31	
默认单位:亿元	年报		年报		年报	
	数额	同比	数额	同比	数额	同比
经营活动产生的现金流量净额	-14.15	-42.07%	-9.96	-121.9%	45.31	274.19%
投资活动产生的现金流量净额	-75.08	-160.3%	-26.78	28.31%	-37.35	-527.6%
筹资活动产生的现金流量净额	265.74	327.59%	62.15	87.15x	-0.72	-112.6%

投资获得的现金流净额都是负值（-75 亿元），说明公司还在不停地投入新的公司，应该主要是投资小米产业链企业。

经营活动的现金流净额在 2018 年依然是负值，-14.15 亿元，在年报中说明其原因是库存增加了，那么把存货数据也找出来，如下图所示。

存货	294.81	80.39%	163.43	95.06%	83.78	-3.06%

存货从 2017 年的 163 亿元，增加到 294 亿元，确实增加了很多。难道是店增加了？应该不至于增加那么多。可能是为了拿到一定的芯片供应商折扣，一次性多做了一些。观察到一季度的存货已经开始下降了。

小米的流动资产为 1060 亿元，流动负债为 619 亿元，流动比例为 1.7，非常健康。

关注点 6：研发投入分析

小米在 2018 年的研发费为 58 亿元，是 2017 年 32 亿元的 1.8 倍，但是该研发投入占收比仅为 3.3%，该比例对于一个科技公司实在太少了，其中一部分原因是，小米销售收入中的 IoT 收入的研发不是在小米完成的，而是在小米产业链的公司完成的，这拉低了小米的研发占收比。

研發開支

研發開支由截至2017年12月31日止年度的人民幣32億元增加83.3%至截至2018年12月31日止年度的人民幣58億元，主要是由於研發人員薪酬總額增加及擴展智能手機、人工智能、互聯網服務及其他研發項目所致，體現我們日益重視研發。研發人員薪金及福利有所增加，主要是由於業務快速增長導致人手增加所致。

年內，本集團就研發產生的開支約為人民幣5,776,826,000元（2017年：人民幣3,151,401,000元），其中包括僱員福利開支人民幣4,043,476,000元（2017年：人民幣2,239,765,000元）。截至2018年及2017年12月31日止年度，概無重大研發費用予以資本化。

从另外一个角度来观察小米的研发人员数量，7371 名研发人员，研发费用中 40.4 亿元为薪酬支出，研发人员人均工资为 54 万元。从公开的信息中可以获知，像 vivo 这样的手机企业的研发人员也达到了 1 万人。从人数上看，小米的研发人员数量有点落后，更不用说和华为这种研发投入很大的企业去比较了。所以，对于以后的数据，要更多关注小米的研发人员数量。

关注点 7：分红意愿分析

小米刚刚上市，之前未分红，估计未来也不会大比例分红，科技公司都是这样的。

关注点 8：融资与投资回报

小米于 2018 年在港股上市，融资 239 亿港币，融资时的市值仅为 540 亿美元，比预期的 1000 亿美元少了很多。至于回报，目前无现金分红，股价上市后也跌跌不休，没有回报。

关注点 9：创始人与经营团队

小米创始人雷军是知名 IT 人士，知名投资人。原金山软件总裁，金山上市后离职，主要从事投资人的工作。雷军本人不缺钱，为什么功成名就了，还要再玩一次创业的游戏呢？答案应该是来自内心的需求。

小米创业早期团队是豪华团队，成员一半来自外企，一半来自金山。其成员全部以创业的心态加入公司，该团队曾经把小米干到中国智能手机第一的位置，当然很厉害。

创业初期，从 MIUI——手机硬件——AppStore 的战略很清晰，所推出的应用，例如米聊，差一点成为中国版的 FaceBook，只可惜最终还是被腾讯反超。

根据公开的信息，雷军非常拼。2016 年，小米出货量下滑遭遇低谷，雷军亲自上阵，自己接管手机研发和供应链管理团队。又有报道说，雷军凌晨 2 点飞到印度，然后和印度分公司总经理谈到早上 6 点。本人并不认同这种工作方式，我更希望现在雷军的主要工作是到处找人，找到合适的人，然后把一块业务交给他。创业初期的雷军就是这样找人的。当然，现在规模大了，找人也越来越困难了。

截至 2018 年，公司员工总数为 16000 人，结合研发信息，其中研发人员就有 7000 多人，研发人员占比还是很高的。

小米的 IPO 文件中表示，小米的股权激励一直在实施，从创业期间就开始在实施。其中有一笔股权激励非常特殊，在小米上市前，小米集团给雷军派了价值 100 亿元的股票期权，引起很大的争议。从 2010 年到上市 8 年时间，即使一直没拿工资，100 亿元算下来每年将近 12 亿元的收入，这对于一个 CEO 是否有点高了？

如果之前有协议，雷军每年不领工资，只领股权，那么其实是无可厚非的，按照常规 CEO 的工资，如果每年能够发放，那么以这个工资按当时的价格买股份，累计到现在，价值 100 亿元也是有可能的。

大概是为了弥补市场的负面新闻，雷军宣布把这部分股权全部捐了，笔者认为，把这部分股权利益留给投资者更好。

2018 年 IPO 后，总股本为 223 亿元，上市价格为 16.6 元，市值为 3701 亿元。100 亿元的奖励占市值的 1/37，上市后，雷军有 28% 的股票，财富为 1028 亿元，对他来说，多 100 亿元，少 100 亿元，应该不会差这点钱。大概就是对他这么多年辛苦工作所获得成果的一个认同。但是，这里引出另外一个问题，如果雷军值得奖励 100 亿元，那么他的直接下属，期权奖励是 6000 万元，差别太大，人才梯队是否断档了？

在创办小米时，估计很少的钱就能占 2.7% 的股权，雷军用这个 2.7% 的股权变成了 100 亿元的市值，所有的股东都感谢并同意给他期权，应该无可厚非，而且，期权是在上市前给的，100% 的股东同意，理论上，没有侵占任何 IPO 投资者的利益，这是上市前其他股东让利给雷军的。

雷军太忙了，难道公司必须依靠雷军吗？小米的人才结构是否有问题？手机是小米的主营业务，2016 年小米市占率大幅下降，2017、2018 年虽然收入上涨，但是国内的手机市场占有率却一路下滑，只靠印度等海外市场才保住地位，所以，我们可以通过小米手机板块的掌舵人来了解小米的人才梯队。

创业初期，黎万强负责 MIUI，林斌负责供应链、渠道。看样子，小米初期的整体业务是雷军亲自抓的。

那么现在的情况呢？

前任金立总裁卢伟冰加入小米，担任集团副总裁兼 Redmi 品牌总经理。

非洲业务拓展，由副总裁汪凌鸣负责（今年 5 月，汪凌鸣在被公安行政拘留 5 日后，被小米集团辞退）。

小米还将原印尼地区、南亚地区、东南亚地区整合为新东南亚地区部，任命石岩为东南亚地区部总经理，向刘毅汇报。

中国区线下业务委员会，由中国区副总裁张剑慧就任主席，向 CEO 汇报。

看来，小米的手机业务总体上还是由雷 CEO 直接负责，CEO 确实比较忙。这与前面分析的一样，小米的高级管理人才的梯队不是很好，希望有一天，雷军能够和马云一样退休，而公司依然能够健康运作。

关注点 10：所属行业分析

虽然公司把互联网业务单独列出，但实际上，小米的互联网业务还是紧紧围绕着其硬件业务，其互联网业务都是依托其销售的产品来进行的，所以，在分析行业前景的时候，我们只分析手机和 IoT 两个部分。

先来看手机业务，智能手机业务的大方向还是增长，特别是印度、非洲等国家或地区，对于国内市场，由于智能手机已经普及，后面的增量主要是换机需求，2020 年的 5G 上线，可能会促使换机的需求变得旺盛。

2018 年，全球智能手机的销量排名中，小米排在全球第四，不过，明显处于第二梯队，与前三名相距甚远，与第四名的 OPPO、第五名的 vivo 的出货量非常接近，所以其排名有可能随时发生变化。

2019 年 Q1，小米还是排在全球第四，但是出货量下降了 10%，我想这也是市场担心的地方。

更糟糕的消息是，小米在国内的市场已经排到第六名了，说明国内市场对小米的认可度降低了，全面被 OPPO、vivo 超越了，甚至不如华为的中低端品牌荣耀这个单一品牌的手机销量。

在 IoT 领域，显而易见，智能家庭一定是未来的一个消费市场，且增长会很快，但是因为产品边界太广，没有市场排名，我们所知道的，华为、海康、海尔甚至百度都在争夺这个市场，建立标准，目前是混战时期，究竟谁会胜出，或者大家共赢，让我们拭目以待，静静观察市场的演进。

在上下游产业链方面，上游是芯片、内存、代工等厂商，这是一个互相依存的市场，当然，消费量越大得到的支持会越多。下游则是消费者市场，需要看谁能够赢得消费者的心。

关注点 11：护城河分析

1. 无形资产（品牌、专利、特许经营权）

小米的品牌还是有一定价值的，价格厚道，其品牌形象也是深入人心的，在手机领域，由于华为的荣耀与小米类似，所以其在性价比上的优势并不大，但是在 IoT 领域，其性价比优势还是非常明显的。

那么多研发人员，专利肯定有，但是因为竞争对手在研发方面投入得更多，所以，专利对市场竞争的用途并不明显。

2. 成本优势

如果产品销量大，那么和上游供应商谈判是有一定优势的。不过，和竞争对手比，除了华为，第二梯队，大家的出货量差不多，采购价格也就差不多。

3. 转换成本

在手机领域，由于基于 Android 系统的产品本质上差别不大，所以各品牌间的转换成本比较低。当然，也不排除有些米粉，用惯了 MIUI 的操作界面，不愿意更换。由于 MIUI 实际上还是应用级的产品，即使有好的功能，对手学习也是比较容易的，这点和 iPhone 的转换成本的门槛是没法比的。

4. 网络效应

MIUI 有自己的论坛，小米有自己的米粉，有一定的网络效应，但是网络的黏性还是不强。在 IoT 领域，小米的米家 App、蓝牙网关可以链接多个设备并进行智能联动，在智能联动领域是有一定的网络效应的，比如，有了小米的新风机，然后需要买一个空气质量检测的仪器，如果要联动，就必须买入能够连接米家 App 的空气检测仪。

5. 有效规模

现在小米是全球第四大手机出货量的公司，有一定规模，这个规模还是比较重要的，越是排在后面的企业，越是没有机会。其 IoT 的市场地位不知，但是短短几年时间，把米家产业链做得这么大，说明小米在管理上还是有优势的。

关注点 12：产业链企业和小米集团的关系

因为要理顺小米集团和生态链企业的关系，我发现生态链企业的主要投资方是小米科技，而小米科技的登记股东为雷军等 4 个自然人。难道这不属于小米集团吗？仔细看了公司的结构，得知原来小米集团和国内的公司是合约关系，即公司不是小米集团的，但是管理权和收益权归属小米集团。这样就没有疑问了，这些以个人名义注册的相关资产应该全部注入了小米集团。公司在 IPO 文件中详细说明了包括小米科技在内的哪些企业和小米集团是合约关系，如下图所示。

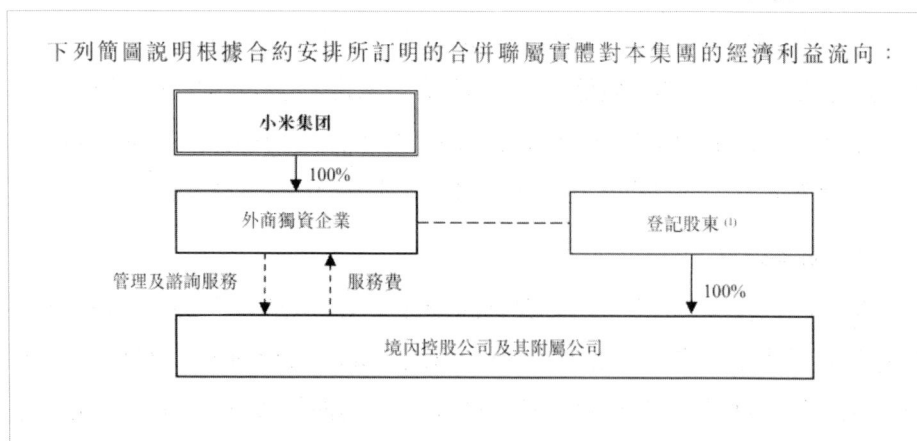

下列簡圖說明根據合約安排所訂明的合併聯屬實體對本集團的經濟利益流向：

```
           ┌──────────────┐
           │   小米集团    │
           └──────┬───────┘
                  │ 100%
                  ▼
        ┌──────────────┐           ┌──────────────┐
        │  外商獨資企業  │ ─ ─ ─ ─ ─ │  登記股東 (1) │
        └──────┬───────┘           └──────┬───────┘
   管理及諮詢服務   服務費                     │ 100%
           ▼      │                          ▼
        ┌──────────────────────────────────────────┐
        │          境內控股公司及其附屬公司           │
        └──────────────────────────────────────────┘
```

附註：
(1)　登記股東指境內控股公司的登記股東，即(i)北京瓦力文化、(ii)美卓軟件設計、(iii)小米科技、(iv)北京多看、
(v)北京瓦力網絡、(vi)小米影業、(vii)北京小米電子軟件及(viii)有品信息科技。
　　(i)　北京瓦力文化由雷軍及尚進分別擁有90%及10%。
　　(ii)　美卓軟件設計由朱印及李炯分別擁有61%及39%。
　　(iii)　小米科技由雷軍、黎萬強、洪鋒及劉德分別擁有77.80%、10.12%、10.07%及2.01%。
　　(iv)　北京多看由雷軍及王川分別擁有38.25%及61.75%。
　　(v)　北京瓦力網絡由雷軍、劉洩、梁秋實、劉景岩、袁彬及南楠分別擁有10%、65%、14%、6%、3%及2%。
　　(vi)　小米影業由黎萬強、洪鋒及劉德分別擁有87.92%、10.07%及2.01%。
　　(vii)　北京小米電子軟件由雷軍及洪鋒分別擁有90%及10%。
　　(viii)　有品信息科技由雷軍、洪鋒、劉德及黎萬強分別擁有70%、10%、10%及10%。
(2)　「—>」指股權中的直接法定及實益擁有權。
(3)　「--->」指合約關係。
(4)　「┘」指外商獨資企業通過(1)行使境內控股公司所有股東權利的授權書；(2)收購境內控股公司全部或部分股
權的獨家選擇權；及(3)境內控股公司股權的股本質押來控制登記股東和境內控股公司。

关注点 13：估值与长期跟踪

先来看当前（时间节点为 2019 年 7 月 17 日）的估值，采用的盈利数据为非国际会计准则的数据，小米总市值为 2269 亿港元，折合人民币 1996 亿元，2018 年，non-GAAP（非国际会计准则）的利润为 85.5 亿元，市盈率为 23 倍。2018 年，公司的利润增速为 59%，相比这个增速，该估值并不算高。

对小米来说，这么高的增长率，为何市场只给予 23 倍的估值？这里的关键是小米号称自己是互联网公司，而市场可能认为其依然是一家硬件公司。其实怎么称呼并不重要（也许对资本市场很重要），重要的是怎么盈利。比如手机业务，2018 年，公司的硬件净利润不超过 1%，那么靠什么赚钱呢？依靠硬件获得流量入口，然后靠后续服务赚钱，就是买了小米的手机，用了小米的 MIUI，那么后续的广告、业务推荐、App 市场、帮游戏引流，增值业务甚至包括小米金融等。

价格厚道是小米产品的主打宣传语，相信它确实做到了硬件的毛利润不超过 5% 的承诺。小米的模式，就是用厚道的硬件价格来获得用户，从后续提供的服务中获得利润。那么，该模式是不是一个好模式呢？

纵向比较，相对于小米没有成立之前，该模式肯定是一个好模式，正是

因为该模式打造了小米，使其成为目前全球排名第四的手机厂商，而且业绩还一度是中国市场的No.1，这是多么了不起的成绩啊！横向比较，在中国市场，小米的国内手机市场排名从曾经的No.1下滑到了No.6，为什么一个产品价廉物美，市场占有率却不断下滑？难道同样性价比的产品，仅仅由于广告的因素，人们就去买华为、vivo、OPPO吗？除了一部分人，需要高端的产品来彰显身份，大部分人还是喜欢又好又便宜的产品。那么，可以推断，小米的市场占有率下降的原因，主要还是产品不如别人家的。

小米2018年全部的利润是85亿元，研发费用为58亿元，占比很大，不可谓不努力，但是利润太少，撑不起大的研发。而华为手机硬件赚钱，增值服务（华为的市场、阅读、华为钱包等）也赚钱，结果就会有更多的钱用于研发，然后做一个更好的产品出来。小米只赚互联网的钱，赚得少了，投入研发的钱必然少了，手机产品更新换代太快，研发投入少就会落后。所以，这次的5G是一个非常重要的观察点，以此观察小米的市占率是上升，是保持，还是下降？

研发费用少了，钱就要用到刀刃上，看过去的历史，小米还研发过芯片，这个错误不是雷军应该犯的错误。华为有麒麟，但麒麟是在很多年积累的基础上做的，华为的芯片首先在安防领域是成功的，占了很大的市场。基于ARM技术，华为有了成熟的SoC团队以后，才在手机上发力的。小米现阶段的利润完全无法支撑芯片的研发。小米是否还在继续研发芯片？不得而知。

在2018年的年报中，小米提到了All in IoT。提到All in这个词，自然想起百度，All in人工智能。小米是想全力投入研发IoT吗？那么手机呢，优先级还是第一吗？所以，下一个问题是，如果手机市占率下降，会对小米产生致命的影响吗？

小米的核心理念是价格厚道，其已经被消费者接受，小米产品的品质也不错，但是有时候会为了价格而牺牲功能，如果硬件不赚钱，那么小米的IoT怎么赚钱呢？在IoT领域，转换成互联网流量应该比手机导流更难吧？如果小米电视还可以转换流量，那么米家扫地机器人靠什么赚钱，靠卖配件吗？

总之，市场证明，硬件不赚钱也是一种可以成功的商业策略，但是需要高超的管理技艺，以及对行业的前瞻性战略判断，让我们且观察吧。另外，荣耀也要进入智能电视领域了，将会有一场大战。我相信，谁最终能把产品做成极致，把成本控制到极致，谁就是最终的赢家。

通过前面的分析，小米的风险点也很清晰了，内容如下：

（1）手机的市场占有率是否会持续下降？显然华为的荣耀是类似小米的产品的，小米承受的压力应该要比OPPO和vivo大，但是7000多人的研发队伍，小米的品牌所在，也不是轻易就会被打倒的，战略方向比较清晰了，以后要比的就是具体的执行细节。

（2）在IoT领域，目前是群雄逐鹿，未来的市场竞争局面扑朔迷离，我们能做的就是静静地观察市场的情况。目前来看，小米的势头还行，开始了全屋智能定制服务，也开通了小米智能家居的示范酒店。

接下来跟踪小米的数据，港股的标准是半年发一次财报，如果企业愿意，那么可以每个季度发一次财报，小米就是每个季度发一次财报，所以我们来跟踪2019年Q3的数据：

（1）收入和利润部分，如下图所示的表格，收入同步增加15%，毛利增加25%，按非国际会计准则计算，利润增加37%，增速相比去年有所下滑，但速度依然算是快的。

	2015	2016	2017	2018	2019Q3	增长
收入	668	684	1146	1749	1493	15%
毛利	27	72	151	222	207	25%
经营利润	13.7	37.8	122	11.9	90	
利润	-76	4.9	-438.89	134.77	76	-24%
非国际会计准则	-3	18.95	53.61	85.54	91	37.00%

（2）各个产品线的情况，如下图所示。

	未經審核			
	截至以下日期止三個月			
	2019年9月30日		2018年9月30日	
	佔總收入		佔總收入	
	金額	百分比	金額	百分比
	（人民幣百萬元，除非另有說明）			
智能手機	32,268.4	60.1%	34,982.5	68.8%
IoT與生活消費產品	15,606.3	29.1%	10,804.8	21.3%
互聯網服務	5,309.0	9.9%	4,728.7	9.3%
其他	477.3	0.9%	330.2	0.6%
總收入	53,661.0	100.0%	50,846.2	100.0%

智能手机业务是下降的，从 2018 年 Q3 的 349 亿元收入，下降到 2019 年 Q3 的 322 亿元，主要原因是为 5G 手机切换做准备，去 4G 库存。

IoT 的收入增长为 44%，从 108 亿元到 156 亿元，这与我们的分析是一致的。

互联网服务增长不快，从 47 亿元到 53 亿元。该增长率有点不及预期。

（3）研发开支增加 30%，研发人员增加到 8700 人，增加了 1000 多人。

> **研發開支**
>
> 研發開支由 2019 年第二季度的人民幣 16 億元增加 30.7% 至 2019 年第三季度的人民幣 20 億元，主要是由於研發項目的增加。

（4）主要业务数据如下图所示。

	2015	2016	2017	2018	2019Q3	增长
手机销量（万）	6654	5541	9141	11870	9130	
IoT连接数（亿）					2.13	62.00%
Miui月活					2.91	29.90%
小爱同学月活					0.57	68.00%
小米电视					310万台	59.80%

手机销量应该与 2018 年齐平或略有增加，但是收入总额可能会下降。IoT、小爱同学和智能电视，继续高增长。Miui 的月活增长有点放缓。

（5）最新估值如下所示。

按非国际会计准则，2018 年 Q4 到 2019 年 Q3，小米的利润为 18.53+91=109 亿元，截至 2020 年 2 月 1 日，小米市值为 2765 亿元，折合人民币 2469 亿元，当前的 PE-TTM=22 倍。当前估值和上次估值相当，是因为公司利润有所增长，股价也有所增长，是两个因素共同促成的结果。

后　记

历时半年，终于写完了这本书，"爬格子"确实比较辛苦，尤其是对于我这样的理科生。本书第一部分的内容是全部新写的，而第二部分是基于我之前发布在雪球网的个股分析文章，然后依照第一部分的思维框架重写梳理而成的，其中对个股的估值和预期发展保留了当时的内容。在研究标的的选择上，考虑了上海、深圳、中小板、创业板、港股等各个市场。

本书的写作过程对我自己很有帮助，也是一个重新梳理的过程，使观察企业的方式更标准化。

当初写文章的时候，我力图写得欢快、轻松一些，但是回头看我的文章，感觉没能做到这个风格。所以，可将本书当作一本工具书，看工具书可能会有些累，但是比起《高等数学》应该会轻松不少。所以读者只能各自修行了，安安静静地看完一本工具书，这和安安静静地看完一家公司的年报，其实是一个道理。

对于读完本书的读者，我还有一个建议，就是抛开本书，自己选择一家企业来阅读它的年报，自己阅读企业年报时无须采用本书的条条框框，完全可以按照自己的思路记录自己的心得，最后将心得整理成一篇文章，再来和本书的内容对照来看，这样就能真正把本书的内容融入内心。武侠书中最厉害的功法是无招胜有招，只要你有了对财报阅读的兴趣，能够把阅读财报当作一次旅行，那么具体的招式（用哪几个点来分析公司）就显得不那么重要了。

再说一下能力圈的问题。本书第二部分列举了一些公司的分析案例，详细分析了这些公司的各类信息，但绝对不是说分析过了就具备理解这些公司、理解这些公司所处行业的能力了，实际上还差得远呢。如果要具备对公司、行业的深度理解能力，就必须要对行业和公司进行长期跟踪、学习。对普通投资者而言，时间、精力有限，可以先缩小自己的能力圈。

投资的道路千万条，价值投资只是其中的一条，我个人觉得这是最适合普通投资者的方法，因为真正的价值投资，最佳的方式就是持股不动。所以，完全不需要去看盘，当然，实际上公司在变化，股价也在变化，可以一个季度观察一次持仓，以决定是否要调整持仓。

更有意义的是，对于普通投资者，价值投资不仅是一种投资方式，更是一种生活方式。关注相关的行业后，会对生活更有觉知，你会关心房价的大致走势，大家在打什么游戏，商城里面哪些店比较热闹，行业出了什么消息，你会知道是利好还是利空，等等。这些都可以增加对生活的觉知。

写后记时，正是比较特殊的时期，在居家期间，我过得非常充实，因为我可以在那么多的年报中旅行。价值投资是一门越老越值钱的行业，试想我们退休后，在投资领域还能发挥自己的作用，可以像巴菲特一样到90岁还在工作，那会是多么愉快的事情。

最后我要说，虽然价值投资是一条稳健的投资之路，但是它非常难，并不是会读企业年报的人就是价值投资者，就能一下子成功。这里要涉及的东西还非常多，尤其是相应的心态，需要经历过几次牛熊市才能有成熟的心态。

所以，第一，我们要去实践，第二，要非常小心。要践行巴菲特的一个原则，"保住本金"，保住本金并不是不出现账面亏损，而是指买入时的安全边际，所以，如果你刚刚开始准备进入价值投资领域，那么先用比较少的资金来做练习，等有了把握再增加价值投资的投资额。

这里还要提醒广大投资者，股市有风险，投资需谨慎。

张毅于 2020 年 2 月 2 日